GÉRARD APFELDORFER
JEAN-PHILIPPE ZERMATI

DICTATURE DES RÉGIMES ATTENTION !

Odile Jacob
pratique

15, RUE SOUFFLOT, 75005 PARIS

www.odilejacob.fr

ISBN : 978-2-7381-2163-9

ISSN : 1767-2384

Introduction

Qu'y a-t-il de plus simple que de savoir se nourrir ? Manger ce qui convient, dans les quantités adaptées, est normalement quelque chose d'intuitif, gouverné par des mécanismes biopsychosensoriels. Un nourrisson sait le faire ! Une souris blanche sait le faire ! Mais nous autres, Occidentaux, ne le savons plus.

Le mangeur occidental, qui a perdu ses savoir-faire alimentaires de base, devient anxieux face à la nourriture : dois-je manger ceci, ou bien cela ? Quels sont les bons aliments ? Quels sont ceux qui me feront du mal ? Quand, comment les manger et dans quelles quantités ? Et même, où et avec qui ? Tout pose problème.

Les donneurs de leçons ne manquent pas, mais pour on ne sait trop quelles raisons, le mangeur ne parvient pas à suivre les injonctions qu'on lui prodigue. Le pourrait-il, d'ailleurs, tant elles tirent à hue et à dia ? Si bien que le mangeur occidental non seulement s'angoisse face à la nourriture, mais culpabilise de n'avoir pas mangé comme il le devrait.

Faut-il s'étonner qu'il grossisse, dans ces conditions ? Pris au piège de l'addition d'une richesse alimentaire inouïe et d'une perte des savoir-faire alimentaires, d'une incapacité à manger au moins aussi intelligemment que le font un nourrisson ou une souris blanche, le mangeur moderne balance entre des périodes d'hypercontrôle, durant lesquelles il se comporte en enfant sage, obéissant aux instances supérieures, mangeant comme on le lui dicte, et des périodes de relâchement où, pris de frénésie, il dévore et engloutit sans pouvoir s'en empêcher.

À l'arrivée, notre Occidental, et avec lui tous ceux qui copient son mode de vie, fait du gras.

Faut-il s'en plaindre ? L'engraissement des populations pourrait après tout être interprété comme le signe de la réussite de l'Occident. Ne faut-il pas se féliciter que nous ayons toutes sortes de choses plus délicieuses les unes que les autres à consommer, dans des quantités illimitées, pour des prix plus qu'abordables ? Ne devrions-nous pas être contents, et même fiers de ce que, grâce à une incroyable accumulation de progrès technologiques, qui s'échelonnent sur plusieurs siècles, nous puissions vivre sans avoir à fournir le moindre effort musculaire ? Rares sont encore les métiers dans lesquels on ne travaille pas en position assise ; soulever des poids, pédaler, grimper, courir et même marcher ne sont plus des nécessités mais des formes de loisir. Nous faisons donc envie, et non pas pitié. Tout cela n'est-il pas merveilleux ?

Non, ce n'est pas merveilleux. Car la graisse est démodée. Elle plaisait bien, cette graisse, aux XVIIe, XVIIIe et XIXe siècles, et même au début du XXe. Sans parler de nos ancêtres qui, du fond de leurs cavernes, lui vouaient un culte. Mais aujourd'hui, être gros, et pire encore, être grosse, est l'objet d'une réprobation sociale unanime. Le gros est vilain, la grosse est moche, ils sont tous deux veules, faibles et sans volonté. La stigmatisation et la discrimination à l'égard des obèses et des dodus atteignent des sommets. Personne n'y voit d'ailleurs grand-chose à redire : le racisme et l'antisémitisme sont intolérables, mais l'obèse mérite la haine qu'on lui voue.

Le corps médical enfonce le clou. Être gros est mauvais pour la santé et la longévité, et comme la population occidentale ne cesse de faire du lard, chaque médecin doit, dès qu'il croise un gros, un dodu, la moindre poignée d'amour, dégainer son régime au plus vite. Les pouvoirs publics ne peuvent pas non plus rester inertes devant la vague d'obésité qui déferle et ils se doivent de prendre des mesures drastiques, faute de quoi les électeurs de demain risquent de leur reprocher d'être restés passifs face au péril qui guette.

Disons-le franchement : tout cela nous effraie. La haine du gros, la croyance qu'on est mince par un effort de volonté, une attention de tous les instants, la nécessité de maigrir pour être aimable et aimé, pour vivre vieux et en bonne santé nous paraissent former un brouet toxique. Quand s'ajoutent à cela les cris d'alarme du corps médical, le fait que la classe politique s'empare du dossier et propose toutes sortes de mesures dont on n'aura pas pris la peine d'évaluer les effets, nous en venons à paniquer : où tout cela va-t-il conduire ?

Probablement pas à plus de minceur, selon nous. Cette hystérie risque bien au contraire d'aboutir à davantage d'anxiété et de culpabilité chez les mangeurs. Elle risque aussi d'accroître la stigmatisation des gros et des dodus. Nous ne doutons pas, quant à nous, que tout cela fasse grossir les obèses encore davantage. Et cela fera aussi grossir bien des *pas-encore-gros,* c'est-à-dire tout un chacun.

Le plus ironique, dans cette affaire, est que notre corps médical, nos pouvoirs publics, dans leurs démarches, s'inspirent fortement de ce qui se passe outre-Atlantique : il ne faudrait pas, nous dit-on, que nous finissions par avoir en France une dérive similaire à celle de nos amis américains.

Et que nous propose-t-on ? Les mêmes méthodes, les mêmes mesures qui, appliquées aux États-Unis depuis des décennies, ont donné les résultats que l'on sait.

Pourtant, les Français, pris dans leur ensemble, sont actuellement moins gros que les Américains, ou même que bien d'autres Européens[1]. L'obésité des enfants est certes en augmentation en France, mais nous partons d'un niveau d'obésité bien plus bas[2]. Pourquoi n'interroge-t-on pas plus avant ce *French paradox* qui fait que, alors que nous sommes l'un des pays qui attachent le plus d'importance aux plaisirs de la table, nous soyons statistiquement (encore un peu) moins gros que les autres ? Et si ceci expliquait cela ?

Notre objectif, dans ce livre, est donc de chercher à comprendre la frénésie ambiante : frénésie de régimes et des méthodes amaigrissantes illusoires, frénésie du corps médical, et aussi, bientôt, déjà, frénésie des pouvoirs publics. Nous leur crions attention, casse-cou !

Nous désirons aussi remettre quelques idées à l'endroit, fournir au lecteur quelques clés sur ce que manger veut dire, sur la bonne façon de s'y prendre avec la nourriture. Et comme manger n'est pas un comportement isolé, déconnecté du reste de la vie, peut-être convient-il aussi de reconsidérer certaines idées, certains modes de vie qui, inéluctablement, conduisent à trop consommer.

Bien des personnes s'interrogent sur la bonne façon d'éduquer leurs enfants, de faire en sorte qu'ils ne soient pas contaminés par « l'épidémie d'obésité » ainsi qu'il est désormais convenu de l'appeler. Là aussi, quelques conseils pratiques ne seront sans doute pas superflus.

Nous espérons que ces remises en question, ces conseils aideront notre lecteur à retrouver ses marques, à redevenir un mangeur digne de ce nom, bien dans son corps, bien dans son poids.

CHAPITRE PREMIER

L'utopie de l'alimentation parfaite

« Quiconque croit qu'une chose est adaptée à tous est un imbécile ; la médecine ne s'applique pas à l'Humanité en général, mais à chaque individu en particulier. »

Henry de MONDEVILLE, *Chirurgie*, 1320

Une évidence s'impose à nous aujourd'hui : un mangeur responsable et éclairé se doit de surveiller son alimentation afin de préserver son poids et sa santé. Chaque jour nous apporte son contingent d'études scientifiques venant renforcer la conviction que notre santé dépend de notre alimentation.

Bien manger pour vivre longtemps et en bonne santé

Cinq cents ans avant J.-C., Hippocrate ne disait-il pas déjà : « De tes aliments, tu feras une médecine » ? Ce qui n'était autrefois qu'une intuition est maintenant une certitude.

Les maladies cancéreuses, cardio-vasculaires, dégénératives et métaboliques entretiennent des relations avec les aliments que nous consommons.

Nous vivons également une époque où l'espérance de vie s'allonge d'un trimestre tous les quatre ans et nous comptons bien profiter de ce bonus en vieillissant en bonne santé. « Donner des années à la vie et de la vie aux années », disait Albert-François Creff. Nous parvenons à des âges que les générations qui nous ont précédés n'auraient jamais imaginé atteindre. Alors que le nombre de centenaires français atteignait 200 individus en 1950, il progressait à plus de 11 000 en 1990 et les démographes pensent qu'il pourra atteindre 150 000 en 2050[1].

Pourtant, en matière d'alimentation, les spécialistes constatent ces dernières années une détérioration des relations entre l'alimentation et la santé. L'augmentation de l'obésité prend de telles proportions que l'OMS parle d'une épidémie mondiale. Il s'agirait de la première épidémie dans l'histoire de la médecine qui ne serait pas d'origine infectieuse.

Dans le même temps, les complications liées à l'obésité augmentent mathématiquement en égales proportions. Ainsi le diabète de type 2 devient-il une profonde inquiétude de santé publique. Il est lui-même pourvoyeur de complications cardio-vasculaires : les cardiologues s'en alarment et le placent désormais au centre de leurs recherches.

Dans un autre domaine, les cancérologues constatent depuis quelques années une augmentation de la fréquence des cancers qui ne serait plus liée au phénomène du vieillissement, mais à l'alimentation. Certains spécialistes considèrent même que 30 % des cancers pourraient être évités par de simples mesures hygiéno-diététiques et la promotion de styles de vie plus sains.

Bref, de toutes parts, on met aujourd'hui l'accent sur les pathologies alimentaires et la nécessité de modifier nos comportements. Nos façons de manger sont ouvertement accusées de freiner la progression historique de l'allongement de la vie et de la bonne santé. Certains scientifiques tirent la sonnette d'alarme et nous préviennent qu'à ce rythme, à cause de l'obésité, les générations futures pourraient bien, pour la première fois dans l'histoire de l'Occident moderne, vivre moins longtemps que leurs parents.

Le désarroi alimentaire

Dans le même temps, les enquêtes sociologiques qui étudient les rapports des individus avec leur alimentation rendent de plus en plus évident le désarroi des mangeurs modernes[2]. L'obsession des famines semble avoir été remplacée par celle de bien se nourrir. Nos contemporains ne savent plus comment s'alimenter. Ils se disent abreuvés de messages nutritionnels contradictoires au point d'en faire une indigestion, mais ne cessent d'en réclamer davantage dans une tentative désespérée de se rassurer.

Le trait commun de tous les mangeurs des pays étudiés serait même l'anxiété qu'ils éprouvent face à leurs aliments. Paradoxalement, les pays les plus touchés seraient ceux qui feraient le plus d'efforts pour mieux informer leurs concitoyens.

Manifestement, les nutritionnistes peinent à s'entendre sur la bonne manière de manger et donnent l'impression de dire tout et son contraire. Les médias et les industries de l'alimentation se font l'écho de cette confusion.

➤ *Une meilleure façon de manger ?*

Face à ce double constat, les institutions médicales françaises ont pris des mesures inédites dans le monde : elles ont établi un programme national préconisant la meilleure façon de manger. C'est, en effet, la première fois qu'un état démocratique et libéral décide d'intervenir dans la vie privée des citoyens et de leur donner d'aussi fortes recommandations pour bien se nourrir.

Ce programme se veut une double réponse aux problèmes que nous devons affronter. D'une part, il se présente comme la réponse des institutions médicales à l'aggravation des pathologies alimentaires, et d'autre part, faisant valoir le principe d'autorité scientifique, il entend se hisser au-dessus du brouhaha des discours nutritionnels et mettre un terme à la cacophonie diététique[3] pour dire une bonne fois pour toutes comment chacun devra s'alimenter.

Ainsi, depuis 2001, les Français disposent d'un guide officiel, *La Santé en mangeant,* censé leur permettre de corriger leurs erreurs diététiques et leur apporter une meilleure santé en mangeant. Ce petit livret expose les objectifs d'un Programme national pour la nutrition et la santé (PNNS).

Ce guide qui orientera les futures politiques de prévention et d'éducation nutritionnelle a toutes les chances de jouer un rôle décisif. Nul ne sait s'il parviendra à modifier nos comportements, mais il est certain qu'il influencera sensiblement nos manières de penser la nourriture et nos futures relations avec les aliments. Tout le monde sait maintenant qu'il faut manger cinq fruits et légumes et pratiquer 30 minutes d'activité physique tous les jours. Les campagnes publicitaires de la presse écrite ou audiovisuelle sont toutes influencées par les recommandations du PNNS. Les menus des cantines scolaires et des collectivités en sont une émanation quotidienne. Les programmes scolaires reprennent systématiquement ses objectifs. Les recommandations des médecins à leurs malades en sont inspirées. Les campagnes d'information des sociétés savantes, en pédiatrie, en cardiologie, en cancérologie, s'en font les relais.

Si peu de gens connaissent le PNNS, tous vivent sous son gouvernement.

➤ *Un programme pour la nutrition et la santé des Français : le PNNS*

Beaucoup de médecins nutritionnistes considèrent aujourd'hui que nos connaissances scientifiques sont suffisamment documentées et fiables pour qu'on puisse émettre des recommandations susceptibles d'influer favorablement sur l'état de santé des individus. On pourrait ainsi, en agissant sur l'alimentation et l'activité physique, obtenir une diminution très sensible de la morbidité[4] et à plus long terme de la mortalité.

Les enjeux sont donc considérables. Il s'agit pour les experts français de réduire en cinq ans la fréquence de certaines grandes maladies chroniques et, dans le même temps, de réduire de 20 % la prévalence de l'obésité. Rien de moins. On prend la mesure de cette ambition alors qu'aucune politique de prévention dans le monde n'est encore parvenue à en freiner la progression.

Les neuf objectifs prioritaires du PNNS à atteindre avant 2005

OBJECTIFS PORTANT SUR LA CONSOMMATION ALIMENTAIRE

1. **Augmenter la consommation de fruits et légumes** afin de réduire le nombre de petits consommateurs de fruits et légumes d'au moins 25 %.
2. **Augmenter la consommation de calcium** afin de réduire de 25 % la population des sujets ayants des apports calciques en dessous des apports nutritionnels conseillés, tout en réduisant de 25 % la prévalence des déficiences en vitamine D.
3. **Réduire la contribution moyenne des apports lipidiques totaux** à moins de 35 % des apports énergétiques journaliers, avec une réduction d'un quart de la consommation des acides gras saturés au niveau de la moyenne de la population (moins de 35 % des apports totaux de graisses).
4. **Augmenter la consommation de glucides** afin qu'ils contribuent à plus de 50 % des apports énergétiques journaliers, en favorisant la consommation des aliments source d'amidon, en réduisant de 25 % la consommation actuelle de sucres simples, et en augmentant de 50 % la consommation de fibres.
5. **Réduire l'apport d'alcool** qui ne devrait pas dépasser 20 g par jour chez ceux qui consomment des boissons alcoolisées. Cet objectif vise la population générale et se situe dans le contexte nutritionnel (contribution excessive à l'apport énergétique) ; il n'est pas orienté sur la population des sujets présentant un problème d'alcoolisme chronique, redevable d'une prise en charge spécifique.

OBJECTIFS PORTANT SUR DES MARQUEURS DE L'ÉTAT NUTRITIONNEL

6. **Réduire de 5 % la cholestérolémie moyenne** dans la population des adultes.
7. **Réduire de 10 mm de mercure la pression artérielle systolique** chez les adultes.
8. **Réduire de 20 % la prévalence du surpoids et de l'obésité** (IMC > 25 kg/m^2) chez les adultes et interrompre l'augmentation, particulièrement élevée au cours des dernières années, de la prévalence de l'obésité chez les enfants.

OBJECTIF PORTANT SUR L'ACTIVITÉ PHYSIQUE

9. **Augmenter l'activité physique** dans les activités de la vie quotidienne par une amélioration de 25 % du pourcentage des sujets faisant, par jour, l'équivalent d'au moins une demi-heure de marche rapide (monter les escaliers, faire ses courses à pied...). La sédentarité, facteur de risque des maladies chroniques, doit être combattue chez l'enfant.

L'alimentation idéale selon le PNNS

L'ensemble des recommandations du PNNS constituerait les bases d'une *Nouvelle Nutrition* fondée sur les plus récentes découvertes nutritionnelles.

Les auteurs du PNNS considèrent que les progrès de la science et de l'épidémiologie nous permettent aujourd'hui de jeter les bases de la meilleure alimentation qui soit. Ainsi, les scientifiques, à partir de leurs recherches statistiques, nous indiquent les aliments que nous devrions consommer et dans quelles proportions nous pouvons le faire.

C'est cette conception scientifique de la nourriture qui nous est présentée comme l'alimentation idéale et qui constituera la base de l'alimentation équilibrée.

On mangera donc cinq fruits et légumes par jour, on prendra trois produits laitiers quotidiens, on consommera des féculents à tous les repas, de la viande, du poisson et des œufs une ou deux fois par jour, on réduira la consommation des matières grasses, on limitera la consommation des sucres. Enfin, question hygiène de vie, on augmentera l'activité physique en pratiquant l'équivalent d'une demi-heure de marche et on veillera tout particulièrement à réduire la sédentarité des enfants.

Dans cette conception, cependant, aucun aliment n'est interdit. Car aucun n'est mauvais par lui-même. Tous ont leur importance et un rôle à jouer. Seule compte la répartition des aliments entre eux. Ces recommandations n'imposent rien. Il s'agit de conseils que le mangeur, en fonction de son libre arbitre, sera libre de suivre ou de refuser. Le mangeur confectionnera lui-même ses repas et déterminera ses portions selon ses appétits. Certains aliments lui sont recommandés et « lorsqu'il s'autorise d'autres aliments que ceux-là, moins intéressants sur le plan nutritionnel, on lui proposera de le faire avec plaisir et sans culpabilité ».

Les intentions sont louables. Il s'agit d'offrir à chacun la possibilité de profiter des avancées de la médecine moderne, et cela sans rigidité ni culpabilité. Correctement informé, le mangeur deviendrait capable d'effectuer des choix éclairés et d'adopter, c'est ce que l'on attend de lui, les comportements qu'on lui aura conseillés. Dans le cas contraire, on lui prescrit de ne pas se culpabiliser. Le discours modéré est des plus bienveillants.

La philosophie des auteurs du PNNS est résumée dans ce passage :

« On invite ainsi le lecteur à mener une réflexion sur sa façon de manger qui sera par définition cognitive (elle fait appel aux connaissances scientifiques et à la raison) mais également souple et non culpabilisante. Il n'a pas à obéir les yeux fermés aux recommandations émises par le guide ; ce sont plutôt elles qui sont à son service : la connaissance au service du libre arbitre, et non l'inverse. »

Le PNNS n'est-il pas séduisant ? La prolifération des messages nutritionnels augmente la perplexité des mangeurs et leurs interrogations sur la bonne manière de se nourrir. On conçoit que l'inquiétude qu'ils éprouvent face à ces messages inconstants ne pourra se résoudre qu'en échange d'une stabilité des discours nutritionnels. En exprimant le point de vue actuel de la communauté médicale et scientifique, le PNNS prétend précisément apporter cette stabilité et s'imposer au-dessus de la mêlée des autres discours nutritionnels afin de rassurer les mangeurs inquiets.

On peut effectivement penser que, dans un premier temps, les mangeurs, confiant en leurs institutions médicales, s'en trouveront rassurés. Mais les théories scientifiques sur lesquelles sont fondées le PNNS sont destinées à évoluer avec les progrès de la science. Il arrive souvent que les théories nutritionnelles soient amenées à se contredire. Le risque est grand, dans ce cas, que la déception du mangeur soit à la mesure de la confiance qu'il avait accordée et aboutisse à un discrédit de la communauté médicale.

Deux approches de l'alimentation

Mais a-t-on vraiment toute latitude de manger comme on l'entend ? Peut-on rationaliser impunément ses comportements alimentaires ? Peut-on décider de ce qu'on mange selon des critères rationnels et s'en trouver bien ?

Nous pensons que non.

➤ *Être à l'écoute de ses sensations alimentaires…*

On ne fait pas ce qu'on veut de son comportement alimentaire car celui-ci est contrôlé. Ce contrôle est assuré par les sensations alimentaires, les émotions, les cognitions et les conditionnements, qu'ils soient d'ordre social, économique, culturel, religieux. Ce sont ces derniers qui déterminent le répertoire des aliments consommables et la manière de les manger.

De façon naturelle, le comportement alimentaire se trouve principalement sous le contrôle des sensations alimentaires et des émotions, qui sont l'expression des besoins de l'organisme. Ces besoins se caractérisent par le contraste entre leur extrême complexité et la parfaite simplicité des sensations alimentaires qui en résultent. Pour simplifier, nous pourrions dire que le mangeur ignore tout de ses besoins mais se contente de savoir s'il a faim, si l'aliment lui fait envie et si la quantité est suffisante pour calmer sa faim et son envie. Étonnamment, dans les situations de disponibilité alimentaire, cela lui suffit à satisfaire ses besoins énergétiques et nutritionnels sans verser pour autant dans les débordements alimentaires.

Le contrôle du comportement alimentaire est sous la dépendance de processus largement inconscients et ne nécessite aucun effort de la part du mangeur. Les choses se passent comme si le contrôle du comportement alimentaire était sous-traité par une instance indépendante de sa volonté. Dans ce mode d'alimentation à prédominance sensorielle, la part de la réflexion, du « cognitif », c'est-à-dire ce qui permet au mangeur d'exprimer son libre arbitre, représente la portion congrue. Le mangeur, toutefois, s'y accroche, puisque c'est à partir de celle-ci qu'il peut manger végétarien, kascher, bio, ayurvédique, avec ou sans OGM, avec ou sans vache folle.

➤ … *Ou penser son alimentation*

Par opposition au mode sensoriel, le PNNS propose une alimentation sur un mode essentiellement réflexif.

Conscients des difficultés que cela entraîne, les experts ont tout de même considéré que les quantités de nourriture continueraient à être gérées par le mangeur lui-même en fonction de ses sensations de faim et de rassasiement, laissant ainsi une certaine place aux sensations alimentaires. En revanche, ses choix devront relever de considérations scientifiques et de la raison.

Les experts estiment que les comportements alimentaires spontanés sont inadaptés au monde dans lequel nous vivons et conduisent à des dérives pathogènes. Ils considèrent donc qu'on ne peut plus se permettre de leur faire confiance. Dorénavant, il faut s'en remettre à la science. Le mangeur devra donc être correctement informé, il devra réactualiser ses connaissances en permanence. Parfois il sera amené à trancher dans les débats nutritionnels qui alimentent l'actualité. En somme, tout un chacun doit devenir son propre diététicien.

Manger sur le mode cognitif oblige à une réflexion systématique préalable à l'incorporation des aliments. Le mangeur doit savoir ce qu'il fait. Manger devient un acte grave qui engage la responsabilité individuelle et qui s'accompagne de la perte d'insouciance propre au mangeur sensoriel. Certes, chacun est désormais libre de faire son choix, mais comment être certain que ce ne sera pas le mauvais[5] ?

Manger avec sa tête ou avec ses sens ?

Deux conceptions peu compatibles s'opposent donc. Elles trouvent leurs racines dans le vieux débat qui oppose la gastronomie à la diététique, les sens à la raison.

La tradition fait appel au goût, considéré comme un guide salutaire pour le mangeur en bonne santé. Pour Avicenne, « si le corps de l'homme est sain, toutes les choses qui lui sont meilleures en bouche, mieux le nourrissent ». Ce que rappelle aussi Jean-Louis Flandrin[6] : « Les goûts étaient conçus comme des sympathies que la nature de chacun entretenait avec tels ou tels aliments, et les dégoûts s'expliquaient par des antipathies physiologiques. » Le respect des goûts de chacun assurait le maintien de sa santé.

À l'opposé, la nouvelle science diététique s'invite dans les assiettes et tend à devenir le critère dominant des choix du mangeur, avant les critères de goût et de gastronomie.

> • Dans le modèle sensoriel d'alimentation, le choix et la manière de manger les aliments sont effectués de façon empirique, en se fondant sur les sensations alimentaires. Le mangeur est guidé par des règles sociales. Dans ce cadre prédéfini, il respecte sa faim, ses sensations de rassasiement, ses émotions alimentaires. Cela garantit la satisfaction de ses besoins et, par conséquent, son bon état de santé.
> • Dans le modèle cognitif d'alimentation, le choix des aliments est laissé au libre arbitre de chacun et c'est le respect des recommandations scientifiques exprimées sous la forme de normes alimentaires qui est le garant d'un bon état de santé.

CHAPITRE 2

Lorsque manger devient un problème

Manger équilibré s'impose aujourd'hui comme la manière idéale de se nourrir. Au point même que cela semble être considéré comme le mode d'alimentation normal du mangeur moderne. Mais comment définit-on l'équilibre alimentaire ?

Quand la moyenne devient la norme

Le concept d'alimentation équilibrée provient des travaux des épidémiologistes. Selon eux, il serait possible, en sélectionnant et en répartissant convenablement les aliments, de supprimer des facteurs susceptibles d'augmenter le risque d'apparition de certaines maladies ou d'ajouter des facteurs de protection capables de réduire leur risque d'apparition.

Il s'agit donc, par des choix alimentaires avisés, de se garantir un certain bien-être et de prévenir ou de retarder l'apparition des maladies habituellement attribuées aux processus inévitables du vieillissement. Les pathologies concernées par les campagnes de prévention sont, à l'heure actuelle, les maladies cardio-vasculaires, les cancers et les maladies métaboliques dont l'obésité, le diabète et l'ostéoporose. Les équipes de chercheurs de tous les pays sont mobilisées par cette immense ambition qui consiste à tenter de repousser encore plus loin les limites de la maladie et de la mort.

Aussi vrai que un et un font deux !

Lors du 9e Congrès mondial sur l'athérosclérose, des chercheurs, à partir de projections mathématiques, ont affirmé que la mortalité coronarienne aux États-Unis pourrait baisser de 78 % si seulement les Américains acceptaient de mieux se nourrir.
Selon eux, 25 % des décès par maladies coronariennes sont imputables au cholestérol, 37 % au surpoids et 16 % à l'excès de sel.
Il suffirait donc que leurs concitoyens décident de manger moins gras, moins salé et perdent 10 kg pour accéder à une forme d'immortalité cardiaque.

Il suffirait donc que les chercheurs découvrent ce qu'il est bon de manger pour que les gens adoptent docilement leurs conseils. Le fait de l'apprendre entraînerait alors automatiquement le remplacement des comportements alimentaires inadaptés par des comportements plus sains. La réalité est-elle si simple ?

➤ *Ne vous fiez pas aux apparences, elles sont parfois trompeuses…*

La fonction de l'épidémiologiste est d'étudier les comportements observables de l'être humain en interaction avec son environnement et d'établir si certains de ces phénomènes sont liés entre eux par des relations de cause à effet. La simple mise en évidence d'une relation entre deux événements ne suffit pas à établir un lien de causalité. Par exemple on a pu constater, après la Seconde Guerre mondiale, que la vente de bas Nylon et la mortalité par cancer du poumon augmentaient de manière parallèle. Il n'a pourtant pas été possible d'établir que les bas Nylon étaient cancérigènes[1].

Il arrive parfois qu'une association paraisse plausible à l'observateur. Elle peut dans ce cas suggérer un lien causal, mais seule l'expérimentation, menée dans le cadre d'une étude d'intervention et réalisée dans des conditions validées scientifiquement, pourra en fournir la preuve définitive.

L'exigence de ces preuves a donné naissance, en médecine, aux essais thérapeutiques contrôlés qui constituent la base de ce qu'on appelle aujourd'hui la médecine fondée sur les preuves. L'essai contrôlé a pour principe de comparer la fréquence de survenue d'un événement défini, dans une durée déterminée, parmi deux groupes de personnes ne différant entre eux que par la présence ou l'absence du facteur que l'on cherche à étudier. Cette méthodologie est exigeante et requiert la mise en œuvre de moyens importants. Néanmoins, elle est la seule garante de la validité des résultats exprimés.

On constate par exemple l'existence d'une relation entre l'obésité des enfants et le temps passé devant la télévision. Mais cela ne permet pas d'affirmer que la télévision est responsable d'une prise de poids. Et d'ailleurs, si cette relation était démontrée, faudrait-il incriminer la sédentarité, les publicités alimentaires qui excitent l'appétit ou l'émission de mystérieuses ondes électromagnétiques ?

Dans la majorité des cas, les épidémiologistes raisonnent sur des interrelations et non sur des relations de causalité. Ils n'en établissent pas moins des facteurs de risque et n'hésitent pas à définir une alimentation idéale. Cette démarche ne nous paraît pas toujours légitime.

> Si les études épidémiologiques éclairent certaines relations entre les modes alimentaires et la santé, nous pensons que très peu apportent des preuves qui permettraient d'aboutir à des recommandations.
> Ces recommandations, dans le meilleur des cas, s'appliquent à des populations. Elles sont inadéquates au niveau des individus.

➤ *Un régime « normal » ne nous conviendrait… qu'en moyenne !*

Quand les épidémiologistes produisent les résultats de leurs travaux, ils s'expriment à partir de moyennes. Quand un médecin traite un patient, il s'adresse à un individu unique.

Ainsi, quand l'épidémiologiste affirme que la femme française consomme aujourd'hui 1 800 calories par jour, il considère la consommation de la moyenne des Françaises. Ses recommandations concernent des millions de personnes et s'exprimeront sous la forme : « Les besoins d'une femme adulte, en France, se situent entre 1 700 et 1 900 calories. » Parmi elles, la dispersion des consommations réelles peut être considérable, se répartissant entre 1 300 et 2 500 calories, pour un niveau d'activité physique identique. Par exemple, les études conduites sur les marathoniens montrent que leur consommation d'aliments peut varier, pour le même effort, de 2 500 à 4 500 calories par jour.

Si ces informations sont précieuses pour les collectivités qui doivent, par exemple, décider des achats pour un grand nombre de personnes, elles sont, en revanche, inexploitables par le médecin et son patient. Prescrire uniformément un régime de 1 800 calories à toutes les femmes qui se présentent en consultation aurait tous les risques de s'avérer une funeste erreur pour la plupart d'entre elles. Cette faute d'appréciation aurait aussitôt pour conséquence de faire grossir celles dont les besoins seraient inférieurs à la moyenne, et de faire maigrir celles dont les besoins seraient supérieurs. Rien n'indique *a priori* que les besoins d'une personne en particulier se situent précisément à 1 800 calories.

Systématiser cette attitude reviendrait à ne vendre dans les magasins de prêt-à-porter qu'une seule taille de pantalon en invoquant la raison qu'en moyenne les femmes en France font une taille 42. Tant mieux pour celles qui s'habillent en 42, mais toutes les plus minces devraient faire tenir leurs pantalons avec des ceintures et toutes les plus grosses ne trouveraient aucun pantalon à se mettre.

L'idée de vouloir transposer à des individus des relations établies pour des populations entières peut s'avérer, en fin de compte, terriblement néfaste pour l'ensemble des individus composant cette population. Le fait d'avoir établi dans un groupe une relation entre le cholestérol total et la mortalité coronarienne ne permet pas, par exemple, de donner à un individu donné les conseils diététiques censés garantir la santé du groupe tout entier. Un individu pourra très bien décéder d'un infarctus du myocarde avec un taux de cholestérol « normal », alors qu'un autre vivra centenaire avec un taux « anormalement » élevé !

➤ *Vers une alimentation standardisée*

La variabilité observée dans les besoins d'énergie se retrouve également dans les besoins en macronutriments et en micronutriments. Les épidémiologistes, conscients de cette grande disparité des besoins individuels, ont adopté la notion de seuil de sécurité.

Le seuil de sécurité

Les épidémiologistes déterminent un « seuil de sécurité » garantissant des apports suffisants pour au moins 97,5 % de l'ensemble de la population. C'est ainsi que 900 mg de calcium sont suffisants pour couvrir les besoins de 97,5 % des Français. Cette quantité de calcium sera donc insuffisante pour seulement 2,5 % de la population française. Elle sera suffisante pour la plupart, mais excessive pour d'autres.

Il est donc statistiquement possible, selon les experts, qu'« un groupe d'individus consommant quotidiennement des quantités de nutriments inférieures aux ANC [puisse] ne pas comporter d'individus carencés [ni même] subcarencés[2] ». Il n'y a donc rien d'anormal à découvrir, lors des enquêtes de consommation, que certains individus consomment moins de 900 mg de calcium. Et il n'est, par conséquent, pas permis de déduire que ces personnes précisément ne couvrent pas leurs besoins et sont carencées dans ce micronutriment. Alors qu'il pourra simplement s'agir de personnes dont les besoins physiologiques sont inférieurs à ceux de la moyenne des Français.

Transposé aux besoins d'habillement, cela revient à vêtir l'ensemble de la population avec des tailles 56. La majorité de la population marcherait sur ses pantalons tandis que 2,5 % auraient des pantalons qui s'arrêteraient aux genoux.

Toutes ces études, réalisées sur des populations entières, aboutissent en définitive à l'établissement de normes s'imposant aux individus.

Pour éviter le risque de grossir, il faudra respecter la prise de trois repas par jour. Disposer, comme le recommande le PNNS, de 15 % de protéines, 55 % de glucides et 30 % de lipides imposera une certaine organisation des repas. Respecter la bonne proportion de lipides obligera la quasi-totalité des Français, malades ou bien portants, à modifier leurs habitudes alimentaires. Il leur faudra pour cela modifier leurs modes de cuisson, réduire leurs assaisonnements, transformer leurs sauces, sélectionner les aliments les moins gras…

Consommer ensuite la bonne répartition d'acides gras imposera de limiter sa consommation de viande rouge, de la remplacer trois fois par semaine par du poisson, d'introduire un dosage savant d'huile d'olive, de tournesol et de soja. Disposer de la bonne quantité de micronutriments imposera de consommer chaque jour cinq fruits et légumes pour se protéger du cancer.

Mais pourquoi s'arrêter en si bon chemin ? Si, d'aventure, on parvient à prouver que les brocolis protègent du cancer de la prostate et les carottes du cancer de la peau, pourquoi ne pas en faire aussi des recommandations ?

Pour respecter toutes ces recommandations et concilier toutes les contraintes que cela impose, il n'y a en pratique guère d'autre moyen que d'adopter une manière unique de se nourrir. Et c'est ainsi que ces conseils qui ne concernaient que l'alimentation idéale d'une population générale finissent par se transformer en une norme unique qui s'impose à tous les individus, sans plus tenir compte des moindres différences individuelles.

> Même si la déclinaison des menus et des manières de manger recommandées par le PNNS permet une certaine diversité, elle n'en constitue pas moins un appauvrissement des pratiques alimentaires et culinaires rendues coupables au nom du raisonnement statistique. Inévitablement, on aboutit à une standardisation des comportements alimentaires.

Voilà bien un effet de la mondialisation que personne ne songe à remettre en cause, sans doute parce qu'il semble cautionné par la science !

La science est capricieuse, la norme aussi

En matière de nutrition, comme en toute autre science, les connaissances évoluent. Ce que nous savons aujourd'hui, nous ne le savions pas hier, et ce que nous saurons demain, nous ne le savons pas encore aujourd'hui. Et on peut même prévoir que des changements décisifs interviendront régulièrement tous les dix à quinze ans. C'est pourquoi donner des conseils à toute une population à partir de connaissances reposant sur un faible niveau de preuves peut se révéler un exercice terriblement dangereux.

Les exemples abondent pour illustrer comment, au cours de notre histoire, la science s'est trouvée contrainte de modifier ses positions. La particularité de notre époque tient sans doute à la rapidité d'évolution des positions scientifiques. Et probablement aussi à la difficulté que nous éprouvons à ne pas nous perdre dans des discours si fluctuants.

À travers les siècles

Jusqu'au XVIe siècle, les « recommandations » nutritionnelles généralement admises étaient que chacun, selon une sorte de principe de similitude, devait manger selon sa nature : « Qui veut garder la nature qui est bien saine, qu'il donne semblante chose à la nature de chacun. » Puis par la suite, c'est le principe des contraires qui s'imposa, et, dorénavant, qui voulait garder sa bonne nature se devait de manger des aliments de nature contraire pour conserver sa santé.

Vers le début du XIXe siècle, les scientifiques découvrirent la composition des aliments. Ceux-ci contenaient une énergie qui pouvait se mesurer en calories et étaient composés de protéines, de glucides et de lipides. Ces nutriments possédaient chacun des fonctions précises.

Toutefois, n'ayant pas encore découvert l'existence des vitamines, ils s'empressèrent de conseiller à la population de privilégier les aliments les plus riches en énergie. Ils suggérèrent, notamment aux classes sociales les moins aisées, de ne pas gaspiller leur argent en achetant des fruits et des légumes, considérés comme des aliments pleins d'eau et sans intérêt nutritionnel. La première vitamine ayant été découverte en 1910, il est heureux que les conseils donnés par les scientifiques de cette époque n'aient pas été écoutés.

Entre 1900 et 1960, Henry Lestradet, professeur de diabétologie et ancien président de la Société française de nutrition et de diététique, a recensé six régimes différents prescrits successivement par les diabétologues. Un régime tous les dix ans ! Selon Lestradet, tous ces régimes étaient prescrits avec « une foi qui n'admet aucune hérésie, la condamne avec vigueur et qui s'impose comme une certitude ».

Sur la plupart des sujets concernant la santé, un nutritionniste en 2005 professe le contraire de ce qu'il affirmait dans les années 1980. Il est certain que le PNNS de 1980, s'il avait existé, aurait été bien différent de celui de 2001 qui lui-même n'aura plus rien à voir avec celui de 2020. Il y a vingt ans, le vin était alors considéré comme une substance toxique et non comme un aliment possédant un effet protecteur, les œufs et les aliments contenant du cholestérol étaient retirés des régimes hypocholestérolémiants, les aliments gras étaient recommandés aux obèses ainsi qu'aux diabétiques, le foie gras et la viande de porc étaient interdits aux coronariens, l'huile d'olive ne présentait aucun intérêt particulier, les sucres et les gâteaux étaient rigoureusement interdits aux diabétiques, le pain était considéré comme un sucre lent et le fructose comme un sucre rapide…

Bref, comme dit le proverbe : « Souvent nutritionniste varie, bien fol qui s'y fie. »

➤ *Obésité : à quel discours se vouer ?*

Dans le domaine de l'obésité, tentant d'arbitrer l'éternel combat entre le gras et le sucre, le corps médical a tenu les discours les plus contradictoires.

Ceux-ci font régulièrement l'objet de recommandations et sont tour à tour accusés d'être responsables de l'obésité. Or comme le fait remarquer Ambroise Martin, professeur de biochimie et de nutrition à la faculté de médecine de Lyon, savoir s'il faut s'en prendre aux uns plutôt qu'aux autres est finalement d'un intérêt très limité. « Une telle accusation simplificatrice est d'autant plus déstabilisante pour les consommateurs qu'elle varie dans le temps[3]. »

En 1979, on pouvait lire dans un traité de nutrition : « La réduction calorique globale doit comporter une réduction préférentielle des glucides et apporter le maximum de protéines. Les lipides, malgré leur haut potentiel énergétique, sont plus aptes à entraîner la satiété et leur part relative peut être augmentée[4]. » Les épidémiologistes, les physiologistes, les cliniciens s'appliquaient à produire des études qui prouvaient la responsabilité des sucres dans la prise de poids et l'obésité.

Quinze ans après, à l'aune des nouvelles connaissances, voici ce qui devrait figurer dans les nouveaux manuels : « La réduction calorique globale doit comporter une réduction préférentielle des lipides et la part des protéines ne doit pas excéder 15 %. Les lipides, en plus de leur haut potentiel énergétique, sont moins aptes à entraîner la satiété et leur part relative peut être réduite. »

Que sont donc devenus tous les travaux réalisés il y a quelques années et qui démontraient, mot pour mot, exactement le contraire ? Remplacés. L'ensemble de la communauté scientifique et médicale produit désormais de nouvelles études qui démontrent les effets néfastes des graisses sur la prise de poids. Les sucres sont disculpés, et le nouveau coupable devient le gras.

➤ *Le gras n'est plus ce qu'il était*

Chose plus surprenante, le gras qui rassasiait les générations d'autrefois ne rassasie plus les générations d'aujourd'hui. Cette fois, la science a décidé que c'étaient les mangeurs eux-mêmes qui avaient changé. Lors d'un congrès de nutrition à Paris, un chercheur du centre de recherche Nestlé, sous la caution de John Blundell, éminent spécialiste des mécanismes de la satiété, a même présenté un modèle mathématique qui parvenait à démontrer que le gras était incapable de rassasier les femmes mais qu'il provoquait l'effet inverse chez les hommes. Autrement dit, ses conclusions permettaient d'affirmer qu'un petit déjeuner composé d'un café et de deux biscottes sèches produisait sur une femme le même effet satiétogène qu'un petit déjeuner identique additionné d'une motte de beurre[5] !

➤ *Et le sucre alors !*

Autre changement, pour le moins surprenant : on attribue, depuis de nombreuses années, aux sucres rapides une part importante de la responsabilité dans la prise de poids. Or de nombreuses études sur le sujet viennent les disculper de cette responsabilité[6]. Les auteurs du PNNS reconnaissent qu'il est difficile, en l'état actuel des connaissances, de dégager une relation claire entre la consommation de glucides simples et le développement de l'obésité. Ils se contentent donc d'évoquer un niveau de preuve probable, mais non convaincant. Ce qui ne les empêche aucunement de réclamer une diminution de leur consommation !

➤ *Un discours nutritionnel immuable est-il possible ?*

Comme on le voit, les exemples qui illustrent combien le mangeur est souvent chahuté dans ses habitudes alimentaires ne manquent pas. Littéralement bombardé de messages nutritionnels discordants, il lui est devenu difficile, voire impossible de savoir à quoi s'en tenir. C'est notamment pour résoudre les inquiétudes liées à la prolifération de ces messages contradictoires que les nutritionnistes ont éprouvé le besoin d'énoncer les règles de la nutrition sous la forme du PNNS en leur donnant force de loi. Mais que penser de l'inquiétude du mangeur quand la loi elle-même se contredit à quelques années d'intervalle ?

- Les conseils nutritionnels prodigués aujourd'hui par le corps médical sont essentiellement issus de statistiques qui isolent des facteurs de risque et établissent des moyennes.
- Ces moyennes ont une fâcheuse tendance à se transformer en norme.

- Or, lorsque la science impose sa norme et que la science change, la norme change aussi.
- Les mangeurs pourront-ils changer aussi rapidement leurs habitudes alimentaires que les chercheurs changent de point de vue ?

Modèle empirique et modèle scientifique

Par nature, l'être humain est inquiet de ce qu'il mange. Sa survie dépend à la fois de la variété et de la sécurité des choix qu'il effectue.

Le modèle alimentaire empirique qui inspire davantage la culture européenne et le modèle alimentaire scientifique qui inspire davantage la culture anglo-saxonne offrent chacun des solutions différentes, destinées à résoudre cette anxiété commune à tous les mangeurs. Il est donc intéressant de les comparer.

Les Américains, le plus souvent, possèdent une vision diététique, rationnelle et scientifique de leur alimentation. Les Français ont encore aujourd'hui, plus généralement, une vision gastronomique, gustative et sensorielle de leur alimentation. Ainsi, lorsqu'on demande à un Américain d'apparier deux aliments choisis entre le pain, les pâtes et la sauce, il associe le pain et les pâtes car ce sont tous deux des sucres complexes. Le Français, lui, associe les pâtes et la sauce car il trouve ce mariage plus heureux pour le goût[7]. L'Américain mange des nutriments, tandis que le Français mange des aliments et même des plats !

Les craintes ancestrales du mangeur

C'est le paradoxe de l'omnivore : il est contraint d'innover et de s'adapter à son environnement pour assurer la satisfaction de ses besoins, mais il est toujours anxieux et veille à ne pas se mettre en danger.

Chaque aliment inconnu qu'il incorpore présente, en effet, le risque potentiel d'une intoxication, parfois mortelle. Et chaque aliment consommé est perçu comme un acteur important de sa santé. C'est donc pour résoudre cette anxiété que chaque société définit ainsi le comestible et le non-comestible, les modalités culinaires, la répartition des prises alimentaires, les manières de table.

C'est également à cet effet que les populations ritualisent leur alimentation selon des critères divers, culturels, historiques, symboliques, religieux, philosophiques. L'ensemble de ces pratiques témoigne de la culture dont elles sont issues.

La manière de cuisiner et celle de consommer illustrent et démontrent les structures du groupe, ses valeurs, ses symboles. Elles renforcent les représentations nécessaires aux humains pour donner du sens à ce qu'ils sont. Mais aussi elles peuvent être considérées comme des mécanismes de réassurance qui permettent de se nourrir sereinement et en toute confiance.

➤ *Histoire, culture et manière de manger*

Le Vieux Continent a mis plusieurs siècles à se défaire de cette culture diététique de l'alimentation, héritée d'Hippocrate : « De tes aliments, tu feras une médecine. » De l'Antiquité au Moyen Âge, la diététique l'a emporté sur la gastronomie, obligeant le mangeur à d'incroyables contorsions pour adapter sa nourriture à son tempérament. Les mangeurs d'alors se servaient de leurs aliments comme de médicaments. Longtemps vassalisée par la médecine, la cuisine s'en est finalement libérée, lentement et sans bruit, au cours des XVIIe et XVIIIe siècles. Pour parvenir au XIXe siècle à laisser la gastronomie occuper toute la place désormais laissée vacante par la diététique[8].

Le passage de la diététique à la gastronomie a été une libération de la gourmandise et l'avènement du « bon goût ». Mais surtout, comme le fait remarquer François Ascher, une libération de la sensualité, de la délicatesse, de l'esthétique, qui se démarquaient de la gloutonnerie, de la voracité, de la goinfrerie[9].

Peu à peu s'est constitué un modèle empirique, fondé sur des traditions, d'ordre culinaire, culturel, religieux ou philosophique, qui a lentement permis de sélectionner des aliments, des modes de préparation, des manières de table, des associations de plats, des rituels, considérés comme ayant fait la preuve de leur adéquation aux besoins de l'individu et pouvant jouer leur rôle de réassurance.

Ainsi s'opposent deux conceptions de l'alimentation destinées à apaiser les craintes ancestrales du mangeur et à jouer leur rôle de réassurance.

Dans le modèle scientifique, chaque individu doit exercer quotidiennement son libre arbitre et doit choisir avec discernement ses aliments. Il se trouve donc seul face à la responsabilité des choix qu'il effectue. Suivre les directives alimentaires proposées par les scientifiques est censé lever son anxiété et lui permettre de manger sereinement. C'est bien ce que recommande aujourd'hui notre PNNS[10].

Dans le modèle empirique, la difficulté et la responsabilité des choix alimentaires sont en grande partie écartées. Ceux-ci s'imposent à l'individu car ils sont déterminés par

Nouveau Monde, nouvelle table

En Amérique, très tôt, entre 1830 et 1840, les premiers discours nutritionnels, ce qu'on a appelé alors la *New Nutrition,* associent les conseils pseudo-scientifiques et les considérations puritaines et morales. Ainsi, la viande, l'alcool, les épices sont accusés d'échauffer les esprits et de les rendre vulnérables aux choses du sexe. Plusieurs courants se succèdent, tous marqués par les mêmes prétentions : améliorer la santé en même temps que la moralité du pays[11].

Alors que la première moitié du XXe siècle est dominée par l'apparition des vitamines[12] et d'un discours alimentaire centré sur la santé, l'après-guerre donne davantage la priorité aux aspects pratiques des aliments afin de satisfaire les besoins des familles du *baby-boom*. On voit alors apparaître des produits nécessitant peu de préparation, prêt-à-servir et prêt-à-manger. Les considérations gastronomiques deviennent secondaires par rapport à l'aspect pratique des choses, au prix et même à la santé.

Puis dans les années 1970, les scientifiques et les nutritionnistes s'engagent dans la *Negative Nutrition*. Tout en recommandant la consommation des aliments jugés les plus sains, ils lancent des campagnes nationales pour limiter la consommation des aliments jugés dangereux pour la santé : le gras, le sucre, le sel et l'alcool. Les États-Unis deviennent en quelques années les plus grands consommateurs de produits allégés. Les supermarchés sont inondés de produits dont les étiquettes déclinent tout de leur composition et proclament leurs effets bénéfiques sur le cœur, la santé, et tout particulièrement le poids.

la culture. On mange en fonction d'une histoire, d'une géographie, d'une religion, de valeurs symboliques, d'habitudes culinaires. Il est fort probable que, si ces choix ont été retenus au fil du temps, c'est qu'ils ne mettaient pas grandement en péril la santé des mangeurs. Somme toute, sans être parfaits, ils ne sont pas si mauvais.

Dans ce modèle, ce sont les déterminants culturels qui permettent au mangeur de consommer ses aliments en toute confiance. Cela le laisse libre de s'intéresser à leur valeur hédonique. La société, en déterminant les modes alimentaires, étaie et renforce les régulations physiologiques de l'individu.

➤ French paradox *et paradoxe américain*

À l'opposition de ces deux conceptions de l'alimentation se superpose l'opposition de deux paradoxes.

De l'autre côté de l'Atlantique, les Américains observent les Français et se demandent comment des gens qui sont si passionnés par la qualité des aliments, par la cuisine, qui mangent finalement assez gras et sans accorder trop d'importance à la diététique souffrent moins de maladies cardio-vasculaires et sont moins gros qu'eux. C'est le *French paradox* !

De ce côté de l'Atlantique, contemplant nos amis américains, on constate que malgré les campagnes d'information nutritionnelle, malgré la prolifération des produits allégés, malgré la pratique assidue des régimes et de l'activité physique, et enfin malgré la diminution de la consommation de lipides, les États-Unis enregistrent l'une des plus fortes progressions de l'obésité au cours de ces vingt dernières années. C'est le paradoxe américain !

Aujourd'hui, beaucoup se demandent si ces deux modèles opposés n'ont pas aussi des conséquences sur notre poids et notre santé. Plusieurs auteurs n'y voient pas une simple coïncidence et pensent qu'il pourrait même y avoir là une relation de cause à effet. Le sociologue Jean-Pierre Poulain parle d'une ruine du modèle nutritionnel américain et de la faillite de l'approche strictement nutritionnelle.

Selon nous, le modèle scientiste, considéré comme plus anxiogène, pourrait, de ce fait, être responsable de troubles du comportement alimentaire occasionnant secondairement des prises de poids. Le modèle empirique serait quant à lui plus rassurant, plus structurant et protégerait mieux de l'obésité.

À l'heure où certains spécialistes américains remettent en question leur modèle alimentaire et regardent avec intérêt le modèle français, les pouvoirs publics en France ont, quant à eux, décidé de s'engager vers une américanisation de notre modèle alimentaire. Le mangeur français a mis plusieurs siècles pour échapper à cette vision diététique et médicale de sa nourriture. Dès lors que l'on se place dans une perspective historique de l'alimentation, il est difficile de ne pas se rendre compte que le PNNS est une régression du modèle alimentaire français qui nous renvoie à la sortie de notre Moyen Âge.

De l'aliment-plaisir à l'aliment-santé

Le déferlement des messages nutritionnels a modifié ces dernières années le regard que les Français portaient sur leur alimentation. Influencés par la conception scientifique de l'alimentation, nous sommes passés, de 1966 à 1998, d'un modèle de l'aliment « nourrissant » et rassasiant à une conception nutritionnelle valorisant les sources de micronutriments, de vitamines et de fibres[13]. Dans la hiérarchie des aliments jugés essentiels par les consommateurs, la première place, occupée jusqu'alors par les féculents, a été conquise par les légumes. L'énergie est en quelque sorte à remplacer par les vitamines. En somme, la peur de la maladie vient se substituer à la peur de manquer.

C'est bon pour la santé

Le discours publicitaire, reflet des désirs du consommateur, suit la même évolution. Lactel fait la promotion de son lait en insistant sur sa composition en calcium et en magnésium. Heudebert vante les apports en glucides et protéines de ses biscottes. Kellogg's affiche sur les étiquettes de ses céréales leurs taux de couverture des apports nutritionnels conseillés pour la journée. « Un bol de céréales vous apporte… % de vos besoins en vitamines x ou en minéraux y. » Tropicana nous fait savoir qu'un verre de jus de fruits nous apporte une des cinq portions de fruits et légumes recommandées par le PNNS.

Il n'est plus suffisant de simplement affirmer qu'un produit est bon au goût ou qu'il peut faire plaisir pour pouvoir le vendre. Il faut aussi (surtout ?) qu'il soit bon pour la santé. Le bon cède la place au bien. L'aliment-plaisir est chassé par l'aliment-santé.

Nous ne mangeons plus des aliments parce qu'ils sont gastronomiquement corrects, mais parce qu'ils sont statistiquement et diététiquement corrects. L'industrie, y voyant une nouvelle source de profit, se jette à corps perdu dans le créneau des aliments-médicaments, les alicaments[14].

➤ *Le nutritionnellement correct*

Le nouveau passeport de l'aliment devient son effet attendu sur la santé. Le gourmand doit justifier sa consommation de foie gras par sa composition en « bonnes graisses », il s'excuse de l'accompagner d'un verre de vin en alléguant sa richesse en tanin et ses vertus pour le cœur. Il n'est plus possible de se faire plaisir en mangeant autrement qu'en se justifiant. Danielle Rappoport, psychosociologue, commentant cette évolution s'interroge : « Pourquoi manger tout simplement bon quand on peut manger "bon-léger", "bon-équilibré", "bon-vitaminé", "bon-sain" [mais surtout]... bon-compliqué[15] ? »

Au bout du compte, le discours gastronomique et le plaisir gustatif qui l'accompagne sont tout simplement disqualifiés par le discours scientifique. Le mangeur devient incapable de savoir ce qui est bon pour lui. Il doit, pour le savoir, s'en remettre à l'avis des experts qui décideront à sa place ce qu'il doit manger. Progressivement, il se voit dépossédé de sa liberté de choisir ses aliments, il devient obligé de tenir compte d'un savoir médical étrangement obscur. La régulation spontanée du comportement alimentaire par le plaisir gustatif s'efface insidieusement pour laisser la place à un contrôle mental justifié par des considérations médicales fluctuant au gré des découvertes scientifiques. Le mangeur devenu incompétent se voit obligé d'abdiquer en faveur d'une science présumée mieux à même de satisfaire ses besoins les plus intimes.

> Alors même que le Programme national nutrition santé est le plus souvent de l'ordre de la discussion de spécialistes, les consommateurs, sans le savoir, pensent et mangent PNNS.
> Le mangeur ne ressent plus ses besoins, il les pense.

➤ *Je pense mon alimentation*

Penser ses besoins ne facilite pas la sérénité du mangeur. Il est souvent bien difficile d'arbitrer entre tous les conseils délivrés par les différents spécialistes de l'alimentation, les messages diffusés par les médias et les publi-informations de l'industrie de l'alimentation.

On peut par exemple décider de manger en fonction des qualités nutritionnelles des aliments. Ainsi, le jus d'airelles est très intéressant pour la prévention du risque cardio-vasculaire, car il augmente à la fois le HDLc et les antioxydants sanguins. Mais tout le monde n'apprécie pas cette boisson qui présente une grande âcreté. On peut se rabattre sur le jus de raisin qui augmente les antioxydants sans toutefois augmenter les HDLc. À moins que l'on choisisse le jus d'orange qui, lui, augmente le HDLc, mais malheureusement ne modifie pas les antioxydants. La solution serait bien de prendre un verre de jus d'orange et un verre de jus de raisin, mais c'est alors le risque d'obésité qui s'en trouverait augmenté !

Quelle priorité donner à tel ou tel aspect de sa santé ? Ainsi, il est très fréquent de trouver des personnes ayant à la fois des antécédents familiaux de cancer de l'intestin et d'infarctus du myocarde. Les fromages à pâte fermentée sont particulièrement riches en acide folique, qu'on considère comme un bon agent protecteur du cancer de l'intestin. Malheureusement, les acides gras saturés de ces mêmes fromages augmentent sans doute le risque cardio-vasculaire.

Et que dire aujourd'hui à une personne qui ne boit pas de vin ? On sait maintenant que cette boisson contient des substances qui diminuent le risque cardio-vasculaire. Les personnes ayant une consommation modérée font moins d'accidents cardiaques que celles qui n'en consomment pas du tout. Doit-on recommander aux personnes abstinentes de se mettre à boire 2 à 4 verres de vin, ce qui semble être la dose optimale ? Ne risque-t-on pas ainsi d'augmenter aussi leur apport calorique quotidien ?

On entend tous les jours des conseils incitant à réduire la consommation de sucres simples. Ils représenteraient un facteur de risque de l'obésité. Mais on s'est récemment aperçu que les plus forts consommateurs de glucides simples étaient aussi ceux qui avaient les apports en calcium et en fibres les plus importants, ainsi que le moins de préoccupations concernant le poids et le surpoids[16]. Doit-on alors les inciter à réduire leur consommation de sucres simples au risque de diminuer leur consommation de calcium et de fibres, ce qui les exposerait alors au risque d'une ostéoporose ou d'un cancer de l'intestin ? Doit-on attirer leur attention sur leur poids, au risque de les inquiéter et de les priver d'une insouciance bénéfique qui semble jouer le rôle d'un facteur de protection ?

> En matière de maîtrise pondérale, il n'existe aucun aliment ou groupe d'aliments qui n'ait été un jour interdit, ou bien porté aux nues.
> Il en reste de nombreuses traces résiduelles dans les comportements des candidats à la minceur.
> Telle cette personne qui s'oblige à prendre un petit déjeuner comme le lui ont conseillé les Weight Watchers, qui ne mélange pas les féculents avec les graisses comme le lui a recommandé Montignac, qui ne boit pas d'eau à table et qui mange ses fruits en dehors des repas, sans même savoir d'où proviennent ces derniers héritages.

De la confusion à l'inquiétude

Au bout du compte, contrairement aux attentes des planificateurs, ce n'est pas « une bonne manière de manger » qui finit par s'imposer, mais plutôt l'idée qu'il en existe une[17]. Pour la plupart des personnes, le consensus scientifique ne se traduit pas par des conseils suffisamment concrets. La personne se sent comme livrée à elle-même et développe un sentiment de malaise ou d'insécurité[18].

La jungle des messages diététiques

Que ne dit-on pas !
L'alimentation végétarienne protégerait du cancer et des maladies cardio-vasculaires. Mais elle provoquerait aussi des anémies et des carences en vitamines.
L'huile d'olive est bonne pour le cœur. Mais on dit aussi qu'elle fait grossir.
Le pain au son améliore le transit intestinal. Mais il empêche l'absorption des minéraux.
On a toujours dit que les charcuteries étaient dangereuses pour le cœur. On dit maintenant que certaines (mais lesquelles ?) contiennent des acides gras insaturés qui protègent des maladies cardiaques.
Et les crudités ? Voilà bien des aliments que l'on peut manger sans arrière-pensée. Eh bien non, une trop grande quantité provoque des colopathies.
Et les laitages ? On dit maintenant qu'ils sont responsables de toutes sortes de maux et qu'ils ne protégeraient même pas de l'ostéoporose.

Finalement, quoi manger ? Comment un acte si élémentaire a-t-il pu se transformer en une opération si compliquée ?

Comment s'étonner alors que certains éprouvent une telle anxiété et finissent par désinvestir totalement l'acte de manger ? « Je ne sais jamais ce que je dois manger. Est-ce bon pour la santé ? Cela fait-il grossir ? Combien faut-il en manger ? » Persuadés qu'ils ne savent pas, certains patients consultent aujourd'hui pour apprendre à manger : « Je voudrais que vous me disiez ce que je dois manger, combien il faut en prendre et à quel moment je dois manger ! » demandent-ils.

Toutes les enquêtes sociologiques confirment ce profond malaise. Selon Jean-Pierre Poulain, le discours diététique contemporain est perçu comme « mouvant », « contradictoire », « fluctuant », soumis « aux effets de mode », entraînant « inquiétude et anxiété ». Claude Fischler, quant à lui, parle de cacophonie diététique et de crise de régime, au sein desquelles le seul invariant serait la culpabilité. « Une culpabilité floue, imprécise, fantomatique, anxieuse. » Le mangeur a conscience qu'il doit exister une loi gouvernant les comportements alimentaires, mais il se trouve dans l'impossibilité d'en définir les commandements. Le résultat est qu'inconsciemment, chaque fois qu'il mange, il éprouve le sentiment vague de se trouver en faute, de transgresser des interdits. On attend de la science qu'elle apporte des réponses aux fonctionnements les plus intimes de l'individu.

Face à ce désarroi, certains nutritionnistes fondent de grands espoirs… dans le développement de l'informatique ! Quand chaque foyer sera équipé d'un ordinateur, on pourra diffuser chaque jour par Internet des menus conformes aux conseils des nutritionnistes. Ce qui, selon eux, pourrait rassurer les mangeurs les plus inquiets.

D'autres, en attendant, écrivent des ouvrages pour nous apprendre à manger. On a droit à d'interminables listes d'aliments, à tous les détails sur leur composition nutritionnelle, afin que « les Français mangent enfin avec leur tête et non plus avec leur ventre[19] ». Le mangeur moderne, lorsqu'il parcourt les rayons des supermarchés, doit donc scruter les étiquettes, vérifier qu'elles concordent avec les recommandations de son médecin.

Les chiffres du malaise

Faut-il s'étonner alors que 63 % des Français, en 1989, pensaient trop ou mal manger alors qu'ils n'étaient que 50 % en 1972 ?
Pourtant, dans le même temps, ils ne cessent de grandir, de vivre plus vieux et même d'être mieux portants. L'OMS, dans son dernier rapport annuel, vient d'affirmer que la France disposerait à l'heure actuelle du meilleur système de santé dans le monde.
Mieux, elle a établi que, parallèlement à l'augmentation de l'espérance de vie (78 ans), l'espérance de vie en bonne santé augmentait aussi (73,1 ans)[20].
On vit donc plus longtemps et en meilleure santé. Sans doute ne mange-t-on pas si mal que ça, en définitive…

➤ *L'inquiétude et la culpabilité, ça fait manger !*

Tout mangeur est devenu un coupable convaincu d'avoir commis une faute dont il se sent incapable de préciser la nature[21]. Certain qu'il existe une bonne manière de manger dont les règles obscures lui échappent en grande partie, le mangeur se nourrit avec la sensation confuse de mettre sa santé en danger et éprouve, chaque fois qu'il s'interroge, un vague sentiment d'inquiétude et de culpabilité.

On peut considérer ce malaise comme un simple désagrément. Ou bien le voir comme une sorte de tribut qu'il faudrait payer à l'équilibre alimentaire et à la santé. Certains sont tentés de voir dans cette culpabilité une motivation intéressante pour décider le consommateur à suivre les conseils des nutritionnistes et le contraindre à modifier ses comportements alimentaires[22]... Nous y voyons au contraire des sources d'émotions qui favorisent ou aggravent les troubles du comportement alimentaire. Bien des mangeurs aujourd'hui adoptent des comportements caractérisés par le fait que leurs émotions les conduisent à manger.

- Manger est devenu aujourd'hui une source de stress pour bien des mangeurs.
- L'anxiété ou la culpabilité face à des aliments suspectés de faire grossir ou de nuire à la santé, loin de réduire les prises alimentaires, ne fait au contraire que les exacerber !
- Ce phénomène nous semble une composante essentielle de l'augmentation de l'obésité. Les émotions provoquées par le discours nutritionnel moderne surviennent chez des individus désorientés et déjà disposés à se réconforter de leurs émotions en mangeant.

➤ *Les pompiers incendiaires*

Les aliments ne sont pas que des sommes de nutriments assurant nos besoins énergétiques et plastiques. Ils participent à notre réconfort en neutralisant nos émotions négatives. Ils ne peuvent cependant assurer cette fonction qu'à condition d'être eux-mêmes chargés d'un contenu émotionnel positif. Ce qui ne peut pas s'obtenir si l'on en pense du mal ou si on les soupçonne de nous être nuisibles.

On ne peut pas enjoindre aux mangeurs de ne pas se culpabiliser ou de ne pas s'angoisser d'avoir mal mangé.

Dès lors que l'on décrète qu'il existe des aliments moins intéressants que d'autres sur le plan nutritionnel[23] – une manière quelque peu jésuitique d'éviter de proclamer qu'il existe de bons et de mauvais aliments –, l'esprit humain ne pourra s'empêcher de s'adresser des reproches et de craindre les conséquences de telles consommations. Tout aliment suspecté de contenir une substance nocive, par exemple du sucre ou du gras, même à l'état de traces, sera consommé avec anxiété ou simplement supprimé[24].

Le mécanisme de l'anxiété alimentaire

Nous savons, par exemple, nous prémunir contre la menace de vache folle. Si l'on nous prévient que la viande de bœuf est contaminée, la décision s'impose très simplement d'en supprimer la consommation. Nous sommes face à un processus de décision binaire : manger ou ne pas manger de la viande de bœuf. Dans ce cas, certes, le désagrément existe, mais l'anxiété reste maîtrisable.

À l'inverse, quand on prévient le consommateur qu'une consommation *excessive* de sucre, de gras ou de sel est dangereuse pour sa santé, on ne fait qu'augmenter son désarroi et son anxiété.

Comment pourrait-il en être autrement, quand ce message de santé publique s'adresse sans distinction à tous les mangeurs, qu'ils soient ou non de forts consommateurs ? Chacun finit par se surveiller, par réduire sa consommation toujours jugée excessive.

Chaque mangeur est ainsi mis en état d'alerte, face à un danger, réel ou non, qui pèserait sur sa santé ou sur son poids. Si, pour écarter le danger, il décide de réduire sa consommation, de combien devra-t-il le faire ? À partir de quelles quantités retrouvera-t-il sa sécurité et sa sérénité ? Ne plus manger de sucre présente un sens précis, mais que signifie précisément *manger moins* de sucre ou moins de gras ?

Quelle que soit la part qu'il retirera de son alimentation, le mangeur ne pourra que continuer à s'interroger. Aussi, comme « qui peut le plus peut le moins », on en vient à l'idée que c'est en supprimant tout qu'on obtiendra le plus grand bénéfice.

C'est bien ce qu'ont fait la plupart des patients que nous voyons aujourd'hui en consultation. C'est après avoir réduit, supprimé, réintroduit, un peu, pas trop, beaucoup, beaucoup trop, qu'ils viennent chercher de l'aide auprès de nous, conduits par la main dans nos cabinets par les derniers régimes à la mode, ou maintenant par les derniers rebondissements de la politique de santé nutritionnelle.

Les discours rassurants et bienveillants que tiennent les médecins ou les campagnes d'information ne peuvent pas calmer le vent de panique qu'ils ont eux-mêmes déclenché. Certes, les planificateurs, dans les messages qu'ils concoctent, prennent des précautions oratoires. Il convient de ne pas ostraciser telle ou telle catégorie d'aliments. Tous les aliments sont bons pour la santé, les effets négatifs ne proviennent que de l'excès ou de l'insuffisance de leur consommation.

Mais ce n'est pas ce qu'entendent les personnes auxquelles sont destinés ces messages. Celles-ci ne peuvent pas s'empêcher de raisonner de manière dichotomique. Pour elles, les aliments sont sains ou malsains, bons ou mauvais…

Les sociétés savantes de médecins, s'emparant de ces messages de prévention, effraient l'ensemble de la population. La Fédération française de cardiologie a récemment adressé, par voie de presse, un message à tous *les parents qui refusent que leurs enfants deviennent les cardiaques de demain.* Vos enfants sont en danger de mort, ils mangent

Panique à l'école !

Après la suppression des distributeurs de boissons et de produits sucrés dans les établissements scolaires, certains parents d'élèves, affolés par le danger de l'obésité, ont demandé que l'on renforce les mesures de prévention : suppression des desserts sucrés, suppression du sucre en poudre pour les yaourts nature. Toutefois, l'enfant conserve la possibilité d'en réclamer.

Mais le petit replet ou la petite rondouillette traverseront-ils le réfectoire devant leurs camarades pour aller demander un sachet de sucre ?

Dans d'autres écoles, les instituteurs, sur les conseils des psychologues scolaires, en sont venus à confisquer les goûters que les parents avaient préparés pour leurs enfants. Seuls les fruits sont autorisés en guise de collation.

trop, ils mangent gras et sucré, vous les laissez traîner devant les consoles de jeux et la télévision, dit Alec Vahanian, président de la Fédération. Et pour finir, dans un appel manipulateur aux accents churchilliens, il ajoute : « Je compte sur vous pour prendre la santé de vos enfants en main afin qu'ils ne deviennent pas les cardiaques de demain. »

Les cardiologues ne sont pas les seuls incendiaires, ils sont généralement soutenus par les pédiatres. Eux aussi ne cessent par voie de presse de tirer des sonnettes d'alarme. Parents, surveillez le poids de vos enfants. Sachez-le, l'obésité commence dès le premier kilo. Mesurez-les, pesez-les, cachez les gâteaux, coupez la télévision, éteignez les consoles de jeux, faites-les marcher, envoyez-les à l'école à pied, inscrivez-les dans les clubs de sport, promenez-les le dimanche… Vos enfants sont les futurs obèses de demain, les futurs diabétiques, les futurs cardiaques… Ils mourront de ce que vous leur avez fait manger, et vous aurez leur mort et leur maladie sur la conscience.

- Un vent de panique souffle sur nos assiettes !
- Il n'est plus possible d'ouvrir un journal, une radio, une télévision sans apprendre que nous allons bientôt mourir de ce que nous mangeons.
- Un message de santé publique ne vaut que par la manière dont il est reçu par la population.
- Jusqu'ici, l'action des spécialistes de la santé publique a essentiellement pour résultat d'augmenter les inquiétudes des mangeurs !

La norme n'est pas la normale

Pendant que certains scientifiques s'appliquent à inscrire nos comportements dans la norme, d'autres se demandent à quoi peut bien ressembler un comportement normal. Celui des personnes qui finalement se portent bien sans se demander sans cesse ce qu'elles devraient manger. Henry Lestradet, bien connu pour ses travaux chez l'enfant, publia, en 1962, un article qui frappe aujourd'hui encore par son actualité[25].

Deux observations suscitaient son plus grand étonnement. D'une part, la variété et la liberté parfois anarchique des habitudes alimentaires aussi bien chez l'enfant, chez l'adolescent que chez l'adulte. D'autre part, contrastant avec la première, la rigidité des prescriptions diététiques. Il remarquait déjà « qu'à la base de ces régimes on trouvait invariablement non pas une étude scientifique correcte, mais toujours des impressions ou des hypothèses qui, germant

L'enfant sait ce qui est bon pour lui

Lestradet rapporte deux études :

• La première compare les recommandations standardisées que font habituellement les pédiatres aux mamans avec le comportement spontané d'un enfant nourri à la demande. On constate aussitôt que le fait de nourrir l'enfant à la demande ne semble pas répondre à une logique apparente et ne perturbe aucunement la croissance de l'enfant.

• Dans la seconde étude, Lestradet compare la croissance de deux groupes d'enfants au cours des trois premiers mois de la vie. Le premier est nourri avec un lait riche en calories (73 calories pour 100 g) tandis que l'autre l'est avec un lait pauvre en calories (50 calories pour 100 g). Tous les enfants avaient la liberté de prendre ce qu'ils veulent quand ils le veulent.

On constate rapidement que tous les enfants passent de 6 à 7 repas par jour à 4 à 5 repas par jour, quel que soit le type de lait proposé. Les quantités de lait consommées sont très hétérogènes. Les enfants nourris avec le lait le plus pauvre consomment des volumes de lait plus importants, ce qui leur permet de maintenir un apport calorique suffisant. Enfin, quelles que soient les quantités consommées, tous les enfants poursuivent une croissance identique.

dans l'esprit fécond d'un chef d'école, s'imposait alors à toute une génération ».

Pour Lestradet, si l'enfant est laissé seul juge de ses besoins, loin des « modes [alimentaires] transitoires », il parvient sans difficulté à adapter sa consommation afin de maintenir une croissance adéquate. Surtout, il constate que la rigidité des prescriptions entraînera la maman à donner cinq biberons là où il aurait peut-être fallu en donner sept, à donner 120 ml de lait alors que 40 ou 190 ml auraient été nécessaires, à accorder le biberon trois heures après le précédent quand il aurait fallu le donner une heure plus tôt. Bref, cette attitude conduira le plus souvent à instaurer un déséquilibre permanent entre les besoins réels et les apports conseillés.

> Le comportement alimentaire adopte bien souvent des raisons que la raison statistique ignore, mais qui permettent à l'individu de se nourrir en fonction de ses besoins et de se maintenir en bonne santé.

La norme est impossible à respecter

Les mangeurs que nous sommes sont-ils en mesure de respecter les normes alimentaires issues des données statistiques des épidémiologistes ? La question n'est pas nouvelle, et le problème s'était déjà présenté en 1952 à Jean Trémolières, alors qu'il était jeune médecin, invité à participer à la fameuse étude des sept pays dirigée par Ancel Keys. Voici ce qu'il rapporte dans son livre *Partager le pain* : « Ces Crétois, grands et solides gaillards, étaient carencés de 50 % en vitamines B2 et de 75 % en calcium d'après les standards américains. Je me suis donc trouvé dans la situation de devoir dire qu'il fallait ou bien quintupler leur consommation de produits laitiers, faute de quoi ils périraient, ou bien que les standards américains ne s'appliquaient pas à eux. »

➤ *Peut-on respecter les Apports nutritionnels conseillés ?*

Comme aujourd'hui toutes les recommandations nutritionnelles sont établies à partir des Apports nutritionnels conseillés (ANC)[26], certains se sont demandé s'il était réellement possible de manger en les respectant.

Ainsi, en 1999, Nicole Darmon, chercheur au Conservatoire national des arts et métiers (CNAM), montre que, pour avoir des apports équilibrés dans tous les nutriments, une femme doit consommer 2 450 calories par jour et un homme 2 700. Alors que leurs besoins estimés se situent respectivement à 1 800 et 2 400 calories. Ainsi, pour manger équilibré, l'ensemble de la population devrait augmenter ses apports énergétiques d'environ 15 à 35 % ! Autant dire que, s'ils entendaient respecter ces normes, les Français n'auraient d'autre choix que de devenir obèses[27].

Mais augmenter les apports énergétiques ne serait pas encore suffisant pour que les Français parviennent au bon équilibre. Il faudrait aussi qu'ils acceptent de consommer des aliments qu'ils ont généralement l'habitude de délaisser et acceptent de consommer de manière régulière des abats, des crustacés et des mollusques, des poissons gras, des céréales complètes, des fruits secs et oléagineux[28]. Il faudrait également qu'ils doublent leur consommation de fruits et de légumes, sachant, comme le fait remarquer Nicole Darmon, qu'ils sont déjà les plus grands consommateurs de fruits et de légumes d'Europe.

En conclusion de son étude, le chercheur indiquait qu'il fallait admettre, soit que les ANC de 1992 étaient en quelque sorte périmés et nécessitaient d'être réactualisés, soit que la diminution de nos besoins énergétiques, consécutive à des modes de vie plus sédentaires, nous obligeait à diminuer nos quantités de nourriture. Ce qui ne nous permettait plus de couvrir nos besoins en vitamines et en minéraux. Dans les deux cas, il semblait véritablement urgent de savoir à quoi s'en tenir.

En 2001, on a donc revu les apports nutritionnels conseillés à la baisse. On peut désormais équilibrer son alimentation avec 1 800 calories pour les femmes et 2 200 calories pour les hommes… mais toujours à la condition de suivre à la lettre le programme nutritionnel proposé par les nutritionnistes, et de recourir à ces aliments qui ne sont pas habituellement consommés par 75 % des Français[29].

Comme toutes les enquêtes de consommation alimentaire font référence aux Apports nutritionnels conseillés, il n'est pas surprenant qu'elles aboutissent systématiquement à la conclusion que nous sommes tous carencés. Et qu'elles nous exhortent régulièrement à augmenter la consommation de tel ou tel aliment.

> • Nous connaissons actuellement la situation aberrante où, d'un côté, on nous encourage à manger moins pour surveiller notre poids et, dans le même temps, à manger plus pour équilibrer notre alimentation et combler nos carences en vitamines et minéraux.
> • Cette contradiction insoluble donne au consommateur le sentiment de se trouver dans une impasse. Elle alimente tout naturellement la confusion du discours diététique et l'inquiétude qu'il provoque.

Même les experts n'arrivent pas à manger équilibré

En théorie, manger équilibré signifie respecter les recommandations chiffrées des experts, c'est-à-dire 15 % de protéines, 30 à 35 % de lipides et 50 à 55 % de glucides dont 10 % de glucides simples.

Ces chiffres qui déterminent toutes les politiques de santé sont loin d'avoir la rigueur scientifique qu'on leur prête. Ainsi, pour le Pr Ambroise Martin, professeur de biochimie et de nutrition à la faculté de médecine de Lyon, qui a coordonné la rédaction des *Apports nutritionnels conseillés pour la population française,* les études actuelles, autant cliniques qu'épidémiologiques, ne donnent aucune raison d'imposer des répartitions si contraignantes, tant pour les lipides que pour les sucres simples. Selon lui, les arguments scientifiques qui permettent d'aboutir à ces valeurs seraient tout simplement insuffisants[30].

Est-il donc si indispensable, dans la mesure où nous avons si peu de certitudes, de contraindre toute la population de la planète à s'imposer le carcan de ces données statistiques ?

Il est par ailleurs intéressant de souligner que les experts se sont, eux aussi, trouvés dans l'incapacité de respecter ces contraintes pour parvenir à déterminer une couverture satisfaisante en vitamines et oligoéléments.

Ainsi se sont-ils vus dans l'obligation d'augmenter la part des graisses et des sucres simples de leur programme nutritionnel, afin que celui-ci assure des apports suffisants en micronutriments et respecte ces fameux Apports nutritionnels conseillés, les ANC[31].

➤ *SUVIMAX : faut-il manger des légumes ou prendre des vitamines ?*

L'étude SUVIMAX illustre, elle aussi, les contradictions qui existent entre les normes et les pratiques. Les chercheurs français, sous la direction du Pr Serge Hercberg, également vice-président du PNNS, ont mené une grande étude d'intervention, SUVIMAX (SUpplémentation en VItamines et Minéraux Anti-oXydants), afin d'approfondir les effets des antioxydants sur les maladies cardio-vasculaires et le cancer. Ils ont, pour cela, suivi durant huit ans 13 000 volontaires qui recevaient soit un placebo, soit une capsule comprenant des doses dites « nutritionnelles » de bêtacarotène, vitamine C, vitamine E, sélénium et zinc. En fait, les doses prises par les volontaires étaient deux à trois fois supérieures aux doses recommandées par les nouveaux Apports nutritionnels conseillés. À ces doses, il faut naturellement ajouter les quantités d'antioxydants spontanément apportées par leur alimentation[32].

Après huit ans d'expérimentation, les résultats ont montré une diminution de 31 % du risque de cancer et une diminution de 37 % de la mortalité chez les hommes du groupe qui avait reçu les antioxydants. Il n'y a eu aucun effet observé chez les femmes. Néanmoins, l'expérience était des plus concluantes. Elle permettait d'affirmer qu'il existe aujourd'hui un moyen efficace de réduire d'un tiers le risque de cancer, toutes localisations confondues, dans l'ensemble de la population masculine.

Cependant, lors de la présentation de ses résultats, Serge Hercberg s'exprimait ainsi : « Nos résultats suggèrent qu'une supplémentation adéquate et bien équilibrée en antioxydants, à des doses qui peuvent être atteintes avec un régime alimentaire sain comportant une consommation élevée de fruits et légumes, procure des effets protecteurs contre le cancer chez les individus de sexe masculin. » Et, interrogé sur la place des compléments alimentaires, Serge Hercberg confirmait que ces résultats devaient encourager les Français à respecter une alimentation équilibrée, et non pas à consommer les antioxydants sous la forme de compléments alimentaires, selon lui dangereux pour la santé.

Sur le plan scientifique, cette conclusion a de quoi surprendre. Alors que l'on teste l'efficacité de compléments nutritionnels, comment peut-on affirmer que les résultats ont été obtenus par un changement de nourriture ? Mais surtout, dans la mesure où on dispose aujourd'hui d'un moyen simple permettant d'éviter le tiers des cancers masculins, on comprend mal qu'il ne fasse pas l'objet d'une campagne d'information. Manger équilibré est loin de permettre à la majorité d'atteindre les mêmes niveaux d'antioxydants. Le zinc et la vitamine E, qui font partie du mélange testé, sont précisément les micronutriments dont les apports sont les plus difficiles à assurer. Quant à atteindre des doses trois fois plus élevées, telles qu'elles étaient proposées dans l'expérimentation, c'est tout bonnement impossible[33].

➤ *SUVIMAX contre PNNS !*

Un autre exemple de ces contradictions nous provient de la dernière campagne d'information du PNNS, qui invite les Français à augmenter leur consommation de féculents. Cela afin d'atteindre l'objectif de consommer 50 % des apports quotidiens sous forme de glucides.

Cette campagne s'adresse particulièrement aux femmes et aux adolescentes dont la consommation est la plus faible.

L'étude SUVIMAX nous avait effectivement appris que les femmes étaient de plus grandes consommatrices de fruits et de légumes et, par conséquent, de moins grandes consommatrices de féculents. Ce qui présentait d'ailleurs l'avantage de mieux les protéger contre les maladies cancéreuses.

Ainsi, la nouvelle campagne du PNNS les place devant le choix suivant : ou bien elles diminuent leur consommation de fruits et de légumes pour laisser une petite place aux féculents, mais, dans ce cas, elles diminuent leur protection contre le cancer. Ou bien elles maintiennent leur consommation de fruits et de légumes et mangent les féculents en plus de leur ration habituelle, s'exposant ainsi au risque d'obésité.

Entre moins de cancer et plus d'obésité ou plus de cancer et moins d'obésité, le choix n'est pas très excitant !

L'intérêt d'agir sur des comportements défavorables pour la santé n'est naturellement pas en cause dans cette critique de l'alimentation équilibrée. Cependant, rappelons que l'objectif d'une prévention n'est pas de modifier des comportements, mais de faire progresser des indicateurs de santé. La question est donc de savoir comment agir. Car si, parfois, les conseils nutritionnels s'avèrent pertinents et efficaces, ce n'est pas toujours le cas. Ainsi, les Français, depuis vingt-cinq ans, ont sensiblement modifié leur comportement alimentaire. Ils ont diminué leur consommation d'alcool, de graisses et de sucres visibles. On a pu par exemple en apprécier les effets positifs sur les maladies cardio-vasculaires, mais non en ce qui concerne l'obésité et le diabète, qui n'ont jamais été aussi préoccupants.

Le problème est que la médecine du risque s'adresse à des personnes qui n'expriment aucune plainte. Les médecins traitent de plus en plus souvent des facteurs de risque. Ils pratiquent une « médecine des chiffres » destinée à normaliser une pression artérielle, un taux de cholestérol, de glycémie ou un poids[34].

Cette médecine, plus préventive que curative, nécessite par la force des choses que le médecin s'appuie sur des connaissances épidémiologiques, validées sur plusieurs dizaines de milliers de personnes. Mais il lui faut rester lucide. Il ne doit pas amalgamer les moyennes avec les normales, les maladies avec les facteurs de risque. Le médecin ne doit pas perdre de vue qu'il soigne des individus, tous particuliers. Face à un individu donné, c'est la clinique qui doit conserver le mot de la fin.

Or, à un niveau individuel, on ignore la réalité des besoins nutritionnels et on n'a pas, aujourd'hui, les moyens de l'apprécier. Les études dont on dispose, en matière de nutrition, sont validées pour de grandes populations, mais ne sont pas transposables au niveau individuel. Ce qui est bon pour l'ensemble ne l'est pas nécessairement pour chaque individu.

Conseiller à une personne dont on ne connaît pas les besoins réels de consommer trois produits laitiers quotidiens afin d'atteindre les apports nutritionnels conseillés en calcium n'est pas fondé sur le plan scientifique. Dans certains cas, ce type de conseil peut avoir des conséquences nuisibles. Si ces apports se font en sus des aliments habituels, ils exposent à un surpoids. S'ils prennent la place d'autres aliments, ce peut être au détriment de nutriments dont on avait vraiment besoin.

La vérité est sans doute que la politique de santé nutritionnelle mise en place dans notre pays, le Programme national nutrition santé, a des objectifs trop ambitieux, qui nuisent à son efficacité. Le PNNS propose huit objectifs. Les nutritionnistes ne dispersent-ils pas leurs efforts en voulant prévenir, à l'aide du même programme, l'ostéoporose, le diabète, l'obésité, le cancer et les maladies cardiovasculaires ? Dans la mesure où tous les individus ne sont pas exposés aux mêmes risques, est-il scientifiquement pertinent de leur demander de se garantir indistinctement contre tous les risques[35] ? Ne serait-il pas plus efficace d'adresser des conseils spécifiques à des individus présentant des risques définis ?

On pourrait faire plus simple. Tout d'abord, bien des recommandations seraient rendues inutiles si l'on encourageait les mangeurs à être à l'écoute de leurs besoins en respectant leurs sensations alimentaires, la faim, le rassasiement et les appétits spécifiques. Ces sensations ont le grand avantage de traduire les besoins réels de l'individu, et non ses besoins estimés à partir de statistiques. Dès lors, les conseils nutritionnels pourraient ne concerner que les nutriments qui ne font pas l'objet d'une régulation.

Afin d'assurer des apports suffisants en vitamines et minéraux, d'autres pistes pourraient être explorées. Heureusement que nous ajoutons de l'iode à notre sel de table et que nous n'obligeons pas les Savoyards à manger des huîtres deux fois par semaine pour assurer la prévention du crétinisme. Les pays qui ont rencontré les plus grands succès dans la prévention du spina-bifida sont ceux qui ont opté pour un enrichissement volontaire de leurs aliments en acide folique, et non pas ceux qui ont opté pour de simples recommandations en faveur des aliments qui en contiennent. Il est également possible de faire appel aux biotechnologies pour augmenter la densité nutritionnelle de nos aliments. Les chercheurs ont montré qu'il était possible d'augmenter la teneur des fruits et des légumes en vitamine C. Si d'autres études confirment les résultats de SUVIMAX, les compléments nutritionnels constitueront peut-être eux aussi une bonne alternative.

Mais insistons sur ce point : en ce qui concerne l'obésité, sa prévention ressortit à une tout autre logique que celle qui préside à la prévention des cancers ou des maladies cardio-vasculaires. On l'a constaté aux États-Unis où, sous l'effet des politiques de prévention, la consommation de graisses et de sucres rapides a diminué, mais dans le même temps la taille des portions a augmenté. Ce qui s'est traduit par une augmentation de l'obésité…

Mieux vaudrait cesser de faire croire qu'il suffit de « manger mieux » pour maigrir ou pour ne pas grossir.

> • Ce qui est bon pour une population prise dans son ensemble ne l'est pas obligatoirement pour un seul individu.
> • Une alimentation de plus en plus médicalisée, s'appuyant sur des données épidémiologiques, n'est pas la solution.
> • Les aspects culturels, gastronomiques, sociaux, ainsi que religieux ou philosophiques de l'acte alimentaire ne sont pas des enjolivements superfétatoires, mais sont indispensables à une alimentation pleinement satisfaisante, sur le plan tant physique que mental.
> • Chacun est à même d'identifier la plupart de ses besoins alimentaires, dès lors qu'il est à leur écoute.
> • Pourquoi ne pas s'en tenir, en matière de conseils nutritionnels, aux nutriments qui ne font l'objet d'aucune régulation physiologique[36] ?
> • Les problèmes de surpoids et d'obésité obéissent à une logique différente. Il convient de séparer la prévention de l'obésité de la prévention des autres pathologies nutritionnelles.
> • Appliquer à l'ensemble de la population des mesures destinées à réduire de 20 % le nombre des obèses revient à appliquer à tous des mesures destinées à quelques-uns. Cette confusion entre la prévention et le soin aboutit *in fine* à transformer la population entière en patients potentiels.

CHAPITRE 3

Tout sujet bien portant est un obèse qui s'ignore

« Si vous ne savez que faire, faites-le énergiquement. »

Petr SKRABANEK

Idées folles, idées fausses en médecine, 1989

Le PNNS aura cinq ans en 2006. Parmi ses nombreux objectifs figurait notamment celui de réduire l'obésité de 20 % en cinq ans. Y est-on parvenu ? Ce n'est pas ce que suggèrent les différentes enquêtes épidémiologiques[1]. Nous continuons à grossir, et le PNNS ne semble pas se distinguer de tous les autres programmes de santé publique conduits ailleurs dans le monde.

Les planificateurs en tireront-ils la conclusion qu'ils se sont trompés de stratégie, qu'il convient d'en concevoir de nouvelles ? Ou bien qu'il faut au contraire enfoncer le clou et redoubler d'efforts dans le même sens ?

Jean-Paul Laplace, président de l'Institut français de la nutrition, résume la situation ainsi : « Nous vivons une période paradoxale, l'offre alimentaire permet comme jamais de manger varié et diversifié. Les connaissances scientifiques, chaque jour plus précises et plus complètes, donnent à penser que nos recommandations sont de plus en plus pertinentes. Donc tout devrait aller pour le mieux… ce qui est manifestement de moins en moins le cas si l'on en juge par les enjeux de santé auxquels sont confrontées nos sociétés. La leçon à tirer de ce constat simple est que nous nous trompons vraisemblablement de cible, de méthode, et que pour couronner le tout nous persistons dans l'erreur. […] Révisons donc nos questions ou la manière de poser les questions[2]. »

Puisse-t-il être entendu !

Tous trop gros, tous au régime

L'objectif du Programme national nutrition santé est de faire maigrir ceux qui en ont besoin, mais aussi de prévenir l'apparition de l'obésité. Il s'adresse certes aux 20 millions de personnes déjà obèses ou en surpoids, mais aussi aux 28 millions de personnes qui ne le sont pas encore, les *pas-encore-gros.*

Pour paraphraser la célèbre formule du docteur Knock, toute personne bien portante est un obèse qui s'ignore. Nous sommes tous potentiellement de futurs obèses. C'est précisément ce que pense la majorité des Français.

➤ *Tous trop gros ?*

Les Français, et plus encore les Françaises, ne se plaisent pas et se trouvent trop gros.

La Française moyenne mesure 164 cm, pèse 63,3 kg et considère qu'elle a 5,6 kilos à perdre. Son poids idéal se situerait à 57,7 kilos[3]. Dans l'ensemble, les Français sont insatisfaits de leur silhouette. Une enquête de la SOFRES en 1998 nous indiquait que 68 % des Français avaient eu à un moment donné envie ou besoin de perdre du poids. Parmi eux, il y avait 77 % de femmes, mais aussi 58 % d'hommes. En comparant ces résultats avec ceux d'un sondage IFOP, réalisé en 1979, on peut constater que le sentiment d'insatisfaction progresse. À cette époque, seulement 24 % des hommes et 40 % des femmes s'estimaient « plutôt trop gros[4] ».

Aujourd'hui les hommes n'échappent plus aux préoccupations pondérales et, de ce point de vue, rejoignent progressivement les femmes dans leur inquiétude de grossir et dans la pratique des régimes.

On peut aussi constater que les personnes insatisfaites de leur poids sont bien plus nombreuses que les personnes véritablement obèses ou en surpoids. Le sentiment d'être gros a donc peu à voir avec la réalité des corps.

Et, d'ailleurs, même les minces se voient trop gros[5]. Une étude, certes ancienne, réalisée parmi les lectrices du magazine *Glamour* sur 33 000 femmes montrait déjà que 75 % des répondantes se jugeaient trop grosses. Et pourtant, d'après les normes des compagnies d'assurances[6], 25 % seulement étaient au-dessus du poids souhaitable pour leur taille et leur âge. Le plus frappant était que 45 % des plus maigres se trouvaient encore trop grosses. Et 66 % rapportaient que, souvent, elles voulaient se mettre au régime pour maigrir.

Ce sentiment d'être gros ne concerne pas exclusivement les adultes. Il s'installe dès l'enfance. Les études conduites sur des classes d'enfants de 9 ans indiquaient que les filles auraient souhaité être plus minces de 15 % par rapport au poids moyen de la classe[7]. D'autres, menées sur des enfants de 11 ans, indiquaient que le tiers d'entre eux exprimaient un sentiment de mécontentement envers leur image corporelle et désireraient un corps différent et plus mince[8,9].

➤ *Tous au régime*

Dans ce contexte d'insatisfaction générale et de phobie du surpoids, chacun cherche à maigrir ou, comme on dit aujourd'hui, « fait attention » à ne pas grossir.

En 2001, un sondage Louis Harris-*Santé magazine* donnait une idée de la pratique des régimes dans notre pays. Quand on demandait aux gens s'ils faisaient ou avaient déjà fait des régimes, 30 % répondaient positivement. Mais si l'on ajoutait ceux « qui ne font pas de régime mais qui font attention à leur poids », on obtenait 75 % de réponses positives.

Dans une étude présentée, lors d'un colloque intitulé *Corps de femmes sous influence,* par Estelle Masson, maître de conférences en psychologie sociale, 55 % des femmes déclaraient avoir une expérience des régimes. Les femmes qui faisaient simplement attention n'avaient pas été comptabilisées. Estelle Masson remarquait que les femmes âgées de 50-60 ans avaient suivi sept régimes au cours de leur vie, alors que celle âgées de 18-24 ans en avaient déjà effectué quatre. Elle soulignait ainsi que la pratique des régimes se généralisait dans les jeunes générations.

Une enquête[10] menée sur des élèves âgés de 11 à 15 ans dans 33 pays du monde montrait que 37 % des filles de 11 ans avaient déjà fait un régime ou souhaitaient en faire un. Elles étaient 47 % à 13 ans et 55 % à 15 ans. Les très jeunes générations sont donc tout autant concernées par les pratiques des régimes que leurs aînées.

Dans l'ensemble, on s'accorde à admettre qu'environ 70 % de la population fait attention à ce qu'elle mange dans le but de maigrir ou de ne pas grossir. Ce qui est assez cohérent avec les 70 % de personnes insatisfaites de leur corpulence.

• Malgré tous les programmes de prévention, l'obésité augmente partout dans le monde. Rien ne semble pouvoir freiner sa progression.
• 40 % des Français présentent déjà un surpoids ou une obésité, 70 % se trouvent trop gros et ont peur de grossir.
Pour contrôler leur poids, 70 % des Français surveillent déjà leur alimentation.
• En France, l'État a mis en place un « Programme national nutrition santé », dont l'un des 9 objectifs est de prévenir la survenue de l'obésité et même d'obtenir sa diminution de 20 % en cinq ans.

On ne décide pas de son poids

Croire que l'on peut décider de son poids pose implicitement, comme une évidence, l'idée que chacun peut soumettre son corps et sa manière de manger au simple exercice de sa volonté. Ce point de vue, couramment partagé, se situe au centre des problématiques pondérales. Si chacun est libre de peser le poids qui lui plaît, il lui suffit pour cela, et sous réserve de posséder les informations nécessaires, de vouloir pour pouvoir. Mais peut-on réellement choisir son poids et sa façon de manger indépendamment des contingences de la génétique, de la physiologie, de la psychologie et de la sociologie ? Manger et maigrir ne sont-ils que l'expression de notre bon vouloir ?

➤ *Comment notre poids est-il déterminé ?*

Notre poids, notre capacité à grossir en réponse à une suralimentation, le niveau de nos dépenses énergétiques sont très largement dépendants de notre patrimoine génétique et expliquent en grande partie les inégalités que nous constatons entre les individus[11].

Certains seront naturellement maigres et grossiront avec difficulté alors même qu'ils consommeront d'importantes quantités de nourriture. D'autres à l'inverse seront naturellement très corpulents et grossiront avec une déconcertante facilité alors même que de modestes quantités de nourriture leur suffiront à couvrir leurs besoins.

Le poids reste stable dès lors qu'on mange « à sa faim » les aliments qui font envie. Les éventuelles variations du poids se corrigent spontanément. Ainsi, une perte de poids entraîne une augmentation de la faim et une consommation alimentaire augmentée, tandis qu'une prise de poids est suivie d'une diminution de la faim et d'une diminution de la consommation.

➤ *Le poids d'équilibre*

Ce poids que notre organisme s'efforce de conserver détermine ce que l'on appelle une *valeur de consigne*. Sur une période donnée et en dehors de grandes perturbations, cette valeur est constante et fixée par l'organisme. Elle fait l'objet d'une régulation[12].

Ce système est relativement indépendant de l'activité physique[13] et de la nature des calories absorbées. Ce qui signifie que le poids d'un individu se maintient quel que soit son niveau d'activité physique et qu'il le maintiendra en absorbant une alimentation à prédominance aussi bien lipidique que glucidique.

On peut se faire une idée de la précision de cette régulation en rappelant qu'un mangeur consomme environ 55 tonnes de nourriture au cours de sa vie et ne grossit, en moyenne, entre 20 et 60 ans, que d'une dizaine de kilos[14]. C'est dire à quel point est faible l'erreur commise dans l'ajustement de ses entrées et de ses sorties d'énergie.

La plupart des systèmes biologiques obéissent également à une régulation : la glycémie, la température, la tension artérielle, la calcémie… La différence entre la régulation du poids et celle des autres systèmes réside essentiellement dans la détermination de la *valeur de consigne.*

Dans le cas de la température, les choses sont simples : la valeur de consigne se situe à 37 °C pour tous les individus de l'espèce. Elle se maintiendra à ce niveau tout au long de leur vie. Un simple thermomètre suffit donc pour savoir si l'individu se trouve ou non à sa valeur de consigne. Dans le cas du poids, les choses se compliquent : la valeur de consigne (que l'on appelle aussi le *set-point* ou le poids d'équilibre) varie d'une part d'un individu à un autre, et d'autre part chez le même individu au cours de sa vie. Un pèse-personne ne permettra donc pas d'affirmer avec la même simplicité si l'individu se trouve ou non à sa valeur de consigne. Seule l'approche clinique le permet.

- Un individu qui respecte ses sensations alimentaires, la faim et le rassasiement, se situe à son poids d'équilibre ou *set-point.*
- Un individu qui se maintient spontanément et sans effort à son *set-point* mange donc en respectant ses sensations alimentaires.

➤ *Les prises de poids ne sont pas toujours réversibles*

Le poids initialement proposé par nos gènes dépend de nombreux facteurs : l'âge, l'alimentation, les maladies, les hormones, le stress, le tabac… Ces circonstances peuvent occasionner des changements dans notre régulation.

Les deux mécanismes de la prise de poids

Dans un premier cas, la prise de poids est consécutive à un **dépassement** du poids d'équilibre.

Physiologiquement, cette situation se traduit par une augmentation de la taille des cellules graisseuses. Ce processus est réversible et s'accompagne de la sensation de *manger sans faim*. On le rencontre lors d'une augmentation récente des apports alimentaires ou d'une diminution des dépenses énergétiques.

Dans un second cas, la prise de poids est consécutive à une **augmentation** du poids d'équilibre. L'organisme s'emploie désormais à défendre une nouvelle valeur, plus élevée, du *set-point*. Physiologiquement, cette situation se traduit par une multiplication des cellules graisseuses. Ce processus est irréversible et s'accompagne pour le mangeur de la sensation de *manger à sa faim*.

On le rencontre lors de certaines maladies, de lésions cérébrales, d'événements hormonaux, de la prise de certains médicaments, mais surtout lors d'une augmentation plus prolongée des apports alimentaires.

Quelques auteurs ont également évoqué la possibilité d'une influence des facteurs psychologiques sur l'élévation du *set-point*.

Quand un individu grossit, il n'est guère possible de dire avec exactitude si le poids qui s'affiche sur son pèse-personne correspond à une augmentation ou à un dépassement de son poids d'équilibre, à une augmentation de la taille des cellules graisseuses ou à une multiplication de celles-ci. Comment dans ces conditions prédire la perte de poids que le sujet peut espérer obtenir ? Peut-être sera-t-il en mesure de reperdre la totalité des kilos qu'il aura pris, mais peut-être aussi ne le pourra-t-il pas. À moins que la réalité ne se situe entre les deux…

➤ *Le possible, l'impossible et le nécessaire*

Ces connaissances que nous possédons aujourd'hui sur la génétique, la physiologie de la cellule graisseuse et de la régulation appellent plusieurs remarques sur les limites des traitements du surpoids et de l'obésité.

Ce qui n'est pas possible

• À l'heure actuelle, l'honnêteté impose de reconnaître que la médecine ne possède pas les moyens de faire baisser la valeur de consigne ou *set-point*. Y compris quand celle-ci s'accompagne d'un poids très élevé.

• Le *set-point* correspond au poids que le sujet peut maintenir en *mangeant à sa faim*. C'est le seul poids qu'il lui soit possible de maintenir sans effort de contrôle, en mangeant avec insouciance. Refuser ce poids implique qu'on s'affame. On n'y parvient généralement que durant une période de temps limitée, allant de quelques heures jusqu'à plusieurs années. Se maintenir en permanence au-dessous de son poids d'équilibre n'est pas impossible, mais au prix d'efforts inouïs qui réclament une immense énergie et affectent la personnalité en profondeur. Sauf à accepter de tels sacrifices et être capables de les réaliser, certaines prises de poids sont irréversibles, en totalité ou en partie.

Ce qui est possible

• Seules les personnes qui sont allées au-delà de leur *set-point* peuvent espérer perdre du poids en revenant simplement à l'équilibre. Certaines personnes, qui mangent sans faim, consciemment ou non, peuvent maigrir en retrouvant la faculté de manger à leur faim.

• Hormis les cas où une diminution importante de l'activité physique est responsable de la prise de poids, les raisons sont le plus souvent d'ordre psychologique. Le traitement reposera alors sur la capacité des individus à trouver une autre réponse que l'alimentation à leurs tensions psychologiques, à mener un travail sur soi. Nous y reviendrons plus loin dans ce livre.

Ce qui est nécessaire

• Le nouveau poids d'équilibre peut très bien ne pas satisfaire. Il peut ne pas permettre de restaurer une bonne image de soi, physique et psychologique. Le poids d'équilibre peut aussi différer des attentes des médecins et se situer à un niveau incompatible avec un bon état de santé. Les complications métaboliques, articulaires ou cardio-respiratoires peuvent s'avérer invalidantes. Elles peuvent empêcher d'effectuer une opération chirurgicale dans les meilleures conditions de sécurité, présenter des risques lors d'une éventuelle grossesse.

Les protestations comme « mon cardiologue ou mon rhumatologue exige que je perde 20 kilos » ou « j'ai 10 kg de plus que le poids idéal » ne rendent malheureusement pas la situation moins inéluctable.

Mais peut-on refuser ce corps qui est le nôtre, être en guerre permanente contre lui ? Ne vaut-il pas mieux tenter de s'en accommoder ?

Accepter un poids élevé qui correspond à son *set-point* nécessite qu'on abandonne une part de ses rêves, qu'on se réconcilie avec son corps. Au bout de ce chemin, on y gagne la tranquillité d'esprit et l'insouciance du mangeur régulé.

Dans le cas contraire, il convient de savoir dans quoi on s'engage. Il s'agit d'un combat contre son propre organisme, contre ses mécanismes de régulation. Le corps devient un objet à dominer. La contrainte sera permanente. La faim et les frustrations ne cesseront pas. On ne pourra maintenir le poids désiré qu'en lui sacrifiant la paix intérieure.

➤ *Le piège du poids idéal*

On le voit, vouloir à tout prix atteindre un poids idéal crée au niveau individuel bien plus de problèmes qu'il n'en résout. Idéalement, les médecins pensent que la corpulence d'une personne (IMC) devrait se situer entre 20 et 25[15].

Quand le poids se situe dans cet intervalle, l'individu est statistiquement moins exposé à des complications médicales. Mais ce poids n'est pas forcément celui qui correspond à la « normalité » d'un individu donné, et ne garantit pas la santé. Dépasser la vitesse autorisée n'implique pas qu'on ait un accident de voiture, et la respecter ne met pas totalement à l'abri.

Certaines personnes naturellement maigres peuvent avoir un IMC aux environs de 15 à 17. Elles savoureront peut-être la chance d'avoir une corpulence de mannequin. D'autres, moins chanceuses, se situeront naturellement entre 28 et 30. Elles seront probablement harcelées par leurs proches, par le milieu médical.

Un poids génétique peut, sans qu'il traduise la moindre anomalie, se situer dans une large fourchette, comprise entre 15 et 30. Toutefois, statistiquement, c'est aux extrémités de cet intervalle de poids que la probabilité de rencontrer des personnes présentant de vraies anomalies, génétique, physiologique ou psychologique, sera le plus élevée. C'est naturellement parmi les personnes les plus maigres ou les plus fortes que l'on rencontrera le plus souvent des malades souffrant d'un trouble de la régulation des apports caloriques (TRAC[16]).

Estelle Masson a souligné que le désir de maigrir n'était plus seulement une lubie inspirée des gravures de mode, mais semblait dorénavant reposer sur la perception d'injonctions médicales à peser moins. La dictature de la minceur serait-elle devenue une émanation de la médecine plus que de la mode ?

La fin des régimes

➤ *Les régimes sont inefficaces et dangereux pour la santé physique et mentale*

« La plupart des obèses ne poursuivent pas leur programme amaigrissant. Parmi ceux qui le poursuivent, la plus grande part ne maigrit pas, et parmi ceux qui maigrissent, la plupart reprennent leur poids. » Albert J. Stunkard disait cela il y a presque cinquante ans.

La prise en charge des obésités et des surcharges pondérales modérées fait aujourd'hui l'objet d'âpres controverses. En 1959, l'étude de Stunkard et McLaren-Hume avait trouvé que seuls 5 % des personnes qui parvenaient à perdre du poids ne regrossissaient pas après leur traitement amaigrissant[17]. Les résultats plus récents sont à peine meilleurs, qu'il s'agisse de prescriptions diététiques, sévères ou modérées, ou de thérapies cognitivo-comportementales[18,19,20,21,22], associées ou non à de l'activité physique. La majorité de ces auteurs s'accordent sur le fait que 90 % des personnes qui perdent du poids le reprennent entre 2 et 5 ans, et les plus optimistes parlent de 75 à 80 % de rechutes « seulement[23,24,25] »… Plus grave encore, les prescriptions diététiques, voire les conseils d'hygiène alimentaire en vue de perdre du poids sont accusés de provoquer des maladies et d'entraîner une augmentation des risques cardio-vasculaires et peut-être de la mortalité[26], ainsi que l'apparition ou l'aggravation de différents troubles du comportement alimentaire et autres troubles psychopathologiques[27,28,29,30,31,32].

Les statistiques actuelles nous permettent d'affirmer que 65 à 95 % des régimes sont des échecs. Cela mérite quelques précisions.

Tout d'abord, pourquoi une fourchette de chiffres aussi large, comprise entre 65 à 95 % ? Simplement parce que les enquêtes ne sont pas menées sur des populations identiques. Quand on interroge l'ensemble de la population, les chiffres sont de l'ordre de 65 % d'échecs sur cinq ans. En revanche, quand les études sont menées en milieu hospitalier, les chiffres sont plutôt de l'ordre de 95 %. Il est probable que les personnes qui consultent dans les services de nutrition se trouvent déjà dans des situations plus difficiles et présentent une plus grande résistance aux traitements qu'on leur propose.

Mais que signifie un échec en matière de régime ? Disons-le : dans un premier temps, tous les régimes font maigrir. Quelle que soit la méthode, environ 85 % des personnes qui entreprennent un régime parviennent à maigrir. La perte de poids s'effectue généralement au cours des six premiers mois, puis ralentit et s'arrête. Le poids remonte ensuite plus ou moins rapidement, pour revenir à son niveau initial et parfois le dépasser. Les résultats définitifs sont alors comptabilisés au bout de trois à cinq ans.

Bien entendu, seuls les régimes enseignés dans les facultés et prescrits dans les services hospitaliers ont pu faire l'objet d'une évaluation. Les chercheurs ont naturellement délaissé les régimes les plus loufoques, saugrenus ou malhonnêtes pour concentrer leurs efforts sur l'évaluation critique des régimes équilibrés, actuellement préconisés par les instances nutritionnelles de tous les pays. En France, on peut trouver les modalités et détails de ce régime dans des documents qui résument la position officielle des nutritionnistes français : *Les Recommandations pour le diagnostic, la prévention et le traitement de l'obésité*[33], ou le traité de *Médecine de l'obésité* sous la direction des Prs Arnaud Basdevant et Bernard Guy-Grand[34]. Ces deux ouvrages rassemblent les avis des meilleurs experts français. C'est donc à partir de ces deux ouvrages que nous exprimerons dans les chapitres suivants nos critiques du régime équilibré[35].

Le printemps des obèses

Laissez-nous vous raconter une belle histoire, un beau rêve et sa fin tragique, celle d'une conférence de consensus qui eut lieu aux États-Unis en 1992 afin de déterminer quelle devait être la conduite à tenir par le corps médical et les organismes de recherche face aux problèmes liés à l'obésité.

Les experts désignés par le NIH (*National Institute of Health*) passèrent en revue les différentes méthodes amaigrissantes sérieuses existantes à l'époque. Ils aboutirent à la conclusion que ces méthodes ne donnaient que des résultats médiocres.

Certes, il n'était pas contestable qu'il fût préférable d'être mince plutôt que gros. Mais cela signifiait-il pour autant qu'il fallût pousser les personnes obèses à maigrir, au vu des méthodes disponibles ?

Chez les personnes diabétiques, hypertendues, cardiaques ou ayant des problèmes articulaires, l'amélioration, certes indéniable, n'était pas durable.

Les efforts d'amaigrissement étaient encore plus critiquables chez les personnes en simple surcharge pondérale. Et que dire des personnes de poids normal, qui se lançaient dans l'amaigrissement sous la pression sociale ?

Les experts notèrent aussi que les aspects multifactoriels des obésités n'étaient pris en considération ni dans les propositions de traitements (on proposait les mêmes traitements à tout le monde), ni dans l'évaluation des résultats (évalués uniquement en nombre de kilos perdus).

La conclusion du rapport de 1992 fut celle-ci. Les méthodes amaigrissantes prescrites donnent des résultats médiocres et sont dangereuses pour la santé physique et mentale. Il est probable que tenter de maigrir est plus nocif pour la santé que de rester gros. Avant d'encourager la population à maigrir, mieux vaut investir dans davantage de recherche[36].

Le rapport du NIH eut à l'époque un grand retentissement. Les journaux et magazines grand public annoncèrent la fin des régimes, l'abandon des idées de minceur à tout prix. Les mouvements de défense des obèses, certains mouvements féministes crièrent victoire. On allait enfin reconnaître qu'être gros n'était pas dû à un manque de volonté, et on cesserait d'exiger des femmes qu'elles se conforment à l'idéologie de l'ultra-minceur. Il n'y avait tout simplement pas de moyen de maigrir. Le mieux était de vivre sa vie tel qu'on était, et de mener une vie aussi saine que possible.

Ce « printemps des obèses » ne dura guère. L'idéal de maîtrise pondérale étant une pierre d'achoppement du mode de pensée de nos sociétés, la pression sociale reprit vite ses droits. Les médias retournèrent à leurs discours habituels : être mince, jeune et agité est un impératif catégorique auquel personne ne peut déroger. En conséquence de quoi, il est urgent de perdre trois kilos, cinq kilos, dix, vingt, avant les vacances ou après les fêtes.

➤ *Le régime amaigrissant est mort, vive l'alimentation équilibrée*

Que l'idéal de minceur soit une norme socioculturelle profondément enracinée, il n'y a là rien de bien surprenant. L'adoption par le monde scientifique et médical de ce discours l'est infiniment plus.

En déclarant les régimes amaigrissants plus nocifs que bénéfiques pour la santé, le rapport du NIH de 1992 prenait le corps médical à contre-pied.

Sans doute trop de rigidités empêchaient-elles une telle remise en question, trop d'intérêts étaient-ils en jeu.

La vieille garde des amaigrisseurs américains, un instant décontenancée, commença donc sa contre-révolution. La plupart se contentèrent simplement de modifier leur vocabulaire : on ne parlerait donc plus de « régimes amaigrissants », puisque ceux-là avaient officiellement fait la preuve de leur inefficacité et de leur dangerosité. Mais cela n'empêcherait pas de parler d'« équilibre alimentaire », de programme équilibré, de « plan nutritionnel » ou encore de « conseils en nutrition ». Les plus audacieux s'aventurèrent même à parler de régimes équilibrés. On pourrait désormais manger de tout, rien ne serait interdit, mais ce que l'on mangerait devrait respecter les règles d'un équilibre ordonné par son nutritionniste ou sa diététicienne. Comprenne qui pourra !

Il était hors de question d'arrêter de prescrire des régimes : les gros étaient bien trop malheureux, en raison de la pression sociale en faveur de la minceur et de la stigmatisation qu'ils enduraient. Ne pas prescrire de régime s'apparenterait à de la non-assistance à personne en danger. Qui aurait la cruauté d'annoncer à une personne obèse que, non, elle ne pourrait pas maigrir, ou bien qu'elle allait inéluctablement regrossir ? Mieux valait donc entretenir l'espoir, même s'il y avait beaucoup d'appelés et peu d'élus. Après tout, on opérait bien des cancéreux dont les chances de survie étaient des plus ténues…

Et puis, il était faux de dire que les régimes ne permettaient pas de maigrir. Le plus souvent, ils étaient parfaitement efficaces. Les personnes maigrissaient, et, si elles regrossissaient, c'était parce qu'elles arrêtaient de les suivre. Il convenait non pas d'arrêter de prescrire des régimes, mais au contraire de les prescrire à vie, et d'organiser une surveillance continue la vie durant. L'obésité devenait une maladie chronique qui, comme le diabète insulinodépendant, l'hypertension artérielle ou certaines maladies rhumatismales, nécessitait des soins réguliers la vie durant. Non seulement il ne fallait pas arrêter de prescrire des régimes, mais les médecins devaient au contraire axer leurs efforts sur l'amélioration de leur suivi afin que les patients les poursuivent indéfiniment. Les régimes ne marchent pas ? C'est parce qu'on ne fait pas assez de régime !

Certains médecins ne renoncent pas au régime

L'incapacité des spécialistes de la nutrition à renoncer au dogme du régime amaigrissant est bien illustrée par les positions de deux chercheurs américains, peu suspects de collusion avec les industriels de la maigritude. Kelly Brownell, psychologue et professeur à Yale, a été l'un des premiers à dire qu'il y avait plusieurs causes aux obésités, qui nécessitaient des stratégies de soins adaptées. Il fut aussi l'un des premiers à dénoncer les cycles de perte et de reprises pondérales, dits régimes yo-yo. Quant à Judith Rodin, professeur de psychologie, et présidente durant dix ans de l'Université de Pennsylvanie, après avoir étudié

la sensibilité des personnes obèses aux stimulations alimentaires, elle s'est intéressée aux problèmes des Occidentaux avec leur apparence corporelle.
À la suite de la parution du rapport du NIH, ils rappellent dans un article commun les dangers des régimes yo-yo : augmentation des attaques coronariennes, cause d'obésité abdominale, diminution de la qualité de vie et de l'espérance de vie, baisse de l'estime de soi, consommation accrue de nourritures grasses et sucrées, et développement des troubles du comportement alimentaire.
La conclusion laisse cependant pantois : les auteurs ne proposent nullement l'arrêt des régimes amaigrissants. Ils ne remettent pas en cause le fait qu'il faille chercher à obtenir un poids selon les normes en vigueur. Ils préconisent de poursuivre la pratique des régimes tant que leur inefficacité et le danger qu'ils représentent n'auront pas été démontrés. En somme, les auteurs torpillent dans leur conclusion ce qu'ils ont si bien démontré !
Enfin, Thomas Wadden, professeur de psychologie à l'Université de Pennsylvanie, très impliqué dans les traitements de l'obésité, manifeste la même réticence : il reconnaît que la pratique des régimes amaigrissants peut être dangereuse et inefficace, mais conclut que ce ne sont pas des motifs suffisants pour y renoncer.

Les universitaires français s'alignèrent peu ou prou sur cette position. Par exemple, Arnaud Basdevant n'est pas avare de critiques en ce qui concerne la pratique des régimes. Il déplore que les régimes amaigrissants induisent un état de restriction cognitive qui entraîne les complications que nous venons de passer en revue, mais affirme qu'il est néanmoins nécessaire de « prescrire de la restriction cognitive sans pour autant perdre de vue [...] le caractère potentiellement iatrogène des attitudes médicales et singulièrement des prescriptions diététiques[37] [...] ».

D'autres encore proposent de lutter contre la restriction cognitive induite par les efforts diététiques volontaristes... par le moyen de conseils diététiques, sans remarquer que c'est justement le fait de distinguer les « aliments grossissants » des aliments autorisés qui constitue la trame de la restriction cognitive. Monique Romon, professeur de nutrition à l'université de Lille, écrit par exemple : « Devant un patient en restriction cognitive, qu'il soit ou non obèse, il est inutile, voire néfaste de prescrire un régime ; [... on encouragera] la consommation *ad libitum* de glucides avec des conseils portant uniquement sur la manière de diminuer l'apport des graisses[38]. »

Il ne faut donc plus faire de régime, mais il faut manger certaines sortes d'aliments et en exclure d'autres, en somme respecter des règles diététiques. Mais le terme de régime étant devenu politiquement incorrect, on n'en prononcera plus le nom. On parlera par exemple d'équilibre alimentaire... Qui songerait à considérer que l'équilibre alimentaire est une forme de régime ? Sûrement pas le corps médical !

➤ *Un point final sur le i de régime*

Nous voici parvenus à une situation surréaliste : les nutritionnistes eux-mêmes semblent ignorer qu'ils prescrivent des régimes amaigrissants.

Si nous voulons leur rafraîchir la mémoire, il nous faut commencer par définir ce qu'on entend par « régime ». La chose est moins aisée qu'il n'y paraît.

Est-ce une affaire de restriction en calories et peut-on parler de régime dès lors qu'on mange moins de la ration calorique moyenne ? Pourtant, certains sont des petits mangeurs et ne sont pas au régime pour autant. Un régime se définit-il alors par des interdits ? Mais les régimes modernes, si on les prend à la lettre, n'interdisent rien. Ils se contentent de conseiller, de recommander. Est-on au régime parce qu'on n'a pas droit à certains aliments et qu'on en est frustré ? Mais certaines personnes semblent plutôt jouir du manque et en viennent à trouver les aliments allégés plus savoureux que les aliments normaux, les poudres de protéines meilleures que les gâteaux.

Ou bien, encore, devra-t-on réserver le terme de régime à des modifications de l'alimentation sur une durée limitée, et parler d'« hygiène de vie » lorsqu'il s'agit de changer son mode d'alimentation de façon permanente ? Cette dernière définition aurait, aux yeux des médecins, l'immense avantage d'exonérer l'alimentation équilibrée du terme infâmant de régime.

Pourtant, nous ne pouvons pas accepter ce point de vue. Pour nous, on est au régime dès lors qu'on mange avec sa tête, sur un mode réflexif, en négligeant ses sensations alimentaires de faim et de rassasiement, ses appétits spécifiques, ses émotions alimentaires. On mange alors en fonction de facteurs externes, et non de facteurs internes.

- L'intensité de la restriction, la présence d'interdits, la frustration, l'équilibre alimentaire, la durée ne permettent pas de définir ce qu'est un *régime*.
- On est au régime lorsqu'on ne mange pas en fonction de ses sensations et de ses émotions alimentaires, mais en fonction de ses cognitions.
- Ainsi, une personne au régime dira : « Je prends mon petit déjeuner car je ne dois pas sauter de repas. »
- Une personne qui laisse jouer ses processus de régulation dira quant à elle : « Je prends mon petit déjeuner parce que j'ai faim ; je choisis ce que j'aime et qui me fait envie. »

➤ *Contrôle et régime*

Chez l'individu normal, le comportement alimentaire est principalement contrôlé par les sensations alimentaires, la faim, les appétits spécifiques et le rassasiement. Cela n'exclut naturellement pas la présence d'une part de réflexion dans la manière de manger. C'est cette part qui permet au mangeur d'introduire dans le choix des aliments des considérations religieuses, philosophiques, écologiques ou même de santé, de se limiter à un en-cas afin de conserver une faim pour le repas qui suit, de se limiter à une entrée afin de garder une petite place pour le dessert.

À l'inverse, dans le cadre des régimes, le contrôle est principalement assuré par des processus mentaux, les cognitions. Ces dernières incluent l'ensemble des idées que l'individu entretient sur la bonne manière de manger pour maigrir ou ne pas grossir, les règles diététiques qu'il entend respecter afin d'atteindre ses objectifs. Dans ce mode d'alimentation où les sensations alimentaires ne conservent qu'une place marginale, le risque auquel s'expose le mangeur est la prise de contrôle du comportement alimentaire par ses émotions.

➤ *L'obésité : une maladie de l'ajustement*

Le Pr Jeffrey Friedman, chercheur à l'Université Rockefeller de New York et découvreur de la leptine, une hormone essentielle à la régulation des réserves adipeuses, considère que « nous ne devons plus rester attachés à la simple conviction que quelqu'un, par sa seule volonté, peut résister à l'attrait des aliments et contrôler son poids de façon rigoureuse[39] ». Pour lui, le « réflexe » de s'alimenter est dans une large mesure « câblé ». Des systèmes physiologiques complexes, qui travaillent en dehors du champ de la volonté, se chargent normalement d'harmoniser nos apports énergétiques avec nos dépenses. Ils maintiennent ainsi un poids constant, sans qu'on n'ait rien à faire pour cela, si ce n'est manger en écoutant ses sensations alimentaires.

Mais alors, pourquoi grossit-on ? Pour Arnaud Basdevant, « l'augmentation spectaculaire de la prévalence de l'obésité ne peut s'expliquer que par la pression de l'environnement sur un système biopsychologique qui ne peut pas s'adapter ». Pour lui, « l'obésité résulte de l'incapacité du système réglant les réserves d'énergie à faire face aux évolutions des modes de vie » et « témoigne d'une mise en échec du système de régulation des réserves énergétiques par des facteurs internes (déterminants psychologiques ou biologiques) et externes (mode de vie, environnement[40]) ». Dans la même logique, Chantal Simon, coauteur et professeur de nutrition à l'université Louis-Pasteur de Strasbourg, poursuit : « Le point important n'est donc pas tant le niveau des apports et des dépenses énergétiques pris séparément mais l'ajustement ou plutôt le défaut d'ajustement de l'un par rapport à l'autre. La question principale est de comprendre pourquoi le contrôle de la prise alimentaire est pris en défaut et ne s'adapte pas aux besoins[41]. »

> Certes, notre alimentation a évolué, et nous sommes aussi plus sédentaires que nos aïeux.
> Mais l'important n'est pas là. Ce qu'il nous faut comprendre, c'est pourquoi certains individus sont devenus incapables d'ajuster leur consommation d'aliments à leurs dépenses énergétiques, pourquoi ils consomment plus qu'ils ne dépensent.

Que faire, face à ce constat de défaillance de nos systèmes de régulation ? Les avis sont partagés. Certains pensent qu'on ne peut y suppléer que par un contrôle cognitif, mental, volontariste, de son alimentation. C'est la position officielle des nutritionnistes presque partout dans le monde.

D'autres, dont nous sommes, pensent que manger en ignorant délibérément sa faim et ses appétits spécifiques aggravera davantage la défaillance des systèmes régulateurs.

Certes, dans le monde dans lequel nous vivons, manger en s'écoutant est devenu plus difficile, nous sommes bien d'accord sur ce point. Mais, selon nous, mieux vaut se remettre en question afin de devenir apte à écouter ses sensations alimentaires, que faire sciemment une croix dessus et s'astreindre à suivre des règles alimentaires qui vous gâchent la vie encore davantage, qui induisent des effets pervers et conduisent à encore plus de prise de poids.

Nous reviendrons plus loin dans ce livre sur les raisons qui font que manger en s'écoutant est devenu plus problématique, et sur les solutions concrètes que nous préconisons.

Une nouvelle manière de manger : la restriction cognitive

Manger en faisant appel à la raison, comme on nous le recommande, porte un nom en psychologie : cela s'appelle la restriction cognitive. De quoi s'agit-il ?

➤ *Qu'est-ce que la restriction cognitive ?*

Le concept de restriction cognitive s'avère difficile à appréhender. Sans doute cela tient-il au fait… que la majorité d'entre nous se trouve, peu ou prou, en restriction cognitive ! Contrôler mentalement ses apports alimentaires dans le but de maîtriser son poids est désormais la façon ordinaire de penser la relation à la nourriture et la relation au corps. C'est en cela que nos sociétés ont établi aujourd'hui un rapport névrotique à la nourriture, et qu'il s'agit d'une maladie de civilisation.

Le concept de restriction cognitive

La restriction cognitive a été décrite en 1975 par deux psychologues canadiens, Peter Herman et Janet Polivy[42]. Ils la définirent comme une intention de contrôler ses apports alimentaires dans le but de perdre du poids ou de ne pas en prendre.

Le mangeur en restriction cognitive instrumentalise ses aliments pour les mettre au service de son désir de minceur. Il a tendance à considérer que la valeur personnelle d'un individu est inversement proportionnelle à son poids. Sa relation avec la nourriture pourrait s'exprimer ainsi : « Ce que je mange me sert à rester mince[43]. »

Il croit aussi qu'« un poids qu'on ne surveille pas ne peut qu'augmenter sans limites », qu'on doit donc le surveiller constamment, que ce poids ne peut être satisfaisant que si le comportement alimentaire est l'objet d'une maîtrise volontaire.

Le fait que la restriction cognitive consiste en une intention, un état mental, et non pas un comportement visible, est sans doute à l'origine de bien des méprises. Car on peut être en restriction cognitive et manger beaucoup trop, ou bien très peu et très diététique, ou bien de tout et d'une façon en apparence très normale ! Et pour couronner le tout, l'intention de contrôler son comportement alimentaire n'implique pas davantage que l'on parvienne à contrôler son poids. Si bien que la restriction cognitive s'observe tout autant chez les gros que chez les minces.

Une maladie de civilisation est, pour les personnes qui la vivent, comme un point aveugle, qu'on voit sans voir. Pour la diagnostiquer, il est nécessaire de se placer à l'extérieur de sa propre culture, d'envisager les comportements de ses contemporains avec l'œil du martien. Cela nécessite une certaine souplesse d'esprit.

Comme la restriction cognitive est devenue dans notre société la manière ordinaire de se nourrir, on ne la voit plus. Et surtout on ne fait plus le rapport entre cette façon pathologique de considérer l'acte alimentaire et les troubles du comportement alimentaire qui s'ensuivent.

Certes, il est facile d'évoquer la « restriction cognitive » à propos de personnes en proie à des perturbations importantes de leur comportement alimentaire. Certaines, par exemple, se serrent la ceinture du matin jusqu'en début de soirée, ou bien jusqu'au week-end, puis craquent compulsivement et dévorent alors de grosses quantités de nourriture. Tant qu'elles sont « raisonnables », tout va bien. Elles sont contentes d'elles-mêmes. Mais il suffit qu'une simple pomme de terre frite, un biscuit, un bout de chocolat, une cacahuète salée croise leur chemin pour qu'elles basculent dans la compulsion. Ce qui les oblige ensuite à se surveiller plus encore, pour réparer leur « faute ».

D'autres donnent l'impression de ne pas avoir de problème alimentaire. Elles mangent « diététiquement correct », et même s'autorisent à faire des « écarts » de temps à autre, des douceurs, des plats en sauce, qu'elles compensent par un surcroît de discipline par la suite. N'est-ce pas là ce qui est recommandé par tous les nutritionnistes ? Pourtant, celles-là aussi sont en restriction cognitive ! Intérieurement, elles sont perpétuellement en lutte avec elles-mêmes, sous surveillance. À la longue, ces efforts mentaux invisibles rigidifient le caractère, fragilisent la personne sur le plan émotionnel,

Êtes-vous sous restriction cognitive ?

• Avez-vous une peur panique de grossir ? Pensez-vous que si vous relâchez le contrôle, si vous ne « faites pas attention », vous deviendrez automatiquement gros ?

• Passez-vous votre temps à vous peser et modifiez-vous votre comportement alimentaire en fonction des indications de la balance ?

• Craignez-vous de manger des aliments gras car ils font grossir ?

• Pensez-vous que plus on mange de légumes à l'eau ou de produits allégés, et moins on grossit ?

• Mettez-vous des sucrettes dans vos boissons chaudes, buvez-vous uniquement du lait écrémé, ou à la rigueur du lait demi-écrémé parce que le lait entier est plein de matières grasses (qui font grossir) ?

• Vous interdisez-vous de manger ce qui vous fait envie, (parce que ça fait grossir) et mangez-vous à la place des aliments diététiques, que vous n'aimez pas trop, mais qui sont bons pour la ligne ?

• Aimez-vous les yaourts et les desserts allégés, 0 % de matière grasse, les légumes à l'eau, les crudités sans huile et les boissons gazeuses édulcorées parce qu'on peut les manger ou les boire impunément dans des quantités illimitées ?

• Craignez-vous les invitations au restaurant ou chez des amis parce que cela pourrait être l'occasion pour vous de perdre le contrôle et de grossir ?

• Croyez-vous dur comme fer qu'il ne faut pas sauter de repas (sinon on grossit), qu'il ne faut pas manger entre les repas (sinon on grossit), qu'il faut manger le matin comme un roi, à midi comme un prince et le soir comme un mendiant (sinon on grossit) ?

détruisent l'estime qu'elle se porte… et incitent à rechercher un réconfort dans la prise de nourriture.

Les personnes en restriction cognitive ne mangent plus des aliments, mais des assemblages de nutriments. Elles ont tendance à voir la blanquette de veau comme des protéines auxquelles on aura ajouté des acides gras saturés. Un jus d'orange devient de la vitamine C liquide. La pizza napolitaine ne représente pas le soleil du sud de l'Italie, la chaleur humaine qui va avec, mais d'horribles lipides décorés d'un peu de protéines, le tout posé sur une couche de sucres lents.

➤ *Un engrenage insidieux*

Et alors, direz-vous ? Où est le mal ? Qu'importe après tout d'avoir des idées plus ou moins pertinentes sur sa façon de manger ? Qu'importe de s'inventer des problèmes, de se gâcher le plaisir ?

Cependant vous avez bel et bien mis le doigt dans un engrenage infernal : vous désirez ceci, et vous mangez cela. Puis vous craquez et culpabilisez. Vous avez peur de manger. La nourriture ne parvient plus à vous contenter. Vous n'y puisez aucun réconfort. Peu à peu, manger devient un tel problème que vous ne voyez plus qu'une seule solution : fuir, ne pas manger, passer le moins de temps possible à table.

Ou, encore, consommer des aliments parfaitement calibrés, inodores et incolores, garantis sans danger par la faculté…

Ces façons de faire, si banales, induisent à la longue des troubles du comportement alimentaire, des troubles psychologiques et… des problèmes pondéraux. La tentation est grande, alors, d'attribuer ces problèmes de poids à une insuffisance de connaissances diététiques, de surveillance, à un manque de volonté, et de chercher à s'en prémunir en faisant encore plus d'efforts de privation, en se disciplinant davantage, c'est-à-dire en renforçant toujours plus la restriction cognitive…

Mais, direz-vous encore, comment faire autrement que réfléchir à ce qu'on mange, à ce qui nous réussit ou non, aux quantités qui nous conviennent ? Si on se freine à onze heures afin d'avoir faim pour le déjeuner, si on mange moins d'entrée pour laisser une place au dessert, ne se restreint-on pas, et donc n'est-on pas déjà en restriction cognitive ? Si on évite le gras parce qu'il nous rend malade, est-on encore en restriction cognitive ? Doit-on, pour ne pas l'être, se forcer à manger des gâteaux qui ne nous tentent pas ? Doit-on bannir les légumes, même si on les aime ? S'agit-il de faire une sorte d'antirégime ?

Bien évidemment non. Gérer ses prises alimentaires de façon consciente – ce qui est non seulement normal, mais hautement souhaitable – ne doit pas être confondu avec la restriction cognitive. Dans le premier cas, on ressent d'abord ses besoins grâce à ses sensations alimentaires et on y réfléchit ensuite. On organise ses prises alimentaires en fonction de ses possibilités matérielles afin de pouvoir respecter sa faim, ses préférences et de partager le repas avec sa famille ou son groupe social. Ce type de mangeur se préoccupe avant toute chose de soulager sa faim et d'être contenté par les saveurs de ce qu'il aura mangé.

À l'opposé, lorsqu'on est en restriction cognitive, on ignore ses sensations alimentaires et on mange avec sa tête. On réfléchit à ses besoins avant même d'avoir éprouvé la moindre sensation. Son corps n'est pas contenté par la nourriture sur le plan sensoriel, sa psyché n'est pas nourrie de symboles. Ce type de mangeur se préoccupe avant toute chose de son poids et de savoir s'il a bien respecté les principes diététiques auxquels il s'astreint. C'est seulement quand il juge qu'il n'a pas failli, pas fauté, qu'il obtient son contentement. Pour lui, au mieux, le goût est un bonus.

Les quatre phases de la restriction cognitive

1) Les sensations alimentaires sont correctement perçues mais délibérément ignorées : je sais que j'ai faim mais je décide de ne pas/plus manger.

La personne en restriction cognitive ressent des appétits spécifiques, des désirs d'aliments, des sensations de faim et de rassasiement, mais essaie de ne pas en tenir compte, d'avoir un comportement alimentaire gouverné par la raison, de respecter des règles diététiques. Elle doit lutter contre son désir de manger et mettre en place des stratégies de contrôle destinées à réduire les quantités de nourritures défendues, à éviter les occasions de se trouver face à eux ou de compenser leur éventuelle consommation.

2) Les sensations alimentaires sont encore perçues mais impossibles à respecter : je sais que je n'ai pas/plus faim, mais je ne peux pas m'empêcher de manger.

Dès lors, le comportement alimentaire n'est plus contrôlé par les sensations alimentaires mais par des émotions qui viennent les remplacer : la peur d'avoir faim entre les repas, de ne pas disposer d'une nourriture réconfortante en quantité suffisante, de craquer sur des aliments défendus, la frustration de ne pas manger les aliments que l'on apprécie, la culpabilité de les manger, la honte de succomber, la hantise de grossir, la colère contre ceux qui nous veulent plus minces que nature ou contre la nature elle-même, la tristesse de ne pas être minces… Ce sont dorénavant les émotions qui dominent le comportement alimentaire.

3) les sensations alimentaires ne sont plus perçues : je ne sais plus si j'ai faim ou si j'ai assez mangé.
À un stade ultérieur, la perception même des sensations alimentaires disparaît. Et le contrôle mental du comportement alimentaire devient la seule manière de ne pas dériver vers des consommations exubérantes de nourriture.

4) Le comportement alimentaire est livré au seul contrôle des émotions.
La personne ne parvient plus à maintenir son comportement alimentaire sous contrôle de façon permanente.
Elle peut alterner les périodes de contrôle et de pertes de contrôle, ou bien verser dans la désorganisation et l'anarchie alimentaire. Les pertes de contrôle prennent des formes variées, qui vont du grignotage impulsif à la boulimie, ou qui se traduisent par des repas exagérément abondants.
Des événements de vie, des problèmes émotionnels ou le fait d'avoir transgressé un interdit alimentaire, peuvent déclencher une perte de contrôle.

➤ *Les médecins et la restriction cognitive*

La restriction cognitive étant une maladie de civilisation, les médecins ne sont pas épargnés, et voient eux aussi tous les comportements alimentaires, les leurs et ceux de leurs patients, au travers de cette lunette déformante. Toutes sortes de situations sont possibles : il y a ceux, tout d'abord, qui, consciemment ou non, sont eux-mêmes en restriction cognitive ! Comment ces médecins-là pourraient-ils faire autrement que conseiller à leurs patients d'utiliser les mêmes stratégies qu'eux ?

D'autres ne sont pas directement concernés, et justement, comme le sujet ne les intéresse guère, il est assez logique qu'ils n'aient jamais entendu parler du concept de restriction cognitive. Ils adhèrent alors sans recul à toutes les idées reçues de l'époque, considèrent que maigrir est facile, dès lors qu'on en a la volonté, et ordonnent donc à leurs patients de faire des régimes traditionnels.

D'autres connaissent le concept mais ne parviennent pas à accommoder dessus, ne le comprennent qu'à moitié. Ils assimilent par exemple la restriction cognitive à une simple réduction calorique, et la confondent avec les régimes à bas niveaux caloriques, qu'on appelle souvent « régimes restrictifs ». Ce qui les conduit à considérer qu'une personne s'astreignant à suivre un « régime peu restrictif » ne se trouve donc pas en restriction cognitive[44]. Ou bien, pour eux, il est nécessaire que la personne soit en proie à des interdits alimentaires à l'origine de compulsions boulimiques importantes pour parler de restriction cognitive. Tout cela les conduit à sous-estimer les conséquences pondérales, psychologiques et sociales de leurs prescriptions diététiques.

Enfin, certains, qui comprennent parfaitement les effets néfastes de la restriction cognitive, ne veulent cependant pas renoncer à prescrire des régimes. Ainsi Arnaud Basdevant, dans son ouvrage de référence, met-il en garde les praticiens qui seront appelés à prescrire des régimes amaigrissants : ils doivent toujours considérer qu'ils prescrivent de la restriction cognitive, les prévient-il. Et il ajoute : « Cette prescription n'est pas anodine ; elle peut être délétère[45]. » Ces avertissements n'empêcheront nullement les mêmes auteurs de préconiser une restriction cognitive pure et simple dans la partie traitement de leur ouvrage. Leur attitude devient ambivalente : tantôt ils critiquent les effets délétères de la restriction cognitive, et tantôt ils conseillent de prescrire de la restriction cognitive, mais « avec prudence ».

➤ *Une restriction cognitive plus souple ?*

Conscient du problème, Joachim Westenhöfer, professeur de psychologie de la santé et de l'alimentation à l'Université de Hambourg, a, en effet, développé un concept bien pratique pour ceux qui désirent pouvoir jouer sur les deux tableaux, critiquer la restriction cognitive tout en la prescrivant : il s'agit de la notion de *restriction cognitive flexible*, opposée à la *restriction cognitive rigide*. Selon ce chercheur, les patients qui s'imposent une restriction trop rigide vivent douloureusement les transgressions à leur régime et s'exposent à davantage de pertes de contrôle. À l'inverse, ceux qui s'imposent une restriction flexible ont des capacités d'adaptation supérieures, ils réagissent avec moins d'anxiété et de culpabilité et s'exposent à moins de compulsions.

En somme, le problème ne serait plus de sortir de l'état de restriction cognitive, mais d'en assouplir la rigidité. C'est ce que bon nombre de personnes en restriction cognitive s'efforcent déjà de réaliser : s'autoriser des « écarts », tenir compte des circonstances, savoir s'y adapter. Et il faut aussi admettre que c'est dans bien des cas ce qu'elles réussissent à faire… temporairement. Westenhöfer, qui mesure la plus ou moins grande rigidité de la restriction cognitive à partir de questionnaires, en déduit qu'il a affaire à deux catégories de patients bien distinctes. Or rien n'est moins sûr : il est au contraire fort probable que ces deux profils de comportements alternent chez la même personne qui peut, selon les moments de la vie auxquels l'enquête la saisit, se trouver soit dans une phase de restriction rigide, soit dans une phase de restriction flexible. La caractéristique du trouble alimentaire est précisément son évolution sur de très longues périodes et son polymorphisme notoire[46].

> Force est de constater qu'à l'heure actuelle les médecins ne savent pas traiter l'obésité autrement qu'en instaurant la restriction cognitive.
> Bien entendu, on recommande de prescrire une restriction cognitive « flexible », mais comment éviter qu'elle ne se transforme en restriction « rigide » ?
> Comment, concrètement, empêcher que cette prescription ne devienne délétère ?
> Les institutions médicales n'incitent-elles pas les médecins à se transformer en apprentis sorciers ?

➤ *Nul n'est prophète en son pays !*

Certains, pourtant, sont parfaitement conscients du problème, et des conséquences qui découlent de telles pratiques. Tel est le cas de Michelle Le Barzic[47], qui écrit : « La médicalisation de l'obésité et du comportement alimentaire apparaît aujourd'hui en partie responsable de la désorganisation du comportement alimentaire des obèses par l'intermédiaire de la restriction cognitive induite par les régimes[48]. »

Pour cette auteure, la restriction cognitive, loin de ne concerner que les seules personnes obèses, concerne également tous les individus au régime, quel que soit leur poids, et s'étend à la majorité de la population occidentale. Elle souligne avec insistance que c'est « le foisonnement contradictoire d'oukases émis pendant trois générations au nom de la santé sur le sucre, les féculents, le gras et la quantité en général, [qui] a engendré le désarroi des mangeurs de tous poids et conflictualisé leur rapport à la nourriture en leur inculquant des principes diététiques aberrants ». On ne saurait être plus clair.

Michelle Le Barzic accuse la médicalisation de l'obésité et des comportements alimentaires, les régimes, l'information nutritionnelle, de provoquer la désorganisation du comportement alimentaire des mangeurs. Son point de vue est sans équivoque : les régimes amaigrissants ne sont qu'une facette de la restriction cognitive, et cette dernière doit être considérée comme un trouble du comportement alimentaire, au même titre que l'anorexie mentale, la boulimie ou l'hyperphagie.

Et même, l'auteure va plus loin. Elle fait remarquer que les médecins sont passés à côté de ce qu'elle appelle la « révolution copernicienne de Stunkard et Wadden[49] » qui ont montré que l'anxiété, la dépression et les troubles du comportement alimentaire dont les obèses sont victimes étaient une conséquence directe des régimes restrictifs auxquels ils étaient soumis. Elle ajoute encore que le cercle vicieux de l'échec à répétition des efforts de contrôle alimentaire que les obèses sont obligés de déployer pour tenir leur régime est parfaitement connu depuis plusieurs années[50] de la communauté médicale.

Pourtant, conclut-elle, aucune leçon n'a été tirée de ces connaissances révolutionnaires, et non seulement les médecins ne considèrent pas la restriction cognitive comme un trouble du comportement alimentaire, mais encore ils la prescrivent massivement sous la forme de régimes, équilibrés ou non.

La confusion règne. Les auteurs, au sein des mêmes équipes, se contredisent les uns les autres, et, même, certains en viennent à se contredire eux-mêmes d'une phrase à l'autre ! C'est là un signe supplémentaire que nous avons bel et bien affaire, avec la restriction cognitive, à un point aveugle, une maladie de civilisation. Tout le monde a le nez dessus, voit sans voir.

La plupart des mangeurs occidentaux se trouvent trop gros, y compris les minces. Ce qui les conduit à faire des régimes ou à surveiller leur alimentation. Selon l'expression consacrée, « ils font attention ».

Beaucoup souhaitent atteindre des poids, que la physiologie leur interdit. On ne choisit pas son poids, et celui que l'on est contraint d'accepter s'oppose parfois à nos idéaux esthétiques ou même simplement à un bon état de santé. Refuser cette réalité conduit à engager une lutte permanente contre soi-même.

Maintenir un poids inférieur à son poids d'équilibre impose bien souvent d'immenses efforts qui retentissent en profondeur sur la personnalité. Il est fréquent que ces luttes se traduisent par une évolution du poids en yo-yo et une prise de poids inéluctable, des troubles du comportement alimentaire et une dégradation de l'estime de soi.

Le corps médical dispose aujourd'hui de toutes les informations concernant l'évaluation des régimes amaigrissants. La logique et l'éthique voudraient donc qu'il abandonne ces pratiques inefficaces et délétères. Ce n'est pourtant pas ce qu'il fait. Sans doute est-ce parce que abandonner officiellement ce moyen thérapeutique, ce serait reconnaître qu'on ne sait pas « faire maigrir ».

Pour masquer cette incurie, le monde médical a donc opéré une révolution... sémantique. On fera comme avant mais on le dira autrement. Désormais, il ne sera plus question de régime mais d'équilibre alimentaire. Ce qui permet à beaucoup de nier qu'ils prescrivent des régimes.

Et mieux, ces régimes camouflés, qui n'étaient prescrits qu'à ceux qui avaient des problèmes de poids avérés, concernent désormais tout un chacun, mince ou enrobé. Car le Programme national de nutrition et de santé, qui énonce le bon et le mauvais, qui conseille et déconseille, n'est en fait rien d'autre qu'un régime qui n'ose pas dire son nom.

Chacun dorénavant est sommé de contrôler ce qu'il mange. C'est cette attention consciente, cette volonté de maîtrise du poids par la surveillance du comportement alimentaire qu'on nomme la restriction cognitive.

La restriction cognitive est devenue la manière normale, officielle, conseillée, de se nourrir. Il s'agit pourtant bel et bien d'un trouble du comportement alimentaire.

CHAPITRE 4

Les commandements de la minceur

Nous avons exposé comment la restriction cognitive disqualifiait le contrôle sensoriel en faveur d'un contrôle mental. Ce contrôle mental s'appuie sur un certain nombre de règles diététiques. Ces règles sont-elles pertinentes ? Si nous nous appliquons à faire des repas équilibrés, à prendre trois repas par jour et surtout à ne pas en sauter, à manger copieusement le matin et à alléger le repas du soir, à augmenter notre consommation de légumes et à diminuer celle de sucre et de graisses, serons-nous récompensés par plus de minceur ? Nous vous proposons d'examiner successivement les règles diététiques actuellement proposées par le corps médical, et désormais par les pouvoirs publics.

Pour maigrir, faut-il manger équilibré ?

« Ce n'est que grâce à une alimentation équilibrée et variée qu'il sera possible de remédier au problème. Toute la réussite de l'entreprise consistera donc à adopter une alimentation le plus équilibrée possible, en quantité suffisante mais raisonnable et répartie à heures fixes tout au long de la journée. Il faudra en général savoir écouter sa faim. Le grignotage sera absolument déconseillé. L'important sera de s'orienter vers le choix des aliments plutôt que sur leur quantité. »

Ce texte qui vante les mérites de l'équilibre alimentaire n'est pas tiré d'un article sur l'obésité, comme on pourrait facilement le penser, mais d'un article sur la maigreur. Car, si surprenant que cela puisse paraître, les manuels de nutrition proposent le même régime pour traiter la maigreur et l'obésité. On considère que le régime le plus à même de faire grossir les maigres fera aussi maigrir les gros !

L'idéalisation de l'alimentation équilibrée conduit à lui prêter toutes les vertus. Or il n'existe qu'une seule justification à l'équilibre de l'alimentation : la prévention des maladies, la recherche d'une bonne santé. On espère l'obtenir grâce à une savante répartition des différentes catégories d'aliments.

L'obésité, le surpoids, s'inscrivent dans une logique toute différente, qui est quantitative. Si on met de côté les aspects génétiques de l'obésité, on peut dire qu'on grossit parce qu'on consomme une quantité d'énergie supérieure à ce que requièrent ses besoins. Toute augmentation marquée et prolongée des apports énergétiques entraîne un gain de poids et de masse grasse, indépendamment du contenu en glucides et en lipides de l'alimentation[1].

• *Ce ne sont pas les glucides ou les lipides en tant que tels qui font grossir, mais les calories qu'ils apportent.*

Autrement dit, tous les aliments peuvent faire grossir, y compris les légumes verts ou les yaourts à 0 %, s'ils sont consommés en plus des besoins de l'organisme.

Ou encore, aucun aliment ne fait grossir, même les frites ou le chocolat, tant qu'ils apportent des calories nécessaires à l'organisme.

Contrairement à une idée répandue, il n'existe pas d'« aliment grossissant ». Et même, allons plus loin : c'est la capacité d'une substance à faire grossir, c'est-à-dire à nous apporter une énergie potentiellement stockable sous forme de graisse dans le tissu adipeux, qui permet de la définir en tant qu'aliment.

• *Pour maigrir, on n'a pas besoin de réduire les graisses ou les sucres ; il faut réduire les calories.*

Faire la chasse à une catégorie d'aliments (les frites ou le chocolat) plutôt qu'une autre (les légumes ou les yaourts à 0 %) n'est pas justifié.

• *Le poids reste stable avec une alimentation riche en lipides ou riche en glucides dès lors qu'on est en situation d'équilibre énergétique.*

Autrement dit, tant que les apports n'excèdent pas les dépenses, on peut manger les catégories d'aliments qu'on veut.

> Manger équilibré ne garantit pas la minceur.
> Dès lors qu'on mange moins que ses besoins en valeur calorique, on maigrit, que les repas soient équilibrés ou non.

Pour maigrir, faut-il équilibrer ses repas ?

L'équilibre alimentaire se définit à partir de pourcentages de nutriments. Comment traduire cette notion en conseils que tout un chacun pourrait suivre ? C'est pour y parvenir que les nutritionnistes ont fait le choix de conseiller un équilibre alimentaire sur chaque repas. Il s'agit alors de réunir dans le même menu les principales catégories d'aliments : légumes, féculents, viandes ou poissons ou œufs, laitages, fruits et matières grasses.

Malheureusement, en raison de la sédentarisation et de la mécanisation de l'existence, les besoins énergétiques d'*Homo sapiens* se sont considérablement réduits, et il a donc progressivement et logiquement réduit ses apports alimentaires en proportion. Les menus se simplifient[2] et s'articulent autour d'un plat unique, ou bien autour de deux. Au restaurant, on choisit de prendre soit entrée et plat, ou plat et dessert.

Inciter le mangeur à équilibrer son repas aboutit en pratique à une augmentation déraisonnable des apports caloriques, préjudiciable à son poids[3]. Certaines personnes s'obligent ainsi à compléter leur repas pour atteindre cet équilibre, alors qu'elles n'ont plus faim. Une soupe aurait peut-être suffi, mais il faudra ajouter la viande, le pain et le laitage.

Il n'existe aucune raison physiologique qui justifie d'imposer un équilibre au niveau des repas. L'unité de temps nécessaire pour maintenir les équilibres en vitamines ou minéraux dépend des réserves de l'organisme. Ainsi, pour certains micronutriments, on dispose de plusieurs semaines, voire de plusieurs mois de réserve. Il n'existe évidemment aucun risque pour la santé à ne pas manger durant quelques jours, ou même quelques semaines, les quantités recommandées de fruits ou de laitages.

- Équilibrer chaque repas, c'est-à-dire consommer tous les nutriments à tous les repas, ne présente aucun intérêt pour la perte ou la stabilisation du poids.
- Il n'existe aucun argument pour affirmer que cela présente un intérêt pour la santé.
- Chercher à équilibrer ses repas conduit à négliger ses besoins réels, ses sensations alimentaires. On risque d'augmenter la taille de ses repas sans nécessité et de prendre du poids.

Pour maigrir, faut-il faire trois repas par jour ?

Il faut faire trois repas par jour et ne pas manger entre les repas. Il est vrai qu'il est difficile pour le mangeur moderne d'échapper à cette croyance. Pourtant, chose étrange, plus aucun scientifique n'accorde aujourd'hui d'importance à la fréquence des repas en ce qui concerne le poids.

Pour les historiens, la notion de trois repas quotidiens est d'invention récente. Elle ne s'est véritablement installée que depuis le début du XXe siècle. Pour l'historien Jean-Louis Flandrin, « les textes antérieurs au XIXe siècle nous parlent tantôt de quatre repas quotidiens, tantôt de deux, voire même d'un seul vrai repas, mais rarement de trois[4] ». On a donc imposé une norme unique, celle des trois repas du matin, de midi et du soir, à la place de la grande diversité des pratiques qui prévalait jusque-là.

Il y a plus encore. Les sociologues, qui étudient le comportement alimentaire des Français, montrent que très peu de personnes mangent trois fois par jour. C'est le cas de seulement 17 à 20 % de la population. La plupart font quatre, cinq, six prises alimentaires dans la journée. Est-il bien nécessaire de contraindre la majorité de la population, qui ne fait pas trois repas par jour, à modifier la répartition de ses prises alimentaires ?

D'autant plus que, pour les physiologistes, le nombre de repas est sans influence sur la perte de poids. Lorsqu'on soumet des volontaires obèses à des répartitions allant de un jusqu'à dix-sept repas, à niveau calorique équivalent, on ne constate aucun effet sur le poids[5].

Enfin, les épidémiologistes, qui étudient nos modes de vie et nos comportements à la loupe, n'ont constaté aucune relation entre le poids des individus et le nombre de repas qu'ils prenaient.

La plupart des arguments qui imposeraient l'obligation de manger même en l'absence de faim repose sur l'idée étonnante que le corps se venge s'il est privé. Ce qui aboutit à l'étrange comportement de manger parfois sans faim pour éviter de manger en ayant faim ! Il n'est pas rare de rencontrer des patients qui, pour respecter cette croyance, s'obligent à prendre sans faim un copieux petit déjeuner alors qu'ils ont fait la veille un dîner de fête. Ils décident délibérément de passer outre les signaux qui leur indiquent qu'ils ne devraient pas manger.

- Il est tout à fait possible de maigrir en répartissant son alimentation sur deux, quatre, cinq ou six prises alimentaires par jour.
- On pourra donc se dispenser d'un repas en l'absence de faim et prendre des collations à des moments divers si le besoin s'en fait sentir.
- Autant que faire se peut, anticiper les prises alimentaires à venir permettra de manger en compagnie de bonnes choses qui font plaisir.

Pour maigrir, faut-il prendre un gros petit déjeuner ?

Il faut prendre un gros petit déjeuner et alléger le repas du soir. Il serait plus facile de maigrir en prenant un gros petit déjeuner et en faisant du déjeuner le repas principal de la journée[6].

On a effectivement montré que les enfants obèses mangent moins le matin et davantage l'après-midi et le soir que les enfants minces. Mais quelle conclusion en tirer ? Ces enfants sont-ils obèses parce qu'ils ne mangent pas assez le matin, ou bien parce qu'ils mangent trop le soir et qu'ils n'ont plus faim le matin ?

On en est venu à vouloir imposer à tous, enfants et adultes, la prise d'un petit déjeuner consistant, qui représenterait 25 % des apports caloriques de la journée. Pourtant, dans la littérature scientifique internationale, aucun argument n'est retrouvé pour justifier ce chiffre[7]. La taille actuelle du petit déjeuner français, soit 15 à 20 % des apports quotidiens, en vaut bien une autre. Les Espagnols, qui ont l'habitude de manger beaucoup au cours d'un dîner tardif, ne sont d'ailleurs pas plus gros que les Anglais, qui ont l'habitude de prendre un copieux petit déjeuner.

Quant à savoir si le fait de manger trop copieusement le soir fait grossir, il n'existe aucune donnée objective qui permette de l'affirmer[8].

- Il n'existe aucune donnée scientifique qui justifie qu'en matière de surpoids et d'obésité on donne des conseils quant à la répartition des repas.
- Mieux vaut se laisser guider par ce que l'on ressent et manger au moment où la faim nous l'indique.
- On peut donc très bien maigrir (ou grossir) en ne prenant pas de petit déjeuner, ou en mangeant davantage le soir qu'à midi.

Pour maigrir, faut-il manger moins gras ?

Jusque vers le milieu des années 1980, les sucres étaient jugés responsables de l'obésité. Ce sont aujourd'hui les graisses qui se trouvent sur la sellette. Est-ce justifié ?

Les études cherchant à établir une corrélation entre consommation de lipides et niveau de poids[9], ou bien cherchant à tester les effets de différentes répartitions entre lipides et glucides, sont loin de produire des résultats homogènes. La plupart des études, cherchant à trouver une quelconque supériorité d'un régime par rapport à un autre sur la perte de poids ne sont pas parvenues à les départager[10,11]. Ou bien encore, quand un régime semble plus efficace qu'un autre, la différence s'estompe au bout de quelques mois[12].

D'autres montrent que, contrairement aux attentes, ce sont les femmes européennes qui consomment le moins de matières grasses qui sont les plus grosses[13]. À l'inverse, c'est là où les femmes consomment le plus de graisses qu'elles sont les plus minces[14].

Malgré ces discordances, toutes les politiques de santé nutritionnelle font de la chasse aux lipides leur cheval de bataille. Et cela marche ! Dans plusieurs pays, les consommateurs ont réduit leur consommation de gras. Ainsi, entre 1954 et 1990, la consommation de lipides aux États-Unis est passée de 41 % à 34 %[15]. En Finlande, elle est plus récemment passée de 38 à 34 % et en France de 42 à 38 %.

Mais, contrairement aux attentes, la prévalence de l'obésité n'a pas baissé, bien au contraire. Elle est passée de 13 % à 31 % aux États-Unis et elle a presque doublé en France entre 1990 et 2003, passant de 6,5 % à plus de 11 %. Cherchez l'erreur…

- La répartition entre lipides et glucides n'influence pas la perte de poids.
- On peut tout aussi bien grossir en mangeant très peu gras que maigrir en mangeant très gras !
- Tout est affaire de quantité globale, d'adaptation de ces quantités aux besoins de l'organisme.

Pour maigrir, faut-il manger des produits allégés ?

L'usage des produits allégés en graisses n'a pas fait la preuve de son efficacité en tant que méthode amaigrissante. Elle entraîne en pratique une augmentation de la taille des portions, une surconsommation de ces produits. Comme on croit manger des aliments inoffensifs, on se permet d'en manger davantage[16].

Au bout du compte, on en vient à consommer des quantités caloriques supérieures[17] !

> • Les produits allégés en matière grasse font maigrir... votre portefeuille !
> • Comme ils sont moins nourrissants, moins satisfaisants, on en mange davantage.
> • Comme on croit que, quelle que soit la quantité consommée, ils ne peuvent pas faire grossir, on s'autorise à en manger sans limites.

Pour maigrir il n'est pas nécessaire de manger équilibré, de s'astreindre à prendre trois repas par jour, de prendre un petit déjeuner conséquent et de réduire son dîner, de diminuer les graisses de son alimentation, d'utiliser des produits allégés.

Pour maigrir, il est nécessaire de manger moins que ce que l'on dépense.

Pour être en bonne santé, pour vivre vieux, faut-il nécessairement maigrir ?

Il n'est pas certain que posséder un surcroît de graisse soit autant préjudiciable à la santé qu'on le dit habituellement. En fait, pour certains scientifiques, ces effets nocifs seraient pour une bonne part à attribuer à l'association d'autres facteurs, telles la sédentarité, une alimentation de mauvaise qualité, la restriction cognitive et l'évolution du poids en yo-yo, ou encore d'autres habitudes de vie fréquemment retrouvées en association avec l'obésité elle-même[18].

Que cela veut-il dire en pratique ? Qu'on peut, dans bon nombre de cas, notablement améliorer sa santé et son espérance de vie sans perdre un gramme[19] ! C'est particulièrement vrai lorsque l'obésité est modérée ou qu'il s'agit d'un simple surpoids.

Privilégier l'amélioration de la santé plutôt que la perte de poids, cela signifie travailler à avoir une vie plus épanouissante, plus active sur le plan physique, avoir une alimentation diversifiée, manger en fonction de ses sensations alimentaires. Ce qui conduit en définitive à stabiliser son poids, parfois à un niveau bien plus élevé que les normes en vigueur[20].

Cela veut aussi dire qu'en cas de maladies en relation avec l'obésité, tels un diabète ou des problèmes cardiovasculaires, il faut se faire correctement soigner pour ces maladies.

Et ce n'est pas tout. Il faut aussi résister aux multiples pressions qui, poussant à maigrir absolument, conduisent à négliger en pratique… sa santé, aussi bien physique que mentale ! Mais nous aurons l'occasion d'y revenir.

CHAPITRE 5

Le business de l'amaigrissement

Nous avons vu précédemment que, dans l'état actuel de la science, les méthodes à la disposition des postulants à la minceur ne permettent pas d'atteindre durablement un poids satisfaisant. On parvient à perdre du poids, au mieux, temporairement. À la longue, comme on reprend plus qu'on ne perd, les régimes amaigrissants finissent par faire grossir. Qui plus est, ils engendrent des troubles du comportement alimentaire, une baisse de l'estime de soi, des dépressions, des troubles de la personnalité.

Dans ces conditions, pourquoi ne se fait-on pas une raison, ne parvient-on pas à renoncer à cette minceur impossible ? Un premier niveau d'explication nous semble résider dans la rencontre d'une demande d'une intensité inouïe avec une offre de soins et de services.

Le marché de la minceur est un sacré business !

Comment ne pas voir qu'il n'existe pas de méthode amaigrissant ?

Mais pour qu'existe un marché de la minceur, il convient tout d'abord de s'aveugler, de ne pas voir qu'il n'existe pas à ce jour de méthode amaigrissante qui vaille. Fort heureusement, le psychisme humain, plein de ressource, dispose pour cela d'un mécanisme mental épatant : ce qu'en psychologie on nomme une position de déni.

On utilise le déni lorsque la réalité s'avère trop douloureuse, insupportable, inacceptable. On agit alors comme si on ne savait pas… tandis qu'une partie de soi n'est pas véritablement dupe. Face à l'obligation de maigrir et de rester mince, devenu un impératif catégorique, face à l'impossibilité d'y parvenir durablement, les personnes en surpoids préfèrent se raconter des histoires. Confrontée à cette impossible équation, cette quadrature du cercle, la stratégie que choisit la majorité consiste à nier ce que pourtant elle sait et à se dire : « Oui, parfaitement, maigrir est possible, on va y parvenir, car il faut qu'on y parvienne, on n'a tout simplement pas le choix. » Le corps médical, prisonnier de ces mêmes impératifs catégoriques – les gros doivent maigrir, nul ne doit grossir –, participe activement à l'entretien de ce mirage.

Qui plus est, ce n'est pas tant maigrir qui s'avère chimérique : perdre du poids est juste difficile, non impossible. Nombreux sont ceux qui parviennent à perdre des kilos. Grisés par ce succès, refusant de considérer que conserver cette minceur demande un effort inouï, qui engendre une souffrance permanente, ils veulent croire qu'ils sont tirés d'affaire. Toutes les conditions sont alors réunies pour qu'on puisse se bercer d'illusions.

➤ *Pourquoi jouer quand on est (presque) sûr de perdre ?*

L'être humain n'est cartésien qu'en surface. Ce n'est pas parce qu'une méthode ne donne qu'exceptionnellement des résultats tangibles qu'on y renonce. Et même, lorsque ladite méthode aboutit à des résultats diamétralement opposés de ceux espérés, cela peut très bien apparaître comme un motif supplémentaire pour s'acharner.

Certes, habituellement, on choisit une stratégie en fonction de sa probabilité de réussite. Mais lorsqu'on attend de la mise en place de cette stratégie non pas une simple amélioration de sa situation présente, mais un bouleversement, un changement radical, cela cesse d'être exact[1]. Il suffit, pour persister dans une conduite qui échoue, qu'on ait pu constater que la méthode a, par le passé, donné les résultats attendus au moins une fois. Et même, ce point n'est pas absolument nécessaire : il suffit en fait qu'on puisse simplement *imaginer* un succès.

➤ *Le syndrome du Loto*

Ce sont ces éléments qui font le succès du jeu de Loto. Tout un chacun sait pertinemment, lorsqu'il achète un billet, que les statistiques ne sont pas de son côté. La probabilité de gagner est à l'évidence ridiculement faible. À l'inverse, la probabilité de perdre sa mise lui est inversement proportionnelle. Toute personne rationnelle, par exemple un robot, ou bien M. Spock, déciderait de conserver sa mise car ce serait toujours ça de gagné, ou de non perdu.

À l'inverse, la majorité des êtres humains n'hésitent pas : ils sortent leur porte-monnaie et s'empressent d'acheter un billet ! Car quelqu'un, quelque part, un jour, a déjà gagné au Loto. On l'a vu à la télévision. C'est vrai, c'est possible, c'est imaginable. Alors on fantasme, on imagine ce qu'on ferait si on gagnait. La vie en serait changée, tout serait transformé, on ne serait plus la même personne.

Ce sont les plus pauvres, les plus désespérés qui gaspillent le plus aisément leur argent aux jeux de hasard. Car c'est essentiellement pour eux que le changement espéré est d'ordre qualitatif, et non pas quantitatif. Une personne riche qui gagne au Loto est juste un peu plus riche. Une personne pauvre qui gagne change de nature. Une vie de pauvre, est-ce vraiment une vie ? Elle est si frustrante, si insatisfaisante, si déprimante. Que perd-on, si on ne gagne pas ? Pas grand-chose. Lorsqu'on est au fond du trou, on ne peut guère descendre plus bas. Que gagne-t-on si on gagne ? Tout. Il n'y a donc pas à hésiter.

➤ *L'espoir de maigrir fait vivre*

La même logique explique aussi le succès des régimes amaigrissants, des plus sérieux aux plus farfelus. Les personnes obèses, ou simplement en surpoids, ou bien légèrement dodues, ont désespérément besoin de maigrir. La vie qui leur est faite dans nos sociétés est un calvaire. Lorsqu'on leur fait miroiter un espoir de minceur, comment y résisteraient-elles ? Car, un jour, quelqu'un a maigri : l'auteur de la méthode amaigrissante cite dans son livre diverses personnes (si possible connues et dont les photos sont publiées régulièrement dans la presse *people*) qui ont essayé sa méthode avec succès. Ou bien un gros a consulté tel docteur et a perdu du poids ; la femme de ménage de son dentiste l'a vu de ses propres yeux. Certes, la méthode est ardue, voire pénible, mais le gain espéré consiste en un changement de nature, qu'on ne peut comparer avec l'effort à fournir, avec la somme à débourser. Il n'y a donc pas à hésiter, on achète son ticket en priant le ciel pour que ce soit le numéro gagnant.

On comprend que ceux qui, comme nous, s'époumonent à affirmer que le roi est nu le fassent en vain. On a beau s'égosiller, affirmer qu'il n'y a pas de méthode amaigrissante qui vaille, nul n'écoute.

> Personne ne s'intéresse à la masse des perdants.
> On préfère à l'évidence admirer et glorifier le petit nombre d'individus qui parviennent à maigrir et à rester minces grâce à la pratique assidue de la diététique.
> Certes, ils souffrent pour ne pas succomber, mais ils le font pour la plupart en silence.
> Certes, les efforts fournis leur pourrissent le caractère, mais on ne fait pas forcément le rapprochement avec le calvaire qu'ils endurent.

De même que les perdants du Loto n'en font pas toute une histoire, mais que les gagnants sont exhibés et paradent avec leur chèque de un mètre de long, les recalés du régime ne ramènent pas leur fraise, et se contentent le plus souvent d'acheter un nouveau billet.

Les gagnants, à l'inverse, sont héroïques. Ils ont vaincu leur obésité, ce qui leur permet de parader dans leurs beaux vêtements de minces, bariolés et chatoyants, d'écrire des livres, voire de donner des conférences, de fréquenter les plateaux de télévision, pour expliquer leur combat. Ils font la leçon aux autres. Mais oui, c'est possible, puisque j'y suis parvenu, puisque j'ai terrassé le monstre ! Certes, le chemin fut long et périlleux, j'ai beaucoup souffert, je continue à souffrir, à lutter, mais croyez-moi, le jeu en vaut la chandelle[2] !

Certains gagnants n'en font pas une affaire de volonté. Ils ont trouvé une martingale qui permet de gagner à coup sûr. Ils se sont transformés en alchimistes. La science officielle étant impuissante à faire maigrir, il leur a fallu reprendre les choses de zéro, ou presque. Se livrant à de passionnantes recherches, expérimentant sur eux-mêmes, ils vérifient la justesse de leurs théories. Enfin, ayant maigri, ayant fait progresser la science, ils font généreusement profiter leurs compagnons de misère des fruits de leurs expériences, et au passage en profitent pour faire fortune[3].

Lorsque la vie faite aux personnes obèses est si inhumaine, lorsque la stigmatisation des gros et des dodus est ce qu'elle est, on comprend que tous ceux qui sont la proie de rondeurs, que tous ceux qui ont peur d'en prendre, soient prêts à toutes les folies pour avoir ne serait-ce qu'une chance d'échapper à cet enfer.

Le corps médical aux prises avec la boulimie de minceur

Les miraculés des régimes et les gourous de tout poil n'auront pas été les seuls à proposer des potions amaigrissantes, toutes sortes de gymnastiques, de soins corporels, d'appareillages. Les médecins nutritionnistes, les endocrinologues, les chirurgiens, les psychiatres et les psychologues, mais aussi les cardiologues ou les rhumatologues se sont montrés eux aussi des plus inventifs[4].

Face à la boulimie de minceur, on peut aujourd'hui repérer plusieurs attitudes, plusieurs stratégies de la part des membres du corps médical.

➤ *Des médecins honnêtes, mais naïfs*

Tout d'abord certains médecins, peu au fait du problème, prennent pour argent comptant le discours lénifiant selon lequel maigrir est à la portée du premier obèse venu, pourvu qu'il soit bien informé, qu'il fasse preuve d'un peu de volonté, qu'il décide de manger moins et de bouger plus.

Ces médecins-là sont souvent eux-mêmes des maigres constitutionnels, ou des sportifs, qui n'ont jamais connu de problème pondéral et qui ne comprennent tout simplement pas sa nature. Ils croient sincèrement qu'on grossit en raison d'un manque d'information, parce qu'on ne sait pas que manger gras fait grossir, de même que manger ou boire sucré, sans parler du gras-sucré. Il suffirait donc d'informer les personnes en surcharge pondérale pour qu'elles cessent ces comportements aberrants. Savez-vous, diront-ils par exemple, combien il y a de morceaux de sucre dans une bouteille de Coca-Cola ? Ne savez-vous pas combien il y a de graisses cachées dans les viennoiseries, les fromages et les viandes ? Bon, alors, arrêtez-moi toutes ces bêtises, mangez sain et équilibré, et revenez me voir dans trois mois.

Si, malgré une information claire et précise, ces personnes ne changent pas de conduite alimentaire, c'est donc qu'elles y mettent de la mauvaise volonté, qu'elles n'ont tout simplement pas de volonté. En somme, elles méritent leur obésité. Il y a de quoi se mettre en colère, quand on est cardiologue et qu'on constate que, malgré les judicieux conseils qu'on lui aura prodigué, son patient bousille son cœur à coups de croissants au beurre, de charcuteries trop grasses, de gâteaux dégoulinants de crème, ou bien au moyen de cette *junk-food* immorale avec laquelle ces messieurs et dames de l'industrie agroalimentaire cherchent à nous empoisonner. Nous vous le demandons : ces patients-là méritent-ils encore qu'on les soigne ? Méritent-ils tous ces efforts que les médecins font pour eux, méritent-ils qu'on gâche ainsi l'argent du contribuable ?

➤ *Les médecins pères Fouettard*

On comprend que certains médecins, exaspérés par tant de mensonges, de veulerie, se transforment en pères Fouettard. Il n'est pas rare que, dans le secret de leur cabinet, ils fassent la morale à leurs patients en surcharge pondérale : « Mais comment n'avez-vous pas honte ? Maigrir, chacun le peut : il suffit de manger moins et de faire un peu de sport. Je sais bien que vous avez mangé, que vous avez désobéi à mes prescriptions, que vous avez une fois de plus péché par gourmandise. Vous ne pouvez pas me mentir, car je dispose d'un détecteur de mensonge, en l'occurrence le pèse-personne, la balance, qui rend inutiles vos dissimulations[5]. »

Aujourd'hui, une bonne part du corps médical reconnaît les résultats médiocres des méthodes diététiques faites pour maigrir. Il n'en reste pas moins que la majorité des médecins est prisonnière des mêmes stéréotypes que le reste de la population : tout vaut mieux plutôt que rester gros !

Dès lors, même s'il y a beaucoup d'appelés et peu d'élus, il convient de pousser le patient à tenter sa chance. Aussi, tout en sachant que les efforts déployés le seront très probablement en vain, nombre de médecins encouragent fortement leurs patients en surcharge pondérale à se lancer dans des régimes. Il est bien difficile à un patient dodu qui consulte un médecin pour quelque motif que ce soit, bronchite, allergie, cor au pied, déprime passagère, de sortir du cabinet sans quelques conseils nutritionnels. « Dites-moi, chère madame, cher monsieur, aviez-vous remarqué que vous étiez gros ? Ah oui, vous le saviez déjà ? Eh bien, pourquoi ne feriez-vous pas un petit régime ? Tenez, je vous l'imprime, vite fait bien fait. »

> On sait aujourd'hui que les régimes amaigrissants ne font maigrir, au mieux, que de façon temporaire, et même, qu'ils font grossir à la longue.
> Mais le corps médical estime malgré tout qu'il est de son devoir de convaincre, d'encourager, voire de contraindre les personnes en surcharge pondérale à se lancer dans des régimes amaigrissants !

Certes, le médecin ne se fait pas grande illusion : ce patient qui n'a rien demandé ne suivra pas les judicieux conseils qu'on lui aura prodigués. Ou bien, s'il les suit, il ne maigrira pas. Ou bien, s'il maigrit, il regrossira. Mais il n'en reste pas moins qu'il est du devoir de tout médecin qui se respecte, et qui respecte les recommandations officielles concernant la qualité des soins, de dégainer un régime amaigrissant dès qu'il voit passer une personne en surcharge pondérale. Ne pas procéder ainsi serait une faute médicale qui, sait-on jamais, pourrait lui être reprochée par la suite par les autorités de tutelle, ou les ayants droit d'un patient décédé prématurément, voire par le patient lui-même.

Les charlatans de la maigritude font leur beurre

Ces médecins sont certes maladroits, inconséquents, mais ils sont honnêtes. Ce n'est pas le cas de tous. Il faut bien avouer que le marché de la maigritude a de quoi faire tourner la tête à plus d'un. Voilà des patients qui, pris au piège de l'impératif catégorique de l'amaigrissement, sont prêts à tout pour y parvenir. Ils sont prêts à être moqués, houspillés, maltraités, leurrés, roulés dans la farine. Ils sont prêts à se lancer dans des cures mystérieuses, à faire toutes sortes de régimes, bizarres, loufoques, abracadabrantes, à essayer tous les traitements possibles et imaginables, avaler toutes les pilules, poudres, potions, à prendre des laxatifs, des diurétiques, des coupe-faim, des hormones, des excitants, des calmants, essayer tous les appareillages, subir toutes les opérations, y compris les plus mutilantes. Ils sont prêts à souffrir et, même, ils ne demandent que cela, car endurer les pires traitements afin de maigrir est moins épouvantable que rester gros.

Surtout, ces patients sont prêts à payer en monnaie sonnante et trébuchante. Tout d'abord parce qu'ils sont désespérés et que la minceur n'a pas de prix. Ensuite parce que, déçus par les résultats de la médecine dite sérieuse, par la magie blanche, la magie scientifique, ils placent tous leurs espoirs dans la magie noire. Or, comme on sait, ce type de magie agit d'autant mieux que les sacrifices propitiatoires qu'on aura effectués auront été plus importants.

➤ *Retour sur les méthodes à la mode*

Dans les années 1970, les charlatans de la maigritude préconisaient des cocktails à base d'hormones thyroïdiennes, de laxatifs, de diurétiques et de coupe-faim. Puis, la toxicité de ces mélanges ayant été dévoilée, ils déguisèrent leurs potions sous des dehors homéopathiques, avec la complicité de pharmaciens stipendiés : les mêmes produits étaient toujours là, mais camouflés au milieu de poudres de perlimpinpin. Les patients n'étaient pas véritablement dupes, bien sûr, mais peu leur importait que la potion dérègle leur métabolisme, mettent leurs reins, leur foie, leur tube digestif à rude épreuve, abîme leur peau, fasse tomber leurs cheveux, les rendent nerveux, irritables, insomniaques, dépressifs, paranoïaques, au point que parfois il faille les hospitaliser en réanimation ou en milieu psychiatrique. Qu'importent les risques, lorsqu'il y a de la minceur à gagner !

Aujourd'hui, ces cocktails sont prohibés, finalement interdits par un ministère de la Santé et un ordre des médecins qui, longtemps pusillanimes, les avaient tolérés durant des décennies. Mais, malgré tout, et cela ne manque pas de sel, certains praticiens continuent à bafouer la loi en prescrivant des potions contenant de l'éphédrine synthétique ou naturelle, de la phénylpropanolamine, voire du dinitrophénol[6], des produits qui étaient utilisés autrefois, dans la première partie du XXe siècle, et qui étaient tombés en désuétude à l'apparition des coupe-faim amphétaminiques.

➤ *Les diètes protidiques*

Devant la difficulté et les risques qu'il y a désormais à prescrire ces potions explosives, les charlatans de la maigritude se sont tournés vers des stratégies apparemment plus anodines, mais qui n'en sont pas moins dangereuses et intellectuellement malhonnêtes. Ils prescrivent désormais pour la plupart des diètes protidiques à tour de bras.

Il faut dire que l'industrie de l'agro-minceur a brillamment progressé dans ce domaine. Dans les années 1970, seules existaient sur le marché des poudres de protéines de lait que l'on devait dissoudre dans de l'eau. Cela donnait une mixture écœurante qu'on avalait en se pinçant le nez et en pensant fortement à son maillot de bain. Aujourd'hui, les fabricants ont mis sur le marché des substituts de repas presque comestibles, qu'on peut en tout cas avaler sans être pris de nausées. Le danger n'en est que plus grand.

Diètes risquées

Les diètes protidiques font effectivement perdre du poids, et d'une manière somme toute confortable : la faim disparaît, un sentiment d'euphorie, lié au jeûne, s'installe. Les difficultés surviennent à l'arrêt de la diète, lorsque l'exaltation de l'amaigrissement s'estompe, lorsque la faim revient, une faim intense, immense, gargantuesque, un désir incoercible de se remplir. Dans la majorité des cas, la personne bascule dans des troubles du comportement alimentaire incontrôlables, des compulsions, des boulimies, et reprend plus de poids qu'elle n'en a perdu. Les risques des cures à répétition ne sont pas minces : les troubles du comportement alimentaire s'installent, le métabolisme baisse, on s'affaiblit, la prise de poids devient souvent définitive.

Les médecins hospitalo-universitaires ne sont pas toujours désintéressés

Bien entendu, les médecins réputés sérieux ne mangent pas de ce pain-là. La médecine hospitalo-universitaire réprouve habituellement ces dérives essentiellement motivées par l'appât du gain. Mais est-elle pour autant innocente dans cette affaire ?

On est volontiers moralisateur et père Fouettard, à l'hôpital. Les travaux scientifiques démontrent clairement que, du point de vue de la santé, il vaut mieux être mince que gros. Pour maigrir, la science au goût du jour proclame que la meilleure méthode est de manger moins gras et de faire plus de sport. Le médecin hospitalo-universitaire n'a donc pas d'état d'âme : le gros doit se conformer aux données de la science. Aucune mauvaise volonté ne sera tolérée.

Tel est en tout cas le discours, côté jardin. Dans la réalité, les choses sont plus troubles. Ce ne sont pas uniquement des considérations concernant la santé de leurs patients qui motivent les médecins dans leur lutte contre l'obésité. En premier lieu, le corps médical est prisonnier des mêmes stéréotypes que le reste de la population : l'obèse est haïssable pour ce qu'il représente. Cette réaction de rejet, de dégoût, est proprement viscérale. Nous verrons un peu plus loin comment comprendre cette haine des rondeurs qui touche les sociétés occidentales.

Mais, aussi, bien des membres de l'*establishment* médical spécialisés dans la nutrition retirent divers avantages de leurs prises de position.

➤ *Un royaume nommé minceur*

L'industrie de la minceur représente de puissants intérêts. Aux États-Unis, son chiffre d'affaires est estimé à cinquante milliards de dollars annuels. Il est vital pour cette industrie que la nécessité et la possibilité de maigrir soient affirmées haut et clair par les leaders du monde scientifique et médical. Des discours défaitistes, remettant en question cette nécessité, ou bien cette faisabilité, risqueraient de nuire au business. Certains grands laboratoires pharmaceutiques ayant mis sur le marché des médicaments amaigrissants ou espérant pouvoir le faire sous peu, mais aussi toute une flopée de petits laboratoires proposant des produits amaigrissants gadgets, qu'on retrouve en abondance sur les présentoirs des pharmacies, les industriels fournisseurs de produits de régime, de compléments alimentaires, tous sont prêts à verser leur obole pour obtenir une caution médico-scientifique.

Ces différents acteurs n'hésitent pas à aider au financement de la recherche à l'intérieur des laboratoires et des services hospitaliers, à financer des revues, à rétribuer les médecins en tant que consultants, à payer aux médecins leurs frais de participation à des congrès afin qu'ils puissent prêcher la bonne parole ou bien entendre celle des orateurs stipendiés. Souvent, ils guident les recherches, pilotant les médecins afin qu'ils cherchent dans le bon sens, et trouvent ce qu'on espère bien qu'ils vont trouver. Nombre d'articles dits scientifiques concernant les médications amaigrissantes sont même souvent écrits en sous-main par les chercheurs des laboratoires pharmaceutiques[7].

➤ *Délicate objectivité*

Aux États-Unis, certains des médecins les plus virulents du NIH, qui participent à la International Obesity Task Force, le « détachement spécial international contre l'obésité », chargés de mener à bien la guerre contre la surcharge pondérale, ont été accusés de se trouver au cœur de conflits d'intérêts. C'est aussi le cas de chercheurs faisant ici ou là la promotion de stratégies amaigrissantes, ou prêtant leur nom et leur notoriété à ces fins.

Que penser par exemple d'une étude scientifique publiée dans une grande revue médicale, qui se propose d'évaluer objectivement les avantages et inconvénients des diètes protidiques, dès lors qu'on sait que plusieurs des médecins auteurs de l'article[8] ont partie liée avec l'un des principaux fabricants de produits amaigrissants protidiques sur le marché américain, en l'occurrence Sandoz Nutrition Corporation ?

Que penser d'un chercheur réputé d'une grande université américaine, le Massachusetts Institute of Technology, qui est par ailleurs propriétaire de la licence d'un coupe-faim, commercialisé par une entreprise dont il est actionnaire, et qui se présente comme un chercheur objectif sur le sujet de l'efficacité et de l'innocuité des coupe-faim[9] ?

Que penser d'un autre chercheur réputé, qui dit le plus grand bien d'une crème amaigrissante, alors qu'il a passé licence avec trois laboratoires pour la produire[10] ?

Enfin, que penser du fait que la quasi-totalité des membres du fameux « détachement spécial international contre l'obésité » se consacrent exclusivement, dans leur pratique clinique, à faire maigrir, que ce soit à l'hôpital ou en clinique privée ? Comment ces médecins seraient-ils objectifs quand on leur demande de juger la menace représentée par l'obésité et la nécessité de perdre du poids ? Scier la branche sur laquelle ils sont confortablement assis serait trop leur demander.

La situation en France et en Europe n'est guère différente. Ici aussi, les laboratoires pharmaceutiques et l'industrie de la minceur financent certaines recherches qui vont dans leur sens. Ils aident alors les médecins à publier des études téléguidées, leur fournissent l'occasion de parler à des congrès, prennent en charge les frais de congrès de leurs confrères afin qu'ils entendent la bonne parole.

Ne pas prescrire de régime, c'est respecter le patient

Les chefs de file de la nutrition, les pouvoirs publics, ne peuvent pas rester les bras croisés devant la montée de l'obésité dans les pays occidentaux. Le corps médical se sent tenu de prendre en considération les effets négatifs sur la santé et l'espérance de vie de cette « épidémie ». Il ne peut faire autrement que de répondre à une demande de minceur si pressante, si oppressante, qu'il aura lui-même contribué à créer et qu'il contribue à entretenir.

Si bien que, malgré les preuves accumulées de l'inefficacité des régimes amaigrissants et de leur dangerosité, personne n'accepte d'y renoncer. Rappelons que de telles positions sont absolument indéfendables d'un point de vue scientifique et éthique. Lorsqu'il existe de fortes suspicions concernant l'efficacité et la dangerosité de certaines pratiques thérapeutiques, on devrait suspendre leur utilisation jusqu'à plus ample information. Comme on l'a vu, il faut nécessairement « sauver le soldat Régime », sans doute parce que l'immense majorité des médecins n'est pas en mesure de proposer autre chose que le contrôle et la discipline alimentaires…

> Arrêter de prescrire des régimes amaigrissants ne signifie en aucun cas qu'on cesse de prendre en charge les personnes en difficulté avec leur poids et leur comportement alimentaire. Bien au contraire, dirions-nous. Car, dès lors qu'on abandonne cette idée qu'on va, en maîtrisant son comportement alimentaire sur un mode volontariste, contrôler son poids et en faire ce que bon nous semble, on peut alors aborder le poids et la relation aux aliments sous un angle nouveau, celui du respect de son corps et de soi-même.

➤ *Une nouvelle mission pour le médecin*

Ce thérapeute, qui accepte de remettre en question le dogme des régimes amaigrissants, se voit assigner un nouveau rôle, bien différent de celui de « grand normalisateur » ou de « grand stigmatisateur »[11]. Il aide tout d'abord le patient, sur le plan alimentaire, à être à l'écoute de son corps, de ses besoins, de ses appétits. Il l'assiste dans son apprentissage, puisqu'il s'agit de réapprendre à manger en respectant sa physiologie. On reprend tout à la base, en quelque sorte. Peu à peu, on redevient capable de choisir ses aliments, non plus en fonction de normes diététiques, mais en fonction de ses appétits du moment, on réapprend à manger quand on a faim, à ne pas manger quand on n'a pas faim, à arrêter de manger dès qu'on n'a plus faim. On réapprend à construire ses repas, à anticiper ses appétits futurs, par exemple à « garder une place pour le dessert », à faire un goûter tout en prévoyant la faim qu'on aura au dîner. La relation aux aliments s'apaise, on mange lentement, on savoure, on cesse de culpabiliser à tout bout de champ, on arrête de vivre dans la terreur de grossir.

Son poids ? On ne le choisit pas, c'est lui qui nous choisit. Manger ainsi, en respectant sa physiologie, conduit à stabiliser son poids à une valeur qui dépend de son hérédité, de son passé, de son mode de vie. Bien souvent, le thérapeute est aussi là pour aider son patient, sa patiente, à faire le deuil d'un corps rêvé, d'un corps impossible, qu'on lui aura fait miroiter, mais qui n'est pas le sien, qui ne peut pas être le sien. Eh oui, les brunettes méditerranéennes aux hanches larges ne seront jamais de grandes Suédoises mimant les poupées Barbie !

➤ *En paix avec les aliments, en paix avec soi*

Mais ce travail de réconciliation avec les aliments, de réconciliation avec son propre corps, ne suffit pas. Encore faut-il se réconcilier avec sa vie, avec soi-même. Pourquoi utilise-t-on la nourriture comme mécanisme de défense face aux difficultés de la vie ? Qu'est-ce qui ne va pas dans ses façons de réagir, de fonctionner, dans ses relations avec les autres, dans son mode de vie ? Y a-t-il des changements à apporter à tout cela ? Doit-on remettre en question ses choix existentiels, ce qu'on est, ce qu'on fait ?

Il arrive aussi qu'on en vienne à se poser des questions sur la façon dont tout cela a commencé. A-t-on été gavé dans son enfance par des parents croyant bien faire ou bien, eux-mêmes, la proie de difficultés psychologiques ? À l'inverse, a-t-on été restreint, enrégimenté dans les régimes dès le jeune âge par des parents terrorisés par l'obésité, par des pédiatres et des médecins généralistes itou ? Ou bien, encore, a-t-on été affectivement abandonné par des parents ayant la tête ailleurs, engoncés dans leurs propres difficultés, qu'elles soient d'ordre matériel ou psychologique ?

> En prescrivant des régimes ou des médicaments, le médecin n'est pas d'un grand secours pour son patient en difficulté avec son poids et son comportement alimentaire.
> Il le serait davantage s'il l'aidait par un travail sur son comportement alimentaire, sur ses difficultés émotionnelles et relationnelles, sur ses préoccupations excessives concernant son poids et ses formes corporelles.

➤ *Comprendre l'obésité*

En somme, de fil en aiguille, on en vient à l'idée que la montée de l'obésité tient à un certain mode de vie, une certaine organisation sociale, et même à certaines croyances sur le sens de la vie. Mais alors, si on est face à un problème de civilisation, et non pas face à de simples erreurs nutritionnelles d'individus mal informés, mal disciplinés, que devient la compétence du médecin nutritionniste ?

Les médecins nutritionnistes ou endocrinologues, les médecins dans leur ensemble, les diététiciens, tous sont à leur aise dans leur rôle de « grands stigmatisateurs » et de « grands normalisateurs ». Mais peuvent-ils, veulent-ils, aborder avec leurs patients la relation aux aliments, la relation au corps, la relation à soi-même et aux autres ? Pour la majorité, une telle démarche dépasse tout simplement leurs compétences, leurs capacités d'adaptation. Ils n'ont pas l'expérience de ce type de prise en charge, qui nécessite une formation particulière, du temps, de la disponibilité.

Nous avons besoin de compétences croisées

Le médecin ne détient pas toutes les clés de l'obésité. Pour comprendre le phénomène obésité, il convient aussi d'interroger le sociologue, l'ethnologue, voire le philosophe. La prise en charge des personnes en difficulté avec leur poids et leur comportement alimentaire relève en pratique, dans l'état actuel de la science, bien davantage de la psychologie médicale, de la psychothérapie que de la diététique ou de la pharmacologie.

Reconnaître que les méthodes fondées sur l'information diététique ou la discipline alimentaire ne donnent pas les résultats escomptés se traduirait pour la nutrition par une perte d'influence auprès des politiques et auprès des médias, par la relégation de la spécialité de nutritionniste en seconde division. Inversement, dramatiser le problème de l'obésité[12] permet d'acquérir de l'influence, du pouvoir, de la considération, des crédits. Les débats médicaux autour des régimes, déguisés en prises de positions scientifiques, ne doivent donc pas faire illusion. Ce dont il est question, en réalité, c'est, pour certains, de pouvoir, d'influence ; pour d'autres, il s'agit de savoir s'ils ont toutes les compétences nécessaires pour prendre en charge les personnes qui font appel à leurs services. Ce qui est en jeu, en somme, c'est leur gagne-pain.

Comment, dans cet univers où les dés sont pipés, les personnes en souffrance avec leur poids, avec leurs formes corporelles, avec leur comportement alimentaire, avec elles-mêmes, peuvent-elles s'y retrouver ? Lorsqu'on désire ardemment, à tout prix, gagner en minceur, comment éviter de se faire gruger, manipuler, martyriser ?

Sans doute faut-il commencer par comprendre comment on en est arrivé là. Pourquoi a-t-on tant de problèmes avec cet acte apparemment si simple, si basique : manger ? Pourquoi est-on prêt à se leurrer soi-même en refusant l'évidence, à tout subir, tout endurer, pour devenir svelte, ne serait-ce que le temps des vacances, qu'un mois, qu'une semaine, qu'une soirée ?

C'est ce que nous allons tenter d'éclaircir maintenant.

CHAPITRE 6

Consumérisme et puritanisme alimentaires

Nous l'avons dit tout au long du chapitre précédent, si le corps médical s'acharne avec autant de zèle à promouvoir des méthodes amaigrissantes inefficaces et dangereuses, c'est en grande partie parce qu'il est prisonnier du même stéréotype que le reste de la population. L'obèse est haïssable pour ce qu'il représente. Il convient de l'éradiquer, de faire cesser le scandale occasionné par sa présence. Les obèses eux-mêmes partagent le même point de vue. Ils sont obscènes, et leur devoir est de disparaître. Il leur faut maigrir et, s'ils n'y parviennent pas, il leur faut se cacher afin de ne pas infliger leur vue aux autres membres de la société.

Mais ce n'est pas là le seul stéréotype qui habite tout un chacun. Ceux concernant la relation aux aliments et les modes d'alimentation sont tout aussi puissants et, parfois, plus qu'étranges, dès lors qu'on les considère sans *a priori*.

Chasse aux idées folles

Nous autres Occidentaux en sommes venus à considérer que le fait que la nourriture soit nourrissante n'est pas une bonne chose ! Nous souhaitons au contraire une nourriture le moins nourrissante possible, afin de pouvoir en consommer de plus grandes quantités !

Comment en sommes-nous venus à élaborer des conceptions aussi irrationnelles, aussi absurdes ?

Remettons les choses à l'endroit : si on consomme de la nourriture, c'est principalement afin de se nourrir. Telle est la finalité de l'acte de manger. Une nourriture très nourrissante est donc idéale, ultraperformante, puisqu'une petite quantité suffit à fournir à notre organisme l'énergie et bon nombre de nutriments dont il a besoin[1]. L'organisme, d'ailleurs, ne s'y trompe pas, puisque, quand on a faim, cette nourriture très dense procure un plaisir très intense, parfaitement proportionné à sa valeur énergétique. Le chocolat, par exemple, satisfait les papilles autrement plus que le fromage à 0 % de matière grasse, même parfumé au chocolat !

En toute logique, on devrait donc rechercher les aliments les plus nourrissants, qui sont aussi ceux qui procurent le plaisir le plus intense, et se réjouir de ce qu'il en faut très peu pour se sustenter ! Les aliments nourrissants sont comme des trésors : une toute petite quantité fournit de l'énergie, apaise, rend heureux. Ils sont comme des diamants qui, minuscules, n'en ont pas moins une immense valeur. Dans sa bouche, les confiseries, les pâtisseries, les chocolats ou bien, pour ceux qui préfèrent le salé, les fromages bien secs, les cochonnailles, les foies gras, tout cela excite les papilles au plus haut point. Qu'avons-nous besoin d'en manger beaucoup, puisqu'un peu régale et nourrit ?

Or on fait exactement l'inverse ! Se réjouir de peu, vraiment, ce n'est pas dans l'esprit du temps. On veut à foison, et davantage encore. Mais la vérité, c'est qu'on ne sait pas profiter de ce qu'on a. On mange vite, sans y penser, souvent en faisant autre chose. On ingurgite, on engloutit, on dévore, on avale tout rond. Au lieu de savourer ce qu'on mange, on se presse de l'avaler, afin de pouvoir passer à la bouchée suivante. Les bonnes choses séjournent si peu de temps dans la bouche que c'est à peine si on perçoit à quel point elles sont merveilleuses, à quel point elles sont nourrissantes.

- Comme l'idéal est de consommer encore et encore, toujours plus, on aura trouvé comme solution de manger les choses les moins nourrissantes possibles afin de pouvoir en consommer beaucoup.
- En d'autres termes, c'est afin de pouvoir manger impunément sur un mode boulimique qu'on se bourre le ventre de légumes à l'eau ou de produits que l'industrie agroalimentaire aura vidés de leur substance.

Le marketing agroalimentaire pousse à la consommation

Le problème de l'industrie agroalimentaire n'est pas différent de celui de toutes les autres industries. Il s'agit de produire, de vendre et d'en retirer la marge bénéficiaire la plus confortable possible[2]. Aujourd'hui, il s'agit moins de produire que de vendre. Par exemple, sur un marché où tout le monde a déjà une voiture, comment faire en sorte que les consommateurs renouvellent leur véhicule plus souvent, en possèdent deux plutôt qu'un, qu'ils soient prêts à dépenser davantage pour ladite voiture et, surtout, achètent cette voiture-ci plutôt que cette voiture-là ?

Toutes les voitures de tourisme se ressemblent, quand on y réfléchit : elles sont toutes à quatre roues, avec un moteur à explosion utilisant des produits pétroliers comme carburant, ont de quatre à sept places, et leur vitesse maximale est celle fixée par la législation. Comment se fait-il, dans ces conditions, qu'on soit intimement persuadé qu'il existe entre les divers modèles de voitures des différences fondamentales qui justifient une large gamme de prix ? Il faut sans doute pour cela un gros travail de marketing afin de différencier les produits et les rendre désirables, c'est-à-dire, en termes économiques, pour augmenter leur utilité marginale. Car sur des marchés aussi saturés que les nôtres, la difficulté principale réside dans le fait de susciter des désirs chez des consommateurs repus.

➤ *Comment appâter le consommateur*

Le marketing alimentaire a plusieurs cordes à son arc pour inciter à consommer davantage, et plutôt tel aliment que tel autre. Il lui faut tout d'abord identifier les motivations de ses clients, les mangeurs que nous sommes tous. Or ces motivations sont complexes, multiples, capricieuses et contradictoires.

Le mangeur désire tout d'abord des aliments bons au goût, savoureux, afin d'en retirer un maximum de plaisir sensoriel. C'est là, somme toute, l'argument marketing le plus basique. Consommez nos produits, soigneusement sélectionnés, composés d'ingrédients de la plus haute qualité, préparés selon des recettes éprouvées, élaborés par les meilleurs spécialistes, les plus grands chefs.

Le mangeur moderne, souvent citadin, se sent aussi coupé de ses racines. Or ce qui enracine dans une culture, ce qui fait qu'on se sent français, ou bien italien, ou bien basque, ou encore alsacien, c'est pour une bonne part une certaine culture alimentaire. Une deuxième façon de faire acheter des produits alimentaires sera donc de vendre du vrai, de l'authentique, du terroir, ou bien encore de conduire à voyager dans son assiette, à la rencontre d'autres cultures, la chinoise, la japonaise, l'italienne.

Troisième tendance forte, le mangeur moderne a peur. Il exige du sain, de l'hygiénique, du pur, du biologique, du zéro-additif, du sans colorant ni conservateur.

Le même consommateur, tout en voulant des aliments naturels, demande simultanément des aliments qui vont le guérir des maux dont il souffre, la fatigue, la maladie, la vieillesse, la mort. Il veut du vitaminé, du riche en oligoéléments, avec des bonnes graisses, sans mauvaises graisses, avec des bons sucres, sans mauvais sucres, avec des protéines de bonne qualité, et ainsi de suite. L'aliment-santé, l'aliment-médicament, l'alicament a de l'avenir.

> Les clés du marketing alimentaire :
> – Un produit de qualité.
> – Un ancrage culturel.
> – Un aliment bon pour la santé...
> – Et qui ne fait pas grossir, voire qui fait maigrir !

Enfin, et c'est surtout ce point qui nous occupe, le mangeur veut pouvoir consommer tout en maigrissant. Au minimum, il ne veut pas grossir. Comme les aliments les plus goûteux sont aussi les plus nourrissants, la logique voudrait qu'on en consomme en petite quantité, ce qui, en théorie, n'est pas une gêne puisque l'intensité du plaisir compense largement la petitesse de la consommation. Sauf que... cela ne fait guère les affaires des boulimiques que nous sommes devenus, et encore moins celle de notre industrie agroalimentaire.

Un axe marketing florissant sera donc celui de la minceur : consommez nos produits sans crainte de grossir et même, plus vous en consommerez, et plus vous maigrirez[3].

L'essor des névroses alimentaires

Souvenons-nous à quel point la sexualité humaine était autrefois complexe et tortueuse. Le plaisir sexuel n'était légitime que dans la mesure où il permettait la reproduction. Les plaisirs charnels qui n'y conduisaient pas étaient considérés comme immoraux[4].

Une femme bien élevée devait séduire comme sans le vouloir, par inadvertance, en toute innocence, faute de quoi elle risquait d'être cataloguée femme de mauvaise vie, perverse, fatale. Un homme devait faire sa cour, déclarer sa flamme, sans toutefois dévoiler trop crûment son désir, afin de respecter la pudeur de sa future épouse. On ne procédait que par allusion, par métaphore, ce qui conduisait les individus à avoir une vision idéalisée de la sexualité, suivie en règle générale de bien des déceptions lorsqu'on passait à la pratique. Mais si cette déception se transformait parfois en aigreur, le plus souvent elle évoluait en roman. Quelque part, ailleurs, avec un autre, une autre, la jouissance existait, et on pouvait la rêver.

Le plaisir sexuel existait pour l'essentiel hors de la relation conjugale. L'érotisme, interdit, sulfureux, avait alors le goût du fruit défendu. En suggérant sans montrer, en laissant le lecteur, le spectateur faire appel à son imagination pour rêver ce qui n'était pas dévoilé, on exacerbait les désirs, on les portait à leur acmé. Qu'est-ce qu'on s'amusait !

Qu'est-ce qu'on souffrait, aussi, de ne pas pouvoir donner corps à des désirs interdits ! La culpabilité, consciente ou non, qui rongeait tous ceux qui avaient des « désirs contre nature » faisait alors la joie des confesseurs et la fortune des psychanalystes.

Nous n'en sommes plus là. Le sexe est devenu tout à la fois moins décevant et moins affriolant. Si la sexualité déçoit moins, c'est essentiellement parce qu'on ne cultive plus l'illusion, parce qu'on n'attend d'elle que ce qu'elle peut donner. Et comme les multiples prohibitions sexuelles qui soutenaient les désirs se sont progressivement effondrées, elle s'avère aussi moins excitante.

➤ *L'érotisme alimentaire*

En fait, aujourd'hui, c'est du côté de l'alimentaire que ça se passe ! C'est dans ce champ-là que se situent les désirs exacerbés, les interdits sociaux, les discours moraux, les transgressions follement excitantes.

Si la luxure a cessé d'être un péché capital pour devenir une preuve de bonne santé physique et mentale, la gourmandise a avantageusement occupé l'espace laissé vacant. Mais ce ne sont pas tant le plaisir gastronomique ou même la gloutonnerie qui sont condamnés que le fait de manger des aliments nourrissants. On n'y perd pas son âme, mais sa sveltesse.

Quoique, pour beaucoup, ce soit la même chose. Les aliments nourrissants font grossir, croit-on, et devenir obèse, c'est être condamné à l'Enfer, non pas dans un futur hypothétique, après la mort, mais là, tout de suite, immédiatement.

- La sexualité, au XIXe et dans la première partie du XXe siècle, aura été le lieu de tous les désirs, de tous les fantasmes, de toutes les perversions.
- Mais, depuis la fin du XXe siècle, les aliments sont devenus objets de fantasme.
- Ce sont des conduites alimentaires que la morale réprouve.
- Le XXIe siècle est bel et bien malade de l'alimentaire !

➤ *Le moralisme diététique*

La stigmatisation des personnes obèses, en surcharge pondérale ou tout simplement dodues est telle qu'effectivement elles vivent un enfer. Elles sont considérées comme faibles, veules, s'abandonnant à leurs pulsions, leurs démons intérieurs, sans être capables de leur résister. Elles sont des viveuses sans moralité, la proie des plus bas instincts qui peuvent habiter un être humain. Elles sont grosses parce qu'elles ont fauté, qu'elles se complaisent dans le vice. Elles ne méritent donc aucune pitié de la part de ceux qui font tous les efforts nécessaires pour rester dans le droit chemin. On les méprise, on les moque, on les hait et, pour finir, on les ignore.

Le rôle de la morale est de nous protéger du mal en édictant des règles de conduite. La diététique actuelle correspond parfaitement à cette définition. Comme on mettait autrefois son âme immortelle en péril en s'abandonnant aux désirs d'ordre sexuel, qu'on devait réprimer pour se contenter d'une sexualité simple et fonctionnelle, réduite au minimum nécessaire et dédiée à la reproduction de l'espèce, on doit aujourd'hui réprimer ses désirs de nourritures appétissantes, se contenter de repas hygiéniques, diététiques, équilibrés, moraux.

L'Enfer de l'obésité menace tout un chacun. La tentation est partout, permanente. Elle est en soi. Chacun est habité par des appétits innommables qui, si on ne les tient pas en laisse, conduisent à dévorer sans frein. Les péchés de gourmandise deviennent visibles immédiatement, sous forme d'estomac rebondi, de cuisses et de fesses celluliteuses, de poignées d'amour. Dès lors, la vie devient un enfer.

Mais le moralisme diététique, les interdits pesant sur les aliments les plus nourrissants, qui sont aussi les plus savoureux, renforcent notre désir de les consommer, d'en abuser. Lorsque les barrières morales cèdent, c'est sous forme de débâcle. On se goinfre, on se vautre dans le péché, avant d'aller à confesse chez son nutritionniste et de rétablir un régime draconien et expiatoire. Mais c'est justement cet effort de régime, de maîtrise qui conduit à répéter le péché. On appelle cela le cycle de la restriction cognitive.

Le nouveau puritanisme diététique

Autrefois donc, deux camps s'opposaient, formant un couple dialectique, c'est-à-dire un couple de contradictoires inséparables. D'un côté, les moralistes, qu'ils soient laïcs ou religieux, qui posaient des interdits sexuels, et, de l'autre côté, les immoralistes qui aidaient à transgresser les interdits, à assouvir ses désirs. Pour certains, la transgression ne faisait qu'ajouter au plaisir ; d'autres cependant étaient la proie de conflits intrapsychiques qu'on appelait alors des névroses. Ils souffraient de leurs désirs impossibles.

Depuis que les névroses alimentaires remplacent les névroses sexuelles, l'opposition dialectique se situe entre le corps des nutritionnistes, qui défendent un nouveau puritanisme, et l'industrie agroalimentaire, qui pousse à la consommation.

➤ *Un nouvel ordre moral*

Le monde de la nutrition s'apparente d'ailleurs à un nouveau haut clergé, constitué de médecins nutritionnistes hospitalo-universitaires, dont le rôle est de dire le bien et le mal, de proposer des règles de conduite. Le bas clergé, formé des médecins généralistes, des diététiciens, doit répandre la bonne parole auprès des populations.

Sous des dehors matois, les nutritionnistes ont des principes bien ancrés. Il convient de manger pour vivre, pour ne pas mourir, pour être en bonne santé. Mais il est aussi des accommodements avec le ciel. Comme les bons prêtres, un brin jésuites, expliquaient autrefois que le devoir conjugal peut tolérer le plaisir sexuel à condition de ne pas perdre de vue la justification première du rapport, à savoir la reproduction, les nutritionnistes considèrent qu'on mange avant tout des conglomérats de nutriments. S'il se trouve qu'en plus c'est bon, ma foi, on vous pardonne ce péché véniel[5].

Les nutritionnistes conseillent aussi de consommer des aliments qui n'auront pas subi trop de transformations culinaires ou industrielles. Ils se méfient des recettes trop complexes, qui éparpillent les nutriments et empêchent le classement selon des catégories morales. La blanquette de veau, par exemple, est-elle diététiquement correcte ? Le veau est acceptable, en tant qu'apport protidique, surtout si on le choisit dans un morceau bien maigre. Certes, il est alors moins goûteux, mais le gras, c'est le diable, qui vous tente par l'exaltation des papilles. On ne peut qu'applaudir aux champignons, aux carottes et aux oignons, qui certes seraient plus riches en vitamines s'ils étaient crus, mais ne soyons pas perfectionnistes. Rien à reprocher au riz blanc qui sert d'accompagnement et qui apporte des glucides lents. Ce sont le beurre et la crème fraîche, pleins d'acides gras saturés, qui posent surtout problème. Mieux vaudrait qu'il n'y en ait pas. Mais alors, la blanquette ne serait pas blanquette… On en mettra donc le moins possible, symboliquement, et si possible dans leur version allégée, juste assez pour que la blanquette ne se trouve pas déclassée en veau en cocotte.

On se méfiera aussi des préparations de l'industrie agroalimentaire. Elles contiennent trop d'imprévus, des additifs mystérieux, des conservateurs, des colorants, des agents de sapidité et de texture, et bien entendu des graisses diaboliques. Rien de tout cela n'est mauvais pour la santé, puisque les produits utilisés ont été vérifiés et homologués par les instances administratives, après avis des scientifiques. Mais tout de même, cela conduit les aliments à évoluer en « objets alimentaires non identifiés[6] ». Le nutritionniste pas plus que le consommateur n'y retrouvent leurs petits, sauf à lire des étiquettes longues comme un jour sans pain.

➤ *La santé et la minceur se méritent*

Un autre principe bien ancré est que l'alimentation ordinaire doit apporter la totalité des nutriments dont le corps a besoin, et doit par là même faire fonction de médicament ou d'alicament.

On a vu précédemment, avec l'aventure SUVIMAX, dans quelles contradictions les nutritionnistes finissaient par s'empêtrer. Un apport, sous forme de gélules, de vitamines et de minéraux s'avère protéger les individus de sexe mâle du cancer, mais on ne saurait conseiller de consommer ces vitamines et ces minéraux en gélules, comme c'était le cas dans l'étude. La raison invoquée par les acteurs de l'étude est curieuse : le bon peuple serait, si on l'encourageait dans ce sens, tenté d'abuser de vitamines et de minéraux, ce qui mettrait sa santé en danger, puisque certains de ces nutriments s'avèrent dangereux à haute dose.

Ainsi, on fait sans cesse appel à la raison du mangeur, qui doit apprendre à sélectionner ses aliments sur des critères rationnels, mais on le juge trop immature pour consommer les doses adéquates de vitamines et minéraux en gélules !

La raison d'une telle position n'est-elle pas avant tout morale ? Les fruits et les légumes, aliments moraux, *doivent* suffire à apporter les nutriments protecteurs, même si, en pratique, cela oblige à d'impossibles acrobaties alimentaires pour parvenir à ingérer les doses vitaminiques et minérales utilisées dans l'étude. Encourager à consommer des vitamines ou des minéraux sous forme de compléments alimentaires serait encourager la tricherie. Dès lors, les individus, assurés de leurs besoins, se permettraient de manger tout et n'importe quoi, sans plus s'occuper d'équilibre alimentaire. Libérés de la menace de la maladie et de la mort, ils sombreraient dans le vice, le stupre et la débauche alimentaires[7].

En somme, la santé et la minceur se méritent. Le respect de l'équilibre alimentaire n'aboutit-il pas à une forme d'ascèse ? Il convient d'avoir tous les nutriments à tous les repas, de veiller à ses cinq fruits et légumes frais et quotidiens, à ses protéines et à ses glucides lents, à ses bonnes graisses en petite quantité, à ne pas grignoter entre les repas, et ainsi de suite.

> Respecter les règles de la diététique est désormais vu comme une forme d'ascèse.
> – Il convient de manger pour vivre, et non pas de manger pour son plaisir.
> – Il faut savoir discipliner ses désirs.
> – On en sera récompensé par de la minceur et une bonne santé.

Le couple infernal : tentation marketing et répression diététique

Tandis que les nutritionnistes donnent dans le puritanisme, que fait donc l'industrie agroalimentaire ? Tout naturellement, elle cherche à séduire le consommateur pour le pousser à la consommation. Mais insistons sur ce point : son opposition avec le monde de la nutrition n'est qu'apparente, tant ces deux pôles forment un couple dialectique. Le puritanisme diététique se trouve justifié par l'intensité des désirs d'aliments interdits ; et l'industrie agroalimentaire joue de ce puritanisme pour exacerber les désirs.

Là encore, comme dans le domaine sexuel, tandis que certains trouvent dans cette opposition l'occasion de pimenter leurs conduites alimentaires, d'alterner drôlement alimentation puritaine et alimentation débridée, d'autres, moins habiles, plus rigides, plus anxieux, culpabilisant plus volontiers, sombrent dans les névroses alimentaires. Ils tentent de manger comme des anges, mais font vite les bêtes et se repaissent d'aliments interdits ; puis ils vont à confesse et s'efforcent d'expier leurs péchés.

Les industriels de l'agroalimentaire seraient bien bêtes de ne pas jouer sur ces nouvelles névroses afin, comme dirait un expert du marketing, d'augmenter la désirabilité de leurs produits.

➤ *Un aliment interdit est d'autant plus désirable*

Un premier moyen pour accroître le désir consiste à érotiser la nourriture. Il s'agit, en jouant avec les interdits, en évoquant le péché, le diable, de tenter le mangeur. On susurre qu'il s'agit là d'un péché véniel, qui restera impuni, qu'on peut se le permettre, que personne ne le saura. Tout comme le serpent de la Bible tentait cette pauvre Ève pour lui faire croquer une pomme, nos industriels nous suggèrent à grand renfort de publicité que consommer un morceau de chocolat, un biscuit, une tranche de saucisson sont certes des péchés, ô combien excitants, mais que ces péchés seront sans conséquence.

L'aliment mis en scène

L'érotisme consiste en une mise en scène, une théâtralisation des désirs.

Ce qui compte avant tout, c'est une certaine atmosphère, conférée par des postures suggestives, par la musique, par le luxe et la beauté.

La nourriture sera donc mise en scène dans un cadre raffiné.

La prise de nourriture ne sera pas montrée, mais simplement suggérée. Le chocolat est là, on imagine qu'il sera mangé, mais il serait indécent de le voir porté en bouche ou, pire encore, consciencieusement sucé, mâché et dégluti.

On évitera aussi de nommer les aliments de façon trop directe. À l'instar des grands restaurants, dont les cartes nécessitent un décodage afin de comprendre ce qu'ils proposent à manger, on abusera de périphrases, de métaphores. Pourquoi parler platement de pommes de terre, alors qu'on peut étonner avec des « fruits Parmentier » ? Pourquoi se montrer grossier en nommant les pommes de terre frites, alors qu'on leur donnerait le bon Dieu sans confession lorsqu'elles prennent la forme de « pommes allumettes » ? On évitera de parler de sucré pour préférer disserter sur la douceur. On ne prononcera pas le mot « graisse », bien trop choquant, mais on roucoulera à propos de l'onctuosité de l'aliment.

Mais puisque nommer les choses interdites est immoral et vulgaire, on peut aussi jouer de cette vulgarité, de cette transgression, en faire un facteur d'excitation. On prononcera donc des gros mots en prenant un air tout à la fois choqué et gourmand, d'une voix rauque, d'un ton complice, l'œil égrillard, salace. Mais les gros mots de jadis, issus du vocabulaire de la sexualité ou de la religion, ont perdu leur côté provocateur. Bite et con font sourire, sacristie et tabernacle font québécois. Non, désormais les mots les plus orduriers, les plus choquants sont : gras, lipide, gâteau, crème, sucre, pâté, rillettes.

Lorsque manger est considéré comme un péché

Nos patients, souvent, lorsqu'ils ne nous connaissent pas encore, nous avouent : « J'ai mangé des cochonneries. » Par là, ils n'entendent pas forcément des cochonnailles. Ils ont fauté, se sont livrés aux pires turpitudes, et viennent chercher l'absolution.

Comme tout bon confesseur, nous entrons dans le détail de leurs péchés. Quelles étaient-elles, ces cochonneries ? Ils nous répondent à voix basse, l'air honteux : il s'agissait de chocolat, de biscuits apéritifs, de noix de cajou, de pizzas. Quelle honte, quel délice !

Souvent, durant leur traitement, nous leur demandons d'acheter du chocolat de qualité, ou bien de la charcuterie haut de gamme, s'ils ont plus d'attirance pour le salé.

La plupart font leurs emplettes au supermarché. Pourquoi, leur demandons-nous, n'allez-vous pas dans une chocolaterie, une pâtisserie, une charcuterie ? La qualité y est meilleure.

Mais non, quand on est gros et névrosé, entrer dans une telle boutique serait comme pénétrer dans un sex-shop en plein jour. On n'y va qu'à la nuit tombée, si possible dans un quartier différent du sien. Le problème, avec les pâtisseries et les charcuteries, c'est que, contrairement aux sex-shops, elles sont fermées dès potron-minet.

Quand la pornographie alimentaire joue la quantité

L'érotisation des aliments les plus savoureux est un outil puissant pour pousser à la surconsommation. Mais comme, *a priori*, se nourrir des aliments de base ne peut pas être considéré comme un acte immoral, l'industrie agroalimentaire joue sur un autre registre. Il s'agit bien évidemment de nous pousser à en consommer la plus grande quantité possible, de nous convaincre de préférer tel produit plutôt que tel autre. Titiller les désirs en jouant sur la transgression n'ayant guère de sens pour ce type d'aliment, on donne alors la grosse artillerie, on fait appel à la pornographie alimentaire.

La pornographie alimentaire, tout comme la pornographie sexuelle, se caractérise par son obscénité. On montre tout, sans distanciation, sans fioriture. Le haut lieu de cette pornographie est le supermarché, qui donne à voir des Himalayas de nourritures. Les boîtes en fer-blanc, les paquets cartonnés se parent d'étiquettes multicolores, les bocaux transparents révèlent leurs intérieurs sans pudeur, les viandes, les volailles, les poissons, les fromages, les laitages, les œufs, les fruits de mer, les fruits, les légumes, les produits frais, les surgelés, les boissons, les alcools, tout cela s'étale, se superpose, s'empile, s'entasse dans des quantités inouïes. Comment ne pas être abasourdi par cette débauche ? Qui va manger tout cela ? Quel ogre, quel monstre va dévorer ce qu'on n'aura pas acheté et dévoré soi-même ?

Face à de telles quantités, ce qu'on met dans son chariot est dérisoire, même si on le remplit à ras bord. Aussi y va-t-on gaiement, sans se demander ce dont on a réellement besoin. Quoi qu'on fasse, quelles que soient les quantités achetées, on ne sera jamais que de petits consommateurs.

La publicité, lorsqu'elle quitte l'érotisme pour basculer dans la pornographie, montre la réalité des choses. Les mangeurs sont à table et jouent du couteau et de la fourchette en famille, entre amis. Ils enfournent les aliments et les mastiquent. Parfois même, ils en viennent à roter. Ou bien ils mangent avec leurs doigts, debout, assis, couchés, devant leur téléviseur, sans une once de culpabilité.

Il ne s'agit donc plus de cultiver la différence, mais au contraire de banaliser l'acte alimentaire. Ce produit-ci se mange aisément, à toute heure, en toutes circonstances. Il est licite, ordinaire. Il est bon, certes, mais pas trop bon. Aucune morale ne s'applique dans son cas. On peut donc en consommer tout son soûl.

L'allégé, perversion du moralisme alimentaire

L'industrie agroalimentaire ne se contente pas de pousser à abuser des aliments immoraux et amoraux. Il s'agit aussi de faire consommer les aliments moraux. On fait là une bonne action en les mangeant. Et plus on en mangera, plus son nutritionniste donnera sa bénédiction, plus on aura de chance d'atteindre le paradis de la minceur, ou de conforter sa position si on y est déjà.

L'idée est simple : plus la population mange d'aliments moraux, et plus elle sera mince et en bonne santé. Il est donc moralement justifié de pousser le consommateur à consommer tant et plus de ces catégories d'aliments[9].

Répétons-le, il est absurde de penser que manger plus que ce dont on a réellement besoin puisse être bénéfique, tant pour la santé que pour le « capital minceur ». La vérité est que se bourrer de fruits frais, de légumes non cuisinés, non assaisonnés, conduit à s'en dégoûter et renforce son désir d'aliments plus goûteux, plus nourrissants.

L'histoire des « cinq fruits et légumes »

La Ligue contre le cancer, en 1999, envisageait une campagne pour promouvoir les fruits et les légumes, dont la consommation est considérée comme bénéfique pour la prévention de certains cancers.

Elle avait demandé à une anthropologue de l'alimentation et à un médecin épidémiologiste de donner leur avis d'experts[8]. Ceux-ci avaient tout d'abord simplement conseillé la consommation quotidienne de fruits et de légumes. Mais comme la Ligue insistait pour qu'on donne des conseils chiffrés, les experts avancèrent alors le chiffre de cinq fruits et légumes quotidiens.

Ce fut au tour de l'agence émanant du syndicat des producteurs de fruits et de légumes[10] de protester : pourquoi cinq, et pourquoi pas dix ? Ce fut donc pas moins de dix fruits et légumes quotidiens qui furent conseillés durant cette campagne, à grand renfort de spots télévisés !

Quelque temps plus tard, lors de la mise en place du Programme national nutrition santé, le PNNS, devant l'irréalisme de cette directive, on en revint à cinq, ce qui n'est déjà pas si facile à réaliser.

➤ *L'invention du produit allégé*

Du point de vue de l'industrie agroalimentaire, les aliments moraux sont certes sympathiques, mais ils ne permettent que des marges bénéficiaires limitées. Tout d'abord, il s'agit de produits faiblement transformés, ensuite les consommateurs n'ont guère tendance à en abuser. On ne fait pas véritablement fortune dans la soupe de légumes, dans le lait vendu au litre ou dans la salade, même en sachet.

Mais ne pourrait-on pas imaginer des aliments plus moraux encore que les aliments moraux, des aliments en quelque sorte supermoraux ? Ou bien ne pourrait-on pas concevoir des aliments immoraux qui, par une manœuvre quelconque, par exemple un traficotage mineur de leur composition, allié à un gros travail de marketing, deviendraient tout à coup moraux ou supermoraux ?

Bingo, on vient d'inventer l'allégé !

Les produits allégés sont une véritable bénédiction. Tout d'abord, ils répondent au désir de minceur du consommateur, terrifié à l'idée de prendre du poids. Ensuite, ce que l'on vend, ce n'est pas un produit, mais une absence, quelque chose qui n'a jamais été là, ou bien qu'on aura ôté.

On vend ainsi du chocolat, des bonbons et des chewing-gums sans sucre, des mousses au chocolat sans beurre, ni sucre, ni chocolat, des fromages sans matière grasse, des saucissons dégraissés, des blanquettes de veau sans crème fraîche. Pour assaisonner ces… choses (les mots nous manquent : on ne peut tout de même pas appeler ces machins des aliments), nous avons des ersatz de sucre, garantis sans glucides, de l'huile sans lipides assimilables qui ressort à l'autre bout du tube digestif parfaitement intacte (ce qui, soit dit en passant, n'est pas le cas dudit tube digestif…). Nous avons aussi, gracieusement fournis par l'industrie agroalimentaire, des colorants, des exhausteurs de goût, des molécules qui miment l'onctuosité des matières grasses, car il faut bien tout cela pour faire prendre des vessies pour des lanternes.

Nous avons même découvert, dans un supermarché des États-Unis, de l'eau minérale garantie *sans cholestérol*. En l'occurrence, le fabricant ne prenait guère de risque, une eau avec cholestérol ne s'étant jamais vue !

> Le problème, avec les aliments allégés, c'est qu'en leur ôtant leurs calories, c'est-à-dire leur apport énergétique, on les dépouille en même temps de leur capacité à satisfaire, à réconforter. Comme ils sont moins satisfaisants, il en faut donc plus !

➤ *L'allégé conduit à la surconsommation*

Lorsque nous étions petits, consommer des yaourts passait pour une forme d'originalité. On les appelait d'ailleurs des yoghourts, sans doute pour montrer à quel point ils étaient exotiques, et la plupart des gens les faisaient eux-mêmes. On prenait des ferments lactiques, des bactéries vivantes, qu'on mélangeait à du lait, et on disposait le tout dans une yaourtière, qui maintenait le mélange à la bonne température afin que les bactéries puissent faire leur travail. Quelle sorte de lait ? Eh bien du lait, quoi, du vrai lait. Et on obtenait de vrais yoghourts. Le yoghourt étant, par nature, plutôt aigrelet, certains, qui préféraient les douceurs, le consommaient avec une cuiller de sucre, de miel ou de confiture. On en mangeait un, comme dessert, à moins que ce ne soit comme médicament, lorsqu'on était sujet à des inflammations intestinales ou des diarrhées. En manger deux ? Mais non, quelle idée insensée… Ce serait comme de manger deux biftecks dans un même repas.

Comme les choses ont changé ! Désormais, les yaourts sont vendus tout préparés, et les douceurs y sont incorporées. Mais surtout, on assiste à un essor de yaourts allégés d'une profusion inouïe, parfumés à ceci ou à cela. Leur valeur calorique est environ la moitié de celle d'un yaourt normal. Et il faut bien le constater, ils satisfont deux fois moins le consommateur, puisque celui-ci les mange deux par deux, ou bien quatre par quatre.

La logique boulimique du consommateur est parfaitement en phase avec la logique inflationniste d'une société fondée sur la boulimie. Ce consommateur désireux de s'empiffrer de nourritures desénergisées y est fortement encouragé par une industrie agroalimentaire ravie de pouvoir vendre davantage de produits. Car justement, l'industrie agroalimentaire a un problème : elle est naturellement freinée dans son extension par la taille de l'estomac de ses clients. Trouver un système qui permet de vendre deux yaourts là où on n'en vendait qu'un, quelle merveille ! Vendre des aliments qui, ne nourrissant pas, conduisent le client à consommer davantage est un plan marketing qui confine au génie !

Manger de la minceur

Que dire ? Non seulement il faut l'encourager, mais, aussi, il faut créer le mouvement. Il faut persuader tout un chacun que manger des aliments allégés permet de garder la ligne. Plus on en mange, et plus on est mince ! C'est la nature même des aliments minceur : ils permettent de s'empiffrer et de mincir dans le même temps. La publicité des produits allégés est centrée sur ce thème : ce que vous consommez, en mangeant votre yaourt aux fruits à 0 % de matière grasse, ce n'est pas vraiment du yaourt. À vrai dire, on s'en moque, de ce yaourt qui, de toute façon, ne nourrit guère, qui n'est pas conçu pour cela. Ce qu'on consomme, avec ce yaourt, c'est de la minceur, de la maîtrise pondérale.

Le plaisir qu'on trouve à manger du yaourt à 0 % en lieu et place d'un yaourt véritablement nourrissant réside dans ce goût de minceur que ce yaourt a en bouche, dans cette euphorie procurée. On a alors du pouvoir sur son comportement alimentaire, on le maîtrise, et donc on maîtrise son poids. Plus on mange de minceur, et plus on sera mince. Il convient d'avaler autant de yaourts que possible, de s'en remplir à fond la caisse, à fond la forme. Merveilleux sophisme !

Nombre d'industriels de l'agroalimentaire surfent sur cette vague : nos produits sont de la minceur en barquette, en pot, en sachet, en tube, en bouteille. Les marchands de plats cuisinés font leur beurre en ôtant le nôtre ; les producteurs de fruits et légumes nous veulent minces comme des haricots ; les marchands de soupe vendent de la minceur en potage ; les marchands d'eaux expliquent que leur eau minérale tient compagnie pendant qu'on perd du poids ; les marchands de laitages, déjà cités, font leurs choux gras de nos demandes de fromages, de lait, de yaourts, tous allégés de leur partie nourrissante, qu'ils nous revendent ensuite sous forme de margarines, d'ailleurs elles aussi allégées. Quelle merveilleuse industrie, quel beau business que voilà.

➤ *L'engrenage boulimique*

Rappelons que business a comme racine « busy », qui signifie affairement. On s'affaire en effet de tous côtés. Les industriels, en convainquant les consommateurs d'engloutir de plus gros volumes, peuvent augmenter leur production et leur chiffre d'affaires. Les consommateurs ont quant à eux des mandibules bien affairées, employées à engloutir des nourritures qui ne les nourrissent pas, mais qui satisfont leur désir de minceur.

Le plus ironique, dans cette histoire, est que les producteurs d'huiles, de beurre, de charcuteries, les pâtissiers, les confiseurs, les biscuitiers n'ont pas non plus de raison de se plaindre. En fait, la plupart du temps, ce sont les mêmes qui gagnent sur tous les tableaux. Car l'appétit de minceur, qui ne nourrit guère son homme et habitue à la fadeur, pousse aussi à la dévoration boulimique… des produits hypercaloriques.

Se remplir de légumes vapeur, de fromage à 0 %, de poisson au court-bouillon et de viande de dinde dégraissée laisse sur sa faim. On est certes rempli, mais on n'est pas nourri. Et peu à peu monte en soi un désir, vite irrépressible, d'aliments goûteux : on a faim des croissants au beurre, d'opéras, de choux à la crème, de chocolat, de biscuits, de rillettes ou de confit d'oie. Si bien qu'on finit par craquer.

Pourquoi, direz-vous, faudrait-il s'en offusquer ? N'est-ce pas après tout ce que nous recommandons ? Les gens, trompés quelque temps par ce miroir aux alouettes que sont les produits desénergisés reviendraient spontanément aux vraies valeurs et se mettraient à consommer de vraies nourritures nourrissantes. Ils retrouveraient le goût des choses, et se contenteraient d'un bon peu.

Malheureusement, ce n'est pas ainsi que les choses se passent. Après avoir fait des boulimies de légumes – en somme des ersatz de boulimies –, nos consommateurs frénétiques enchaînent sur des boulimies véritables, authentiques, et avalent tout rond biscuits, gâteaux, fromages et charcuteries. En bons boulimiques, ils n'en retirent qu'une maigre satisfaction, et il leur en faut donc toujours plus.

Nos braves consommateurs, dans ce système à deux temps, font donc successivement fonctionner les deux versants de l'industrie agroalimentaire. Après avoir englouti de grands volumes de produits desénergisés, ils enchaînent avec des aliments à forte densité calorique qu'ils engloutissent sur le même mode. Ou bien, en le disant dans l'autre sens : après avoir boulimisé des produits nourrissants, bien gras et bien sucrés, ce qui, à l'évidence, n'est pas bon pour la ligne, ils cherchent à compenser ce plein de gras par un plein de minceur, qui s'obtient en faisant des boulimies de produits à faible densité calorique.

Dans les deux situations, on cherche à résoudre ses problèmes en se remplissant.

- Comme les produits allégés nourrissent moins, on en consomme davantage.
- En se privant d'aliments nourrissants et réconfortants, on se met à les désirer, et on finit souvent par craquer !
- En définitive, après avoir fait des boulimies de produits allégés, on fait des boulimies de produits nourrissants !
- Si la boulimie ne fait pas notre affaire, elle fait celle de l'industrie agroalimentaire !

Le *fast-food*

L'alimentation rapide est exemplaire des problèmes du mangeur moderne, si bien qu'elle condense toutes les critiques.

➤ *Un symbole avant tout*

Remarquons tout d'abord que le *fast-food* est devenu un symbole majeur des sociétés occidentales. Consommer des hamburgers est considéré dans le monde entier comme une façon de s'identifier aux États-Unis d'Amérique et d'intérioriser ses valeurs. En somme, lorsqu'on avale un hamburger, un cornet de frites – de *french fries*, jusque tout récemment ! – le tout accompagné d'un Coca-Cola, on ingère une parcelle de l'esprit américain, on intériorise de l'Amérique. Un hamburger, ce n'est pas que de la viande hachée dans un petit pain rond, c'est un concentré de poncifs, la cristallisation de films, de feuilletons télévisés visionnés à longueur de temps. C'est la condensation de valeurs, de modes de vie, qui concernent tout l'Occident : la vitesse d'exécution, la cadence à laquelle les choses sont faites y sont considérées comme les valeurs suprêmes, tandis que la qualité a tendance, par la force des choses, à passer au second rang des préoccupations. Rien ne doit ralentir l'activité, il convient de garder le rythme. *Time is money, and business is money !* Faire vite permet de faire davantage, d'avoir davantage, de consommer davantage. Toujours plus !

Qu'on ne s'étonne donc pas que manger vite conduise à manger plus, puisque telle est la logique du système.

En somme, ceux qui, de par le monde, s'en prennent au *fast-food* parce qu'ils voient dans celui-ci le symbole des valeurs et des modes de vie américains sont plutôt cohérents.

Mais lorsque, dans leur vindicte, ils reprochent aussi à ce type d'alimentation d'être diététiquement incorrect, de détruire la santé des consommateurs, et surtout d'être grossissant par nature, ils poussent le bouchon un peu loin. Ils se trompent carrément de cible.

➤ *Manger vite, manger trop*

Le problème du *fast-food* n'est pas dans sa composition nutritionnelle, mais dans le fait que manger rapidement conduit à manger trop.

Si la restauration de type *fast-food* est à même de procurer une alimentation diététiquement correcte, peut-on, doit-on, conseiller ce type d'alimentation ? Et pourquoi pas, si on consomme son repas sur le mode de la dégustation, si on prend le temps de savourer son hamburger, ses frites, son dessert, à petites bouchées, en se délectant de leur goût si délicieusement américain, de leurs vertus nourrissantes ? On sort alors du restaurant satisfait, rassasié, heureux de s'être nourri, ayant eu son content.

Hamburger frites contre sandwich baguette

D'un point de vue purement diététique, le hamburger frites est sans doute moins critiquable que le sandwich baguette bourré de mayonnaise, ou que bien des repas traditionnels servis dans les brasseries ou les restaurants d'entreprise. Il est parfaitement possible de faire un repas irréprochable sur le plan qualitatif et quantitatif à base de *fast-food*. Par exemple, un repas composé d'un hamburger, d'une petite portion de frites, d'une compote ou d'un yaourt à boire en guise de dessert, d'une eau minérale ou d'une boisson sans sucre, apporte environ 570 calories. Un tel repas est composé d'environ 15-16 % de protides, de 57-60 % de glucides, de 21-22 % de lipides et de 3 à 5 % de fibres, ce qui correspond aux proportions conseillées par les nutritionnistes[11].

On aura alors compris les termes « restauration rapide », *fast-food*, comme signifiant un *service* rapide, et on aura pris son temps pour consommer sa pitance.

- Les produits de *fast-food* ne sont pas grossissants par nature.
- C'est manger vite, gloutonnement, qui conduit à manger trop.

Mais si, au contraire, on se croit obligé de manger aussi vite qu'on aura été servi, qu'on engloutit son hamburger à toute allure, qu'on avale ses frites, ceux-ci ne laissent alors guère de souvenir en bouche. Comme la rapidité de l'engloutissement ne permet pas à la mécanique du rassasiement d'opérer, on est tenté d'augmenter les quantités afin d'avoir la sensation qu'on a mangé.

Au lieu du produit d'appel précédemment décrit, on prendra donc un *Big Mac*, une portion de frites moyenne avec sa sauce, une crème glacée en dessert, et un Coca-Cola, ce qui reste dans les limites d'un repas raisonnable, sans qu'on ait le sentiment de manger pour deux. On arrive alors à 1 365 calories, ce qui constitue un repas assez conséquent[12]. Aura-t-on pour autant son content ? Rien n'est moins sûr, si on avale ce repas aussi vite que le précédent… Comment être contenté par un repas qui, à peine l'aura-t-on commencé, est déjà fini, qui laisse en bouche un goût de revenez-y ? On y revient donc, encore et encore…

Le fait que l'alimentation rapide soit bon marché participe aussi au phénomène. Dans une société où la valeur pécuniaire est la mesure de toute chose, on a vite fait de croire qu'une alimentation bon marché est moins nourrissante qu'une alimentation coûteuse… et qu'il faut donc en manger plus !

Les nutritionnistes, qui proclament qu'il est scandaleux que les « bons aliments », entendez les fruits et les légumes, soient plus dispendieux que les « mauvais aliments », contribuent inconsidérément à renforcer ce phénomène. Il n'est pas certain que de telles campagnes conduisent à augmenter la consommation de fruits et de légumes. Il est fort probable qu'elles poussent surtout à consommer de plus grandes portions d'aliments de type *fast-food* ! Où l'on voit qu'en matière d'alimentation faire de la prévention est une affaire complexe, et que toute information induit nombre d'effets pervers !

La *junk-food*

Le cas de la *junk-food*, elle aussi tellement décriée, est quelque peu différent. On regroupe sous ce terme péjoratif les produits de confiserie, biscuits, bonbons, barres chocolatées et autres nougats, ainsi que des produits salés comme les chips, les biscuits apéritifs, les amandes ou les cacahuètes salées.

➤ *Un concentré d'énergie*

Le principal reproche qui leur est fait est de représenter ce qu'on nomme des « calories vides ». Ces produits, très énergétiques, n'apportent que peu de vitamines et de sels minéraux. Bon, d'accord, et alors ? Ces vitamines et ces minéraux manquants seront sans doute apportés par d'autres aliments, lors d'une autre prise alimentaire, et, en attendant, la *junk-food* a l'immense avantage de fournir beaucoup d'énergie dans un tout petit volume.

Oui, nous avons bien dit l'immense avantage. Comme c'est commode, d'avoir sous la main une barre chocolatée, consommable à la demande, chaque fois qu'on est en panne d'énergie. Le sportif, le randonneur, toute personne affamée peut y faire appel, et c'est tout de même drôlement pratique, quand on a faim, de consommer une barre chocolatée ou quelques friandises. Comme elles sont bonnes, comme elles nous font du bien, à ce moment-là ! On fait une pause, on savoure lentement sa barre, son bonbon, son nougat, on se délecte, le bien-être nous envahit et, après un court moment, on se sent paré pour de nouvelles aventures !

Bon, mais voilà, ces aliments hautement énergétiques n'ont d'intérêt que dans la mesure où on est affamé. À quoi bon les manger quand on n'a pas faim ?

Par gourmandise, dites-vous ? Certes. Mais la véritable gourmandise lasse vite. Les bonbons sont bons, comme on sait, mais quand l'appétit n'est pas là, on en a vite fait le tour…

Et puis, ceux qui prétendent consommer des friandises pour le plaisir des papilles, au lieu de s'en délecter, les avalent la plupart du temps tout rond, frénétiquement. Il faut bien se rendre à l'évidence : lorsqu'on mange la *junk-food* à tour de bras, ce n'est généralement ni parce qu'on est en panne d'énergie, ni par plaisir hédonique.

➤ *Le besoin d'aliments antistress*

Qu'est-ce qui peut pousser quelqu'un à se goinfrer de produits hautement nourrissants à toute vitesse, à les avaler tout rond, sur un mode compulsif ? On l'a déjà dit, se restreindre, s'interdire ce qui fait envie, se centrer sur des aliments peu énergétiques consommés en grand volume, tout cela exacerbe les désirs d'aliments hautement énergétiques.

Surtout, le recours à des aliments denses sur le plan énergétique est motivé par des facteurs émotionnels sans rapport direct avec l'alimentation. C'est pour lutter contre des émotions désagréables, pour s'en protéger, qu'on se *shoote* à la *junk-food*.

Ce comportement est banal. Une personne sur deux a tendance à recourir à la consommation d'aliments énergétiques sous l'effet du stress[13]. L'acte alimentaire répond alors à des circuits neurophysiologiques indépendants de ceux de la faim et du rassasiement. On court après la béatitude, le bien-être, l'oubli de la douleur physique ou morale.

Le problème n'est donc certainement pas un manque d'information nutritionnelle. Ceux qui abusent des confiseries ou des apéritifs salés ne le font pas parce qu'ils ignorent que ces aliments, pris en trop grosse quantité, les conduisent à manger plus qu'il est nécessaire. Ils ne changeront pas leur conduite parce qu'on les informera davantage.

➤ *Diaboliser la* junk-food *n'est pas la bonne solution*

Changeront-ils de comportement parce qu'on leur fera la morale, qu'on leur fera honte de consommer des aliments diététiquement incorrects, pleins de calories vides ? Il se peut, en effet, que la pression morale ait plus d'impact que la simple information diététique. Mais quel sera le prix de cette répression, de ce barrage fait à l'accession du soulagement procuré par la prise alimentaire ? Cela se paiera d'un regain d'anxiété, par le recours à d'autres mécanismes de défense, qui engendreront d'autres nuisances. Ou encore, malgré les interdits, on finira par craquer. La culpabilité qui s'ensuivra sera à la mesure de l'interdit qu'on aura bravé, et cette culpabilité sera elle-même un stress, dont il s'agira de se prémunir… en mangeant compulsivement. Où l'on voit qu'on n'est pas sorti de l'auberge…

Nous avons déjà évoqué ces personnes qui nous veulent du bien et qui pensent aussi qu'on empêchera la consommation de *junk-food*… en supprimant purement et simplement l'accès à ces produits. Ou tout au moins, si cette nouvelle prohibition soulève un tollé, en rendant leur accès difficile. Mais, là encore, on s'attaque à l'effet et non à la cause. Et il n'est pas sûr qu'une telle politique fasse baisser la consommation des produits prohibés. Il se peut au contraire que cela les rende d'autant plus attractifs. Rien ne vaut un goût de défendu pour exciter les papilles !

Les médias et la minceur

Venons-en au quatrième pouvoir : les médias. Certes, ces derniers ne sont pas davantage responsables que l'industrie agroalimentaire ou que le corps médical de l'état de nos sociétés, des croyances qui les habitent. Mais tout comme ces derniers, ils s'accommodent de la situation et les entretiennent dans leurs illusions.

À propos d'illusion, essayons de ne pas trop en avoir quant au fonctionnement des médias. Comme tout business, il s'agit de produire et de vendre. Les radios et les télévisions doivent trouver des annonceurs qui investissent en fonction des taux d'écoute. Les magazines, les quotidiens doivent eux aussi trouver des financeurs, ainsi qu'un lectorat prêt à débourser pour s'informer.

Aussi serait-il mal venu de prendre le téléspectateur, l'auditeur, le lecteur à rebrousse-poil. Bien au contraire, on se renseigne sur leurs désirs à grand renfort de sondages. À force d'enquêtes sociologiques, on détermine des espèces, des sous-espèces, afin de mieux cerner la bête et de la cibler avec davantage de précision.

Il ne faut donc pas s'attendre à ce que les médias dans leur ensemble donnent autre chose à lire, à écouter ou à voir que ce que demande leur clientèle.

➤ *Une insatiable soif d'ultraminceur*

En ce qui concerne la minceur, comme l'homme et surtout la femme modernes en sont friands, ils auront leur content.

Tout d'abord, les mannequins qui s'étalent dans les revues féminines, qui représentent des images archétypales de la femme idéale seront plus minces que minces. Cette ultraminceur fait vendre parce qu'elle fait rêver. Tout comme certains magazines donnent à voir des célébrités auxquelles on aime à s'identifier quelques instants, des voitures ou des avions de milliardaires, des intérieurs meublés avec un goût exquis, qu'on ne pourra jamais s'offrir mais qui nous rincent l'œil, d'autres, ou bien les mêmes, nous montrent des femmes superbes à la minceur incroyable.

Quel mal y a-t-il à rêver ? Aucun, si on sait distinguer le rêve de la réalité.

Comme il semble que ce ne soit plus vraiment le cas pour une bonne part de la population féminine, certains s'en sont inquiétés et tentent de réagir. En 1999, les responsables de *Moda Barcelona*, agence qui a la responsabilité des plus importants défilés de mode de Barcelone, ont proposé de refuser les mannequins dont la taille n'est pas au minimum de 38, afin de ne pas inciter les jeunes filles à l'anorexie. Cette initiative a ensuite été reprise par le gouvernement espagnol, qui a demandé à ce que les mannequins des magazines soient elles aussi de taille 38, au lieu de 34 ou 36.

En France, la marque Dove, pour convaincre les femmes ordinaires d'utiliser sa crème raffermissante, a utilisé en mars 2004 des mannequins eux aussi « ordinaires », c'est-à-dire bien en chair. Quel choc !

Mais, mis à part de telles campagnes qui jouent à prendre le contre-pied des stéréotypes du moment, d'une façon générale, on évite soigneusement de montrer des obèses, ou même des dodus, si ce n'est pour leur faire honte. Pour passer à la télé, pour avoir son portrait dans la rubrique « people », mieux vaut être svelte !

La parité face au diktat de la minceur

Une psychologue américaine, Brett Silverstein, d'orientation plutôt féministe, avait pointé dans les années 1980 la profonde inégalité entre les sexes dans les médias sur le plan pondéral. Alors que les hommes bien en chair conservaient toutes leurs chances de passer à l'antenne, les femmes se devaient d'être minces pour être télévisables. 17,5 % des hommes qui apparaissaient dans les émissions télévisées appartenaient à la catégorie « très mince », contre 69,1 % des femmes. Dans ces mêmes émissions, on pouvait voir 25,5 % d'hommes obèses, soit un peu moins que la proportion dans la population, mais seulement 5 % de femmes grosses. Sans compter que 35 % des femmes filmées avaient moins de vingt-six ans, contre seulement 16 % des hommes. Dans la presse écrite, Brett Silverstein retrouvait cette même dissemblance de messages selon que les revues s'adressaient aux hommes ou aux femmes. Tandis que les hommes étaient relativement peu sollicités dans ces domaines, les magazines féminins, à travers articles et publicités, faisaient massivement l'apologie de la minceur et du bien manger, deux notions antinomiques. En 1986, Brett Silverstein répertoriait 96 articles et publicités concernant la forme ou le poids dans la presse féminine, contre 8 seulement dans les magazines destinés aux hommes. En ce qui concerne la nourriture, le rapport était de 1 179 contre 101[14]…

Gageons qu'une étude similaire faite aujourd'hui montrerait sans doute peu d'évolution en ce qui concerne les femmes, mais ne donnerait pas tout à fait les mêmes résultats du côté des hommes : ceux-ci sont désormais des femmes comme les autres, de plus en plus soumis eux aussi aux diktats de la minceur.

➤ *La promotion de la minceur*

Les médias ne font pas que montrer des personnes idéalement minces, ils font aussi la promotion de la minceur. Comme il en faut pour tout le monde, on fera pêle-mêle dans le bien-pensant, le diététiquement correct, le culpabilisateur, le dramatisant, mais aussi dans l'amaigrissement ludique, farfelu, magique, loufoque.

En fait, la caractéristique principale des médias est de ne pas établir de hiérarchie dans l'information. Toutes les sources se valent, toutes les informations sont des informations. Ou plutôt, la seule hiérarchie qui vaille est celle du potentiel émotionnel d'une information.

Chaque année, au printemps, la revue *Elle* publie son « spécial maigrir », un numéro consacré à la minceur qu'il s'agit d'acquérir avant l'épreuve du maillot de bain. La revue est en quelque sorte condamnée, par son succès même, à élaborer ce numéro, puisqu'il représente le plus fort tirage de l'année. Ce numéro emblématique n'a toutefois plus l'impact d'autrefois, tant il a été plagié par la presse concurrente, et aussi du fait que, désormais, on ne maigrit plus seulement au printemps, mais tout au long de l'année.

Dans leur ensemble, les journaux féminins ne sont pas sectaires. Ils juxtaposent un grand nombre de méthodes, présentées de façon « objective », égalitaire, afin que chacun, en toute conscience, puisse se forger une opinion et choisir la méthode amaigrissante qui lui conviendra le mieux. On maigrira ainsi, selon les années, par la nutrition bien-pensante et universitaire, mais aussi en fonction de son groupe sanguin, de son signe du zodiaque, en mangeant des pâtes, en ne mangeant pas, en mangeant le matin, en se *shootant* au gras sans sucre, aux sucres sans gras, aux légumes à l'eau, en se goinfrant de soupe, en imitant les hommes préhistoriques, en buvant, en ne buvant pas, en prenant des médicaments, en faisant une psychothérapie, par l'hypnose, avec le secours de la religion, par le fluide, par les cristaux, par l'équilibre alimentaire, par le cru, par les vitamines, par les couleurs, par les groupes de parole, par les massages, par l'imposition des mains, par les plantes, par des appareillages électriques, par la chirurgie, et j'en passe.

Ce que nous préconisons ici sera récupéré comme le reste. On peut après tout maigrir en prenant son temps pour manger, en prenant la nourriture au sérieux, en consommant des nourritures chargées de sens et bonnes à penser, en écoutant ses sensations alimentaires, en cessant de culpabiliser et de s'angoisser. Il y a aussi une clientèle pour cela !

➤ *Pub et discours minceur, un duo de choc*

La publicité permet à la presse de vivre. Les placards publicitaires auront d'autant plus de chance d'attirer l'attention que les articles en regard seront lus. Cela conduit parfois à des associations plutôt cocasses. L'un d'entre nous a longtemps écrit une chronique mensuelle sur les sujets touchant aux comportements alimentaires et aux problèmes pondéraux dans la revue *Psychologies magazine*, dans laquelle il tenait des propos du même ordre que ceux qu'on peut lire ici. Quel annonceur serait susceptible d'être intéressé par la proximité d'une telle chronique ? Un marchand de produits amaigrissants, bien sûr ! Ladite chronique eut donc durant de nombreux mois comme vis-à-vis une page de pub pour un produit minceur.

Au fil des pages, les revues donnent donc à voir des articles et des publicités consacrés à la bonne bouffe, à des recettes de cuisine aussi savoureuses que riches, à des méthodes amaigrissantes, à des aliments gras et sucrés, mais si délicieux, et à des produits amaigrissants. Elles font tout à la fois la promotion d'une minceur impossible, affirment qu'il faut maigrir, mais qu'il convient de le faire sans culpabilité (car la culpabilité fait grossir), sans stress, sans effort, en mangeant des bonnes choses. Perdez sans vous priver, sculptez votre corps sans effort, tels sont les slogans.

Et pour finir, les marchands de journaux proposent sur leur devanture quelques friandises pour la route, à croquer tout en lisant. Les supermarchés ne sont pas en reste, qui proposent eux aussi aux acheteurs impulsifs, près de la caisse, revues et confiseries.

➤ *Qui suivre, qui croire ?*

Comment, dans un tel monde, n'aurait-on pas de problèmes alimentaires ? Manger ou ne pas manger, telle est la question. Manger, c'est prendre du plaisir, ce qui est mal. Mais pécher est si tentant, si désirable, si excitant… Le marketing alimentaire joue à plein sur l'érotisation des aliments, sur la pornographie alimentaire. Nous sommes assaillis en permanence, soumis à un bombardement d'images, de sons, d'odeurs, destinés à nous faire consommer tant et plus. Il y a les produits du terroir, si savoureux, et puis les petites gâteries sans conséquence, si exquises, auxquelles on ne saurait résister. Il y a aussi l'ordinaire, dont il n'y a pas lieu de se priver, puisque justement il est ordinaire et ne saurait constituer un péché. Et d'ailleurs, qu'importent tous ces péchés véniels, si aisés à réparer ? Il suffit de poursuivre sa consommation par des allégés, ce qui permettra d'expier ses péchés de gourmandise sur un mode tout aussi gourmand.

Face à tous ces marchands du Temple, ces serpents tentateurs, se dressent les nouveaux puritains. Les épidémiologistes, les médecins, les diététiciens, désormais rejoints par une bonne part de la classe politique, de droite comme de gauche, crient à la catastrophe.

Nos nouveaux imprécateurs font des effets de manches : à force de manger pour le plaisir, à défaut d'y perdre son âme, on y laisserait sa santé et sa sveltesse. Le bon citoyen, respectueux des règlements, des deniers de la Sécurité sociale, ne doit surtout pas céder aux chants des sirènes. Il doit résister à l'appel des sens. Il doit manger sain, hygiénique, sans chichi. Il doit éviter les plats riches, le *fast-food* et la *junk-food*, le grignotage devant le téléviseur. Faute de quoi, son péché sera révélé aux yeux de tous sous forme de cellulite, de bourrelets et de ventre proéminent. L'obésité, qui condamne à la maladie et à l'exclusion sociale, est une juste punition qui s'abat sur le gourmand, sur le faible et sans volonté, le pécheur impénitent.

Ou bien encore, nouveau discours, le gros est un sous-prolétaire victime de la société de consommation, des patrons de l'industrie agroalimentaire qui le maintiennent dans son état de consommateur afin de lui soutirer le peu d'argent qu'il a. Obèses de tous pays, unissez-vous contre l'oppresseur ! Élus de gauche, défendez le faible, l'innocent, protégez-le de la tentation, contre l'exploitation ! Élus de droite, mettez un peu d'ordre dans l'anarchie de l'offre alimentaire !

Aux côtés des puritains et des sauveurs du monde, tentant de se faire passer pour eux, grenouillent les charlatans de l'amincissement, les profiteurs du malheur des autres : maigrir est facile, susurrent-ils. Achetez notre méthode magique, un peu chère, c'est vrai, mais ce sera là une manière d'expiation. Alors, n'hésitez pas, et vous serez sauvés.

Il n'y a pas à dire, tous ces messages qui tirent à hue et à dia, relayés à longueur de temps par les médias (maigrissez, mangez, maigrissez en mangeant, privez-vous, ne vous privez pas, privez-vous sans vous priver) mettent les nerfs les plus solides à rude épreuve. Ces injonctions contradictoires constituent autant de doubles liens paradoxaux, et placent les individus dans une situation d'*impuissance apprise*[15]. Obéir à l'un, c'est désobéir à l'autre. Quoi qu'on fasse, on aura tort, ce qui conduit à ne rien faire, à déprimer, voire à perdre le bon sens et la raison !

> • Si la sexualité s'est banalisée et s'est libérée, c'est désormais l'alimentaire qui fait figure de terrain de bataille entre moralistes et immoralistes.
> • L'industrie agroalimentaire, en érotisant l'alimentation, pousse à manger tant et plus...
> • Tandis que certains médecins, certains hommes politiques, les pouvoirs publics se sont transformés en nouveaux puritains.
> • Tout un chacun se trouve ainsi pris entre deux feux !

Alors, comment faire face à cette cacophonie, à cette névrotisation de l'alimentation ? Sans doute convient-il de prendre du recul, tant d'un côté que de l'autre. L'industrie agroalimentaire cherche à nous inciter à consommer infiniment plus que nos besoins réels, et on comprend bien pourquoi. Mais les nouveaux puritains, qui voudraient nous conduire à l'ascèse, à la discipline, ou encore nous interdire l'accès à certains aliments diabolisés, ne font qu'exacerber nos désirs.

À voir les passions que l'alimentation suscite désormais, d'un côté comme de l'autre, on se dit qu'elles doivent répondre à une logique profonde de notre société. Il nous faut donc poursuivre notre périple, afin de mieux comprendre comment nous en sommes venus à une alimentation aussi conflictuelle, à une telle obsession du poids et des formes corporelles. C'est ce que nous allons tenter d'explorer dans le prochain chapitre.

CHAPITRE 7

De la société boulimique à la société postindustrielle

On a vu comment le corps médical, ne se laissant pas arrêter par l'inexistence d'une méthode amaigrissante efficace et satisfaisante, encourage malgré tout à maigrir, ce qui aboutit à la longue à une aggravation de la situation des personnes en surcharge pondérale.

L'industrie agroalimentaire pousse quant à elle à surconsommer tout à la fois des produits nourrissants et des produits prétendument amincissants. Mais fait-elle autre chose que remplir sa fonction industrielle en cherchant à se développer au maximum par tous les moyens ? Quant aux médias, comme ils doivent être lus, écoutés, vus, comme ils doivent vendre et faire vendre, ils délivrent les messages que le public demande.

Plutôt que de crier au complot, mieux vaut sans doute s'interroger sur ce qui rend les individus aussi perméables aux messages de ces différents acteurs sociaux.

Cette débauche de consommation, de nourritures de toutes sortes, puis de médecine et de méthodes amaigrissantes, s'inscrit en fait dans un univers de consommation effrénée, qui s'accompagne de la nécessité d'une suractivité frénétique. Somme toute, nous mangeons comme nous vivons. La boulimie occidentale ne se limite pas au domaine alimentaire, mais concerne tous les aspects de la vie.

Nous sommes tous des boulimiques

Les nourrissons gavés par leur mère sont des enfants tristes, atones, sans désir. Un enfant est gavé dès lors qu'on le conduit à consommer sans besoin. Certaines mères, par exemple, anxieuses de bien faire, anticipent un peu trop vite les besoins de leur enfant et le comblent. D'autres, qui vont mal, ou bien qui sont trop occupées par des problèmes personnels, s'avèrent inattentives, fonctionnent à contretemps et comblent des besoins qui ne sont pas les bons. D'autres encore, dépourvues du talent d'empathie, ne comprennent tout simplement pas de quoi leur enfant a besoin et répondent à toute demande par de la nourriture.

Dans ces cas-là, au lieu de ressentir de la faim, d'élaborer un désir d'aliment à partir de là, puis de jouir lorsque vient enfin le temps consommatoire, le nourrisson consomme sans besoin ni désir et, de ce fait, il n'y trouve que peu de satisfaction. Pis encore : il développe une nécessité permanente de consommer, car pris dans un rythme à deux temps, au lieu de trois, il ne connaît rien d'autre que le fait d'être comblé ou le néant. Le moment de la consommation est alors le seul temps durant lequel il se sent exister.

En somme, chez lui, les choses sont inversées : lorsqu'il dévore, ce nourrisson-là n'est pas tiré par un désir, mais poussé par une nécessité. C'est en consommant qu'il existe, et il lui faut donc consommer toujours davantage. Si, au début, il a été forcé, bien vite, c'est lui qui réclame.

Enfant satisfait et enfant gavé

L'enfant ressent normalement des besoins, tels que la faim ou la soif, et apprend à meubler son attente par une activité mentale, un désir. Le fait de devoir attendre pour être satisfait, de manquer temporairement, ne le met pas en péril.

L'enfant gavé voit ses besoins satisfaits avant d'avoir pu les identifier. Il alterne deux temps : celui de la dévoration, temps plein, où il se sent exister, et celui du vide, vécu comme un néant angoissant.

Bien des Occidentaux sont dans une situation analogue à celle d'un enfant gavé. Ils ont trop, et trop vite. Consommer des produits qu'ils n'ont guère eu le temps de désirer amoindrit la satisfaction qu'ils en retirent. Mais en même temps, l'instant consommatoire leur est nécessaire comme l'air qu'ils respirent. Car ils en sont venus à ne se sentir vivre que lorsqu'ils consomment. Sinon, ils se sentent mourir. Perpétuellement insatisfaits, ils ne demandent qu'à consommer encore et encore, sur un mode boulimique, des choses qu'ils peinent à désirer.

➤ *Une vie à avaler*

L'idéal boulimique consiste à tirer profit de chaque instant, sans laisser en friche la moindre minute, à s'activer sans cesse afin de maximiser son existence, la remplir comme un grand sac vide. Le problème vient de ce que cette frénésie s'avère vite épuisante. On croit dévorer la vie à belles dents, mais c'est le contraire qui se produit. Se remplir d'activités vide l'individu de sa substance. Les journées frénétiques, passées à courir à gauche et à droite, laissent, le soir venu, épuisé et vidé.

C'est dans ce moment-là, lorsque les défenses sont défaites, que les angoisses existentielles affleurent à la surface des consciences. N'ayant plus la force de se remplir d'activités, de biens de consommation, on remplit alors son estomac. En définitive, les compulsions alimentaires qui saisissent tant de monde, le soir venu, ne sont que la continuation de la dévoration boulimique de la journée par d'autres moyens.

> • Après avoir passé une journée à se remplir frénétiquement d'activités, on se sent vidé.
> • C'est donc la boulimie alimentaire qui prend la suite.

Qu'importe ce qu'on consomme, ce qu'on avale, car c'est l'acte consommatoire, l'acte d'avaler qui confère le sentiment d'exister. Et c'est la fugacité de ce sentiment qui oblige à renouveler l'acte consommatoire, d'engloutissement, autant qu'on le peut, encore et encore. C'est en cela que la boulimie-vomissement constitue une métaphore pertinente de la culture occidentale.

> • La maladie boulimique est comme une maladie ethnique du monde occidental.
> • La dévoration, l'incapacité à trouver la satisfaction, la surenchère consommatoire qui en résulte, sont tellement intégrées dans nos modes de pensées, dans notre conception de l'existence, qu'on les trouve normales.

Nombre de nos patients ont cette vision des choses : la journée, nous disent-ils, tout va bien. Je travaille, je m'active, je carbure, sans penser, ne serait-ce qu'une seconde, à manger. En fait, je n'en ai tout simplement pas le temps, et c'est très bien ainsi. Mais, le soir venu, pour des raisons mystérieuses, je me jette sur la nourriture, je l'avale, je l'engloutis, tout cela sans pouvoir m'en empêcher. Peut-être devrais-je être plus actif le soir, faire du sport, aller au spectacle, profiter davantage, ne rentrer chez moi qu'à la dernière minute. Je m'écroulerais alors sur mon lit, je sombrerais dans le sommeil d'un seul coup, sautant à pieds joints la case aliment. Ne serait-ce pas l'idéal ? Qu'en pensez-vous, docteur ?

➤ *Digérer est un processus actif*

Quelle boulimie ! Voilà ce que nous pensons. La boulimie se caractérise par la passivité. L'enfant gavé subit un remplissage, et le boulimique court après ce même remplissage, censé le protéger d'un vide, d'un néant insupportables. À ce remplissage passif s'oppose la digestion, qui consiste en un processus actif.

Lors de la digestion, la nourriture est décomposée en ses constituants de base par un travail du tube digestif. Les composants sont triés, certains sont absorbés, tandis que d'autres sont rejetés et seront excrétés dans les selles. De même, choisir judicieusement ses activités, ne point trop en faire, ne pas avoir les yeux plus grands que le ventre, c'est se donner la possibilité de digérer ce qu'on fait, ce qu'on voit, ce qu'on entend, c'est enrichir ses connaissances, son expérience, c'est acquérir de nouveaux savoir-faire, de nouveaux points de vue. Nous avons besoin de nourritures mentales, émotionnelles, tout autant que matérielles, qui nourrissent et enrichissent. En s'incorporant à notre mémoire à long terme, à notre être, elles nous transforment.

Par exemple, un film peut constituer une nourriture pour l'esprit. Sa digestion se fait par un travail d'analyse, de dépeçage, de réduction du film en ses constituants. Nous déconstruisons mentalement le scénario, que nous comparons à d'autres histoires qui nous sont connues et dont nous sommes capables de nous souvenir. Nous examinons ces points de vue originaux, ces sentiments nouveaux, nous décidons de les faire nôtres ou au contraire nous les refusons. Dans les deux cas, notre vision des choses s'en trouve enrichie, modifiée. Ce film nous aura nourri parce que nous aurons fait l'effort de le digérer.

Digérer est un processus actif, qui nécessite qu'on s'implique, qu'on choisisse, qu'on prenne et qu'on rejette. En somme, le fait de digérer nous change.

➤ *Se remplir est passif*

À l'inverse, se remplir est un processus passif. La personne boulimique est condamnée à privilégier le quantitatif sur le qualitatif, à engloutir sans être jamais rassasiée. Ce qu'elle vit ne la change pas, ne l'enrichit pas. Elle ne peut donc que reproduire le même schéma, encore et toujours, dans un cycle infernal qui, sous l'effet de la frustration, a tendance à s'accélérer.

Boulimiser des films ou bien des émissions de télévision consiste à les visionner sans faire ce travail de déconstruction et de reconstruction qui caractérise la digestion. On ressent alors des émotions mimétiques. On rit et on pleure aux bons moments, et lorsque le spectacle se termine, il ne laisse qu'un pâle souvenir en mémoire. À la plénitude consommatoire succède le vide de l'esprit. Et, confrontés une fois de plus à ce vide intérieur, vite, il faut consommer un autre film, voire le même.

La succession de temps trop vides et de temps trop pleins caractérise la frénésie boulimique. Le consommateur boulimique n'est satisfait que durant le temps de la consommation. Mais il n'en sort pas enrichi ; bien au contraire, celle-ci le laisse sur sa faim, et il n'a dès lors qu'une idée : recommencer à consommer. Ce colmatage du vide intérieur est sans cesse à refaire, car la crainte de la disparition, de la séparation et, en définitive, la crainte de la mort réapparaissent dès le temps consommatoire terminé. En somme, le consommateur boulimique, vivant dans un éternel présent, n'en finit pas de consommer les mêmes choses, sans jamais trouver de satisfaction.

Réussir sa vie consiste à accumuler du capital

L'individu boulimique, lorsque sa frénésie de consommation lui laisse quelque répit, se rend bien compte que quelque chose ne tourne pas rond. Le remplissage passif, ce toujours plus, ce « trop-plein », qui conduisent au débordement, ne parviennent pas à combler le « jamais assez ». À tel point que, parfois, certains, souvent ceux qui sont les plus performants, les plus frénétiques, s'arrêtent dans leur course et finissent par se poser des questions : à quoi sert-il de courir, d'amasser, ne perd-on pas sa vie en tentant de la gagner ? Que désirer ? Une plus grosse voiture, un plus grand appartement, de plus beaux vêtements, un ordinateur plus puissant, un téléphone portable plus *smart*, un appareil photo numérique avec plus de pixels ? Quel est le sens de ces loisirs frénétiques, qui sont conçus sur le même modèle que le temps de travail ? Là aussi, il s'agit d'être à la recherche du meilleur rapport qualité/prix, de faire vite afin de condenser le plus de choses possible dans le temps imparti.

En somme, à partir d'un certain niveau socioéconomique, lorsque les besoins fondamentaux sont satisfaits et au-delà, la société de consommation peine à renouveler les désirs. Les changements de présentation, les mises en scène de fausses nouveautés ne trompent plus guère. Les pénuries artificielles organisées par les industriels afin d'augmenter la désirabilité de leurs productions font long feu. Les innovations technologiques ne relancent que mollement l'intérêt consumériste. Le consommateur, gavé, blasé, a tendance à déprimer.

Le désir, voilà ce qui manque, voilà ce qu'il faut cultiver.

Comment convaincre des citoyens gavés de consommer encore et encore, de boulimiser la production, afin que les usines puissent tourner, que le business croisse, que la course en avant se poursuive ?

➤ *Des qualités humaines transformées en capital*

La solution est simple, économique : comme dans toute société en difficulté, on procède à une ouverture du capital, une recapitalisation.

Michel Houellebecq[1] le dit fort joliment : en élargissant la notion même de capital, en transformant des qualités intrinsèques en objets de désir, en marchandises, on relance un désir consommatoire qui s'essouffle. Confondre ainsi l'être et l'avoir, n'est-ce pas justement typique de la logique boulimique ?

La jeunesse, la bonne santé, la beauté des formes et des traits, l'intelligence, la clarté de vue, la chance, la gaieté, le bon caractère, tout cela était précédemment compris comme des dons des dieux, de Dieu, à qui on pouvait rendre grâce, ou bien des dons de la nature, dont on ne pouvait que se féliciter. D'autres qualités, comme la culture scientifique, artistique, littéraire, les différents savoir-faire, nécessitaient certes un talent, mais aussi du travail. Les personnes de qualité en étaient heureuses et, si les qualités de cœur faisaient partie du lot, elles estimaient alors être en dette envers les personnes moins bien pourvues. Il revient aux riches d'aider les pauvres, et aux personnes heureuses de consoler les malheureux.

- Jeunesse, santé, beauté, intelligence, bon caractère, culture étaient considérés comme des qualités intrinsèques.
- Quand ces qualités sont assimilées à des choses qui se possèdent, on peut alors envisager de les accumuler, de les amasser, de les échanger les unes avec les autres et, pourquoi pas, de les monnayer.
- Elles constituent alors des avatars du capital.

Réussir sa vie, dès lors qu'on se centre sur l'avoir, s'assimile à une accumulation de capital. Mais ce capital n'est pas seulement d'ordre pécuniaire : il se décline en capital beauté, en capital jeunesse, en capital santé, en capital intellectuel, en capital relationnel (le fameux carnet d'adresses, qui parfois vaut de l'or) et, bien entendu, en capital minceur. De là à les considérer comme des formes de marchandises, il n'y a qu'un pas.

Être parvenu à faire basculer les qualités intrinsèques des individus dans le champ des objets désirables est remarquable. Voilà qui contribue sans nul doute puissamment à raviver les désirs essoufflés des citoyens gavés.

De la beauté du diable au capital beauté

Pour mieux comprendre comment nous en sommes venus à tout considérer sous l'angle de l'économie consumériste, attardons-nous sur la façon dont on peut faire fructifier son capital beauté.

Le statut de la beauté a considérablement évolué au fil du temps : certains concevaient la beauté charnelle comme procédant du diable. D'autres, et ils sont aujourd'hui les plus nombreux, voient dans la beauté un don de Dieu, un reflet de l'âme. Les plus modernes, qui se passent d'une âme, qui se contentent d'un corps qui pense et qui ressent, n'attribuent plus guère de signification à la beauté[2].

➤ *Une valeur à entretenir*

Si l'apparence physique perd son sens, elle n'en a pas moins une valeur. Et comment faire reproche à quiconque de chercher à augmenter son potentiel, son capital séduction ? Le fait de s'embellir n'est plus considéré comme une tromperie, mais est au contraire une amélioration de la personne. Une personne qui, réduite à la somme de ses qualités, aura fini par se confondre avec son apparence.

Le capital jeunesse, homologue du capital beauté, est également réparti au départ. Mais le temps grignote ce capital de façon inégalitaire. Certains vieillissent avant l'âge : ils ne savent pas préserver leur capital, ou bien ils ne le peuvent pas du fait de la vie qui leur est faite, ou encore ils dilapident sciemment leur jeunesse. D'autres au contraire sauront faire les investissements nécessaires et conserver longtemps leur jeunesse d'esprit, leur jeunesse physique ou, à défaut, sauront en préserver les apparences.

Certains, nés avec une petite cuiller d'argent dans la bouche, héritent de la beauté de leurs parents. Mais ils devront malgré tout entretenir ce capital, faute de quoi il ira en se dégradant. D'autres, nés peu pourvus en beauté à leur naissance, doivent capitaliser laborieusement. La société consumériste leur en fournit les moyens : l'industrie cosmétique et pharmaceutique vendent de la beauté en crème, en lotion, en poudre, en bâtonnets, en comprimés et en gélules. Des *coaches*, des profs de gym, des chirurgiens esthétiques sont là pour aider à épaissir les muscles, à rendre les membres plus déliés, à rectifier son corps comme on le souhaite, à y implanter des substituts de tout genre afin d'acquérir une allure sportive sans transpirer pour cela. La plupart des produits sont frelatés et décevants, mais cela n'empêche en rien leur commerce d'être florissant.

➤ *Le prix de la beauté*

Bien sûr, pour acquérir toute cette beauté, il faut de l'argent. N'est-ce pas là l'essence même du capitalisme ? Si on est dépourvu de tout capital, qu'il soit pécuniaire ou sous forme de capital beauté inné, il ne reste qu'à travailler, afin de faire sa pelote et se payer ce qu'on désire. Qu'on se dépêche car plus le temps passe, et plus les soins deviennent complexes et onéreux !

En somme, on en vient à l'idée que les différents aspects du capital sont partiellement échangeables entre eux : l'argent permet d'acheter de la beauté et de la minceur, et, à l'inverse, la beauté, une grande taille et la minceur permettent d'accéder à la richesse[3].

Lorsqu'on est peu pourvu en capital beauté, et qui plus est désargenté, on devra développer des qualités compensatoires, capitaliser dans d'autres domaines afin d'avoir une monnaie d'échange. On suppléera à la beauté par l'intellect, l'acharnement au travail, qui débouchent sur la richesse ou les honneurs. Dans les relations humaines, on misera sur la gentillesse, le dévouement ou bien, au contraire, sur la hargne, l'esprit de revanche.

Ceux dont la beauté est le principal avantage auront quant à eux tout intérêt à la négocier à temps, *time is money,* quand elle est à son maximum. Sur le plan professionnel, ils pourront en faire leur métier, ou se servir de cet atout pour mieux réussir dans leurs études, obtenir de la promotion, un meilleur job.

La minceur s'hérite ou se capitalise

Le capital minceur est souvent conçu, surtout dans les couches les plus élevées de la population, comme une forme de compensation à la perte inéluctable de la jeunesse : plus on avance en âge, et plus on se doit de remplacer la jeunesse par de la minceur. Tom Wolfe, dans *Le Bûcher des vanités*[4], un roman sur la société new-yorkaise, prêtait aux hommes riches et puissants deux catégories d'épouses : les *lemon pies*, ou tartes au citron, qui sont des jeunes femmes tendres et acidulées que les grands de ce monde épousent en secondes noces, et les *X-rays*, les rayons X, qui sont les femmes d'origine, qui sont parvenues à retenir leurs maris à force de minceur forcenée.

➤ *Je serai mince parce que je le veux*

Le capital minceur a donc ceci de bien que sa perte ne semble pas inéluctable. On considère qu'à force de travail, en l'occurrence à force de privations alimentaires, de sport intensif, de soins du corps et d'opérations chirurgicales, on pourra conserver ce capital indéfiniment. Et comme la minceur n'est rien d'autre qu'un avatar de la beauté, une minceur extrême sera considérée comme une élégance de la silhouette. Rester mince, en somme, offre la possibilité de paraître jeune, belle et riche à tout âge.

Mais alors qu'il ne vient à l'idée de personne de reprocher à une personne belle de l'être naturellement, et qu'au contraire on ricane dans le dos des personnes cherchant à être plus belles que nature à force de soins cosmétiques ou de chirurgie, en ce qui concerne la minceur, c'est celle qu'on aura acquise à la force du poignet qui sera la plus estimable.

Ceux qui sont minces par nature, qui ont hérité de gènes favorables, ne s'en vantent pas. Ils constituent pourtant l'aristocratie de la minceur. Mais dans un pays qui a, par le passé, voué les aristocrates à finir pendus à la lanterne, qui, restant imprégné d'un peu de judéo-christianisme, prône encore parfois les valeurs du travail, de la maîtrise, les héritiers restent mal considérés. Il arrive donc que des personnes naturellement minces n'avouent que difficilement qu'elles mangent tout et n'importe quoi sans prendre un seul gramme. Je suis au régime, comme tout le monde, diront-elles, afin de ne pas prêter le flanc à l'envie, et surtout afin de montrer qu'elles ont de la volonté, sont capables de maîtrise.

La minceur qu'on achète est déjà plus respectable. Elle témoigne qu'on a un compte en banque suffisamment garni, ce qui n'est plus aussi honteux qu'autrefois, et elle montre qu'on se sera donné de la peine, qu'on aura eu l'intelligence nécessaire pour ne pas tomber dans les innombrables chausse-trapes du commerce de la minceur, qu'on aura su choisir une méthode amaigrissante réellement efficace et d'un bon rapport qualité/prix. On aura fait une cure amaigrissante durant laquelle on aura payé fort cher pour ne pas avoir à manger, on se sera fait dégraisser chirurgicalement, à moins qu'on ne se soit fait poser un anneau gastrique, ou, méthode encore plus radicale, qu'on en soit venu au *shunt* gastro-jéjunal, qui, dans la théorie, permet de jouir des richesses alimentaires sans devoir les payer par la misère pondérale.

Le business de la minceur, tout comme celui de la beauté et du rajeunissement, constitue une part non négligeable des dépenses des ménages et du PNB, qui ne peut aller que croissant. Cette économie reste néanmoins discrète, car elle est considérée par beaucoup comme immorale. Certains sont riches et d'autres pauvres : quel scandale ! Pis encore : les riches peuvent s'offrir de la beauté, de la jeunesse, de la minceur avec leur argent. C'est, pour rappeler Viviane Forrester, l'horreur économique[5].

Car la seule minceur qui vaille, d'un point de vue moral, est la minceur au mérite. Un mythe, profondément enraciné, veut que, si on ne peut pas vraiment rajeunir, si être belle ou beau n'est pas donné à tout le monde, si devenir riche n'est pas à la portée de tous, tout le monde, sans exception, peut, en se donnant la peine, devenir mince et, par là même, accéder à cette forme de capital, la minceur.

> • Une croyance répandue veut qu'il soit possible à chacun de faire le poids qu'il désire, ou bien le poids qu'on lui conseille.
> • En réalité, le poids du corps est déterminé par des facteurs génétiques, par l'histoire personnelle, par le mode de vie.
> • Beaucoup parviennent à atteindre temporairement un poids donné, mais échouent à s'y installer durablement.
> • Ce n'est pas une affaire de volonté, ou bien de méthode amaigrissante, mais d'impossibilité physique.

Quand réussir sa vie devient du grand art

Le plus grand nombre, certes, est loin d'avoir épuisé les charmes de la course aux richesses matérielles, aux objets technologiques, aux loisirs de toutes sortes, dans laquelle on nous entretient. La bascule des qualités intrinsèques des individus dans l'économie marchande, leur glissement de l'être à l'avoir, aura aussi relancé pour un temps les désirs des citoyens gavés, aura permis à ceux qui ont déjà tout de continuer à fonctionner dans le cycle à deux temps de la boulimie.

Qu'importe qu'on coure après de la nourriture, des objets, des produits, des loisirs industrialisés, ou bien après de la jeunesse, de la beauté, de la minceur, du moment qu'on continue à courir. Qu'importe qu'on vende sa force de travail en vue de s'acheter un physique, ou bien qu'utilisant le troc on échange jeunesse et beauté contre de l'aisance financière, ou *vice versa*. Qu'importe, du moment qu'on poursuit le business, qu'on soit *busy*, occupé, suroccupé, surmené. Car si par malheur cela s'arrêtait, alors on serait confronté à un vide insupportable.

Mais voilà que chez certains, à nouveau, le désir s'essouffle. Cette merveilleuse croyance, « réussir sa vie consiste à accumuler du capital », leur apparaît comme un piège. Ils prennent conscience que jamais ils ne seront assez riches, assez beaux, assez jeunes, assez grands, assez sveltes. Jamais ils n'en finiront de travailler, de s'activer, de faire le plein de capital, d'accumuler, d'échanger une forme de richesse contre une autre, d'acheter et de vendre, de troquer. Leur problème leur apparaît pour ce qu'il est : une difficulté d'être qu'on masque par un surcroît d'avoir.

L'idéal, bien sûr, serait de trouver une forme de réponse qui n'oblige pas à tout remettre en question. Car renoncer aux plaisirs occidentaux, certes frelatés, mais si agréables, renoncer au confort, ce ne sont pas choses faciles.

➤ *Un nouveau diktat : la quête de l'harmonie*

La solution à ce dilemme tient en un mot : harmonie. Il ne s'agit pas de renoncer aux richesses matérielles, visibles, palpables. Il s'agit encore moins de renoncer à ces nouvelles formes de richesses que sont la jeunesse, la beauté et la minceur. Il s'agit de leur adjoindre des richesses intérieures, intellectuelles, morales, spirituelles, et de les organiser en un tout harmonieux. Il faut pour cela combiner les différents aspects de l'existence sans en négliger aucun. Tout miser sur sa vie professionnelle au détriment de sa vie sentimentale et sexuelle, de ses relations avec ses parents, ses enfants, sa famille, ses amis, apparaît comme une erreur de débutant. Mais négliger ses études, sa vie professionnelle le serait tout autant.

N'oublions pas non plus le spirituel. Comme le demandait le chroniqueur Jacques Chancel lors de ses émissions radiophoniques à ses invités, tous des gens brillants dans leur domaine d'activité : « Et Dieu dans tout cela ? » On espère que vous lui avez assigné une place dans la merveilleuse composition que constitue votre existence, faute de quoi celle-ci serait incomplète, boiteuse, inachevée.

> C'est cette bascule d'un bonheur cumulatif à un bonheur esthétique qui nous semble caractériser le passage d'une société moderne, centrée sur la production et la consommation, à une société postmoderne, centrée sur l'épanouissement individuel.

Vous avez aimé les sociétés modernes, la nécessité qu'elles vous font d'accumuler toujours plus de richesses ? Vous allez adorer la course à l'épanouissement personnel. Vous avez ardemment désiré avoir toujours plus l'argent, de diplômes, de promotions, d'honneurs, de jeunesse, de beauté, de minceur, d'amour, de vacances, vivre toujours plus d'expériences aussi variées que possible. Mais voilà, maintenant, vous êtes déçu, blasé. Vous constatez que plus vous dévorez la vie à belles dents, et plus vous vous videz de votre substance. Certes, vous vous êtes fourvoyé, mais vous le reconnaissez honnêtement, et désormais vous voilà sur le chemin de la sagesse. Vous avez compris à quel point cette frénésie boulimique était vaine. Vous n'aspirez maintenant qu'à la qualité de vie, l'harmonie, la sérénité, le détachement, le lâcher-prise. Là est le secret du bonheur, pensez-vous.

Mais comment l'atteindre, cette harmonie, cette sérénité ? Comment se décrisper ? L'Occidental moyen a tôt fait de se rendre compte que se composer une vie équilibrée, harmonieuse, est une tâche encore bien plus ardue que celle qui consiste à accumuler en vrac tout et n'importe quoi.

Le bonheur, dit-on, est dans le pré, mais où donc ce pré se cache-t-il ? Faut-il faire retour à la campagne, à la vie simple de nos aïeux ? Certains s'y sont essayés, dans les années 1970, et on sait ce qu'il en est advenu. Non, aujourd'hui, les nouveaux territoires à explorer sont les territoires de l'ego. Il faut désormais que son existence, prise dans son ensemble, corresponde à un idéal esthétique, que le jour de sa mort on puisse dire qu'on aura été un individu complet, abouti, qu'on aura vécu une vie vraie, authentique, pleine, équilibrée, sans lacune.

En somme, on aura quitté le « toujours plus de capital » pour aboutir à un « toujours plus d'harmonie ». À peine débarrassés de cette croyance que plus nous capitaliserions d'objets et de qualités, et plus nous serions heureux, nous nous laissons piéger par cette autre croyance : une vie réussie est une œuvre d'art.

- Dans un premier temps, on capitalise des richesses matérielles et on s'active frénétiquement à cela.
- Dans un deuxième temps, les qualités comme la beauté, la jeunesse et la minceur sont perçues comme des objets échangeables avec les richesses matérielles.
- À l'ère postindustrielle, une vie réussie doit correspondre à un idéal esthétique. Mais cette harmonie à atteindre est à son tour l'objet d'un travail susceptible d'être marchandisé.

Charybde et Scylla, ça vous dit quelque chose ?

Ce qui n'a pas changé, dans cette affaire, c'est la croyance que ce fonctionnement harmonieux s'obtient par un travail, peut faire l'objet d'une maîtrise. Nous voilà désormais sommés d'augmenter notre capital harmonie ! Et d'ailleurs, puisqu'il y a de la demande, voilà qu'éclosent des magazines, des livres, des films, centrés sur la course au bonheur, voilà qu'on nous propose des stages d'épanouissement personnel, de méditation, d'affirmation de soi, d'exploration du moi et du ça, voilà que des écoles délivrent des diplômes de directeurs de conscience, ou, pour le dire à l'anglo-saxonne, de *coaches*. L'harmonie existentielle peut en somme s'envisager comme un produit consumériste comme un autre. Voilà un nouveau marché, en pleine expansion, parfait pour le business. C'est bien parti !

Minceur, un nouveau savoir-vivre

Que deviennent beauté, jeunesse et minceur dans un monde postmoderne, esthétisant, dans lequel la vie consiste principalement à se réaliser pleinement pour faire de son existence un tout harmonieux ? Ces qualités cessent d'être vues comme des marchandises pour reprendre du sens. On sera belle ou beau parce qu'on se sera composé une vie sereine. L'intelligence qu'on aura mise à se créer une belle vie, à équilibrer ses composantes, se reflétera dans les traits du visage et dans la silhouette.

Cette nouvelle façon de considérer les choses a ses avantages : tout d'abord, dès lors qu'on considère sa vie dans son ensemble et dans sa durée, que c'est toute son existence qu'il s'agit de réussir, vieillir n'est plus à comprendre comme un effritement du capital, mais comme une étape de la vie qu'il convient de réussir comme le reste.

Et même, la façon dont on réussit sa vieillesse constitue une forme de justification du chemin parcouru. Un beau vieillard, une mamie tonique, épanouis, en bonne santé, toujours sportifs, bien dans leur peau, témoignent que leurs choix de vie étaient judicieux, que leur existence est aboutie, qu'elle forme un ensemble cohérent. Le corps, l'esprit restent jeunes, mais les rides ne sont plus à cacher, la jeunesse n'est plus à singer. Il convient au contraire d'assumer la plénitude de son âge, de mettre en avant la sagesse, la sérénité qui l'accompagnent, qui sont les fruits mérités d'une longue aventure. On a bien vécu, on continue à bien vivre, on peut être fier de ce qu'on a réalisé.

➤ *Les revers du savoir-vivre*

Dès lors que la vie s'avère être une œuvre d'art, la moindre tache, le plus petit ratage détruisent l'impression d'ensemble, gâchent le tableau[6].

La maladie, par exemple, devient une faute esthétique, mettant en péril le sens qu'on espérait donner à sa vie. Mourir prématurément, c'est comme ne pas tenir une promesse, c'est comme laisser un tableau inachevé, une sculpture qu'on n'aura pas eu le temps de dégager de sa gangue.

Ou, encore, la maladie trahit le manque de savoir-vivre : on aura des problèmes cardiaques parce qu'on n'aura pas fait suffisamment d'exercice, parce qu'on aura consommé les mauvaises graisses, parce qu'on aura abusé de la bonne chère. On aura un cancer, croit-on, parce qu'on aura mené une vie malsaine, remplie de stress, parce qu'on n'aura pas su faire la paix avec soi-même, qu'on aura eu le cœur plein de rancœur, de haine, de honte, de culpabilité.

À moins que la maladie, dès lors qu'on la surmonte, ne fournisse une preuve de plus qu'on est sur le bon chemin. On aura su faire face au cancer, à l'accident, on aura surmonté les épreuves avec vaillance et détermination. Cela aussi fait partie de la vie, et le tableau n'en est que plus beau.

Les formes corporelles de la postmodernité subissent elles aussi des changements : nous ne sommes plus ici dans l'accumulation outrancière de minceur, dans l'idéal anorexique, dans l'idée qu'on n'est jamais ni trop riche ni trop mince. Les formes corporelles sont là pour témoigner d'une vie équilibrée, bien balancée, qui intègre tout à la fois les plaisirs de la convivialité et les joies du sport. Ce sera donc un corps certes mince, mais aussi musclé, tonique, délié, qui siéra à l'homme et à la femme postmodernes.

Un corps gros trahit une vie déséquilibrée. C'est souvent celle de l'homme ou de la femme modernes, qui ont des vies trépidantes. Il faut gagner laborieusement sa vie ; on fait souvent un métier qu'on n'a pas vraiment choisi, qui n'a rien d'épanouissant ; on se trouve obligé de fréquenter des gens qu'on n'aime pas, des chefs de services névrosés, des collègues hargneux qui lorgnent sa place, des subordonnés aigris. Pour aller à son travail, pour en revenir, on s'épuise dans la promiscuité des transports en commun, dans la faute morale que constitue une solitude automobile qui contribue à détruire la planète. Il faut poser ses enfants à la crèche, là encore le cœur débordant de culpabilité, puisqu'on confie à d'autres, des anonymes, du personnel stipendié, le soin d'éduquer sa progéniture. Le soir, alors qu'on est épuisé, il faut la reprendre, jouer son rôle de parent, alors qu'on n'en a nulle envie, ce qui, une fois encore, culpabilise. Mais la journée n'est pas terminée : la soirée est consacrée à la vie sentimentale, à la vie amicale, aux arts et aux spectacles…

On l'a vu, cette vie pleine comme un œuf constitue un stress permanent qui trouve sa compensation dans la surconsommation, qu'il s'agisse d'objets, de loisirs ou de nourriture, le tout absorbé compulsivement, le plus rapidement possible parce qu'il y a urgence et qu'on n'a pas que ça à faire !

Qu'elle est idiote cette vie ! La surcharge pondérale qu'on donne à voir aux autres en est le témoin.

L'homme et la femme postmodernes en sont bien conscients. Réussir sa vie nécessitera qu'on ait un travail épanouissant, dans lequel on se réalise, qu'on prenne soin de son corps, qu'on ait une vie sentimentale et familiale riche et heureuse, qu'on ait des enfants épanouis, qu'on sache prendre des loisirs, qu'on mange, qu'on boive en proportion.

> Dans un monde postmoderne, un corps svelte, souple, musclé sans excès, un teint resplendissant, un beau sourire plein de dents, seront là pour prouver au monde qu'on fait un parcours sans faute, de toute beauté. On a du savoir-vivre, et cela se voit !

L'obésité, symptôme du malaise occidental

Qu'on soit moderne ou postmoderne, qu'on soit un boulimique courant après la quantité ou bien un boulimique de qualité de vie, ne change somme toute pas grand-chose. L'individu des sociétés consuméristes se trouve condamné à la jouissance perpétuelle.

Le boulimique de quantité est un boulimique honteux. Il n'est pas fier de sa passivité, de son avidité, de son comportement de dévoration sans limite. À l'échelle individuelle, il se rend compte qu'il ne construit rien, qu'il ne va nulle part, qu'il erre sans but, qu'il s'oublie en travaillant, en consommant des objets et des expériences insensés. À l'échelle de sa civilisation, il se rend tout aussi compte que sa surconsommation risque de se retourner contre lui.

Bien sûr, il tente de se maîtriser, de se restreindre, de limiter sa consommation, mais la vérité est que, chaque fois, sa boulimie prend le dessus. Le comportement boulimique lui est aussi nécessaire que l'air qu'il respire. Il a besoin de se remplir pour se sentir exister, et dès qu'il cesse de le faire, il se sent vide, il s'angoisse, il déprime.

Quant au boulimique postmoderne, drogué à la qualité de vie, il passe surtout son temps à se leurrer. Tout occupé à faire de sa vie une œuvre d'art, il n'a pas encore véritablement compris à quel point l'objectif qu'il se sera fixé s'avère plus tyrannique encore que le précédent. Lui aussi déprime, car il n'est jamais assez serein, assez relaxé, assez équilibré, assez heureux, assez sage et assez content de lui.

➤ *L'obèse, dans le rôle du bouc émissaire*

Comme toujours quand les choses vont mal, on se choisit un bouc émissaire. L'obèse est un parfait candidat pour ce rôle : n'est-il pas celui qui, à l'évidence, est le plus boulimique de tous, le plus excessif, le plus avide, le plus dévorateur, le plus dégoûtant ? N'est-il pas gros parce qu'il mange trop ? N'est-il pas celui qui pèche par gourmandise au centuple ? N'est-il pas celui qui ne parvient pas à se maîtriser, à tenir en laisse ses appétits ? N'est-ce pas sa faute si l'Occident épuise la planète ? N'est-il pas le symbole parfait de ce même Occident honni par les nations moins développées, honni par ses habitants eux-mêmes[7] ?

Ou bien, selon une conceptualisation postmoderne, l'obèse n'est-il pas celui qui fait tache en raison de cette faute de goût que représente l'obésité ? N'est-il pas celui qui révèle à quel point faire de sa vie une œuvre d'art est tout à la fois impossible et risible ?

On reproche donc à l'obèse d'être ce qu'on est soi-même, on le charge des péchés d'Israël. La honte, la culpabilité et la haine de soi de l'Occident se muent en haine du gros.

Et cela d'autant plus que chacun a le sentiment que le malheur des gros peut devenir son malheur à tout instant. Chacun, aujourd'hui, se croit un gros en puissance, sauf peut-être quelques maigres congénitaux pour qui manger, et encore moins boulimiser, ne présente pas le moindre intérêt. Chacun croit que s'il abandonne le contrôle ne serait-ce qu'un instant, le temps des vacances, le temps d'un repas, le temps d'un snack, il sera entraîné dans une spirale infernale qui le conduira droit dans l'enfer de l'obésité.

Il faut bien le dire : nous étions en panne de boucs émissaires, de personnes dont on puisse se moquer à loisir. Faire des juifs, ou bien des Noirs, ou bien des Nord-Africains nos têtes de Turcs est non seulement du plus parfait mauvais goût, mais est désormais punissable par la loi. Des mots comme « youpin », « nègre », « bougnoule », « bicot » sont tellement proscrits qu'on peut se demander si on osera les imprimer. Se moquer des Écossais ou des Auvergnats, qui sont pingres, des Belges, qui sont bêtes, ou même des « blondes », qui ne le sont pas moins, n'est envisageable que dans des arrière-salles de cafés sordides.

Restent les gros et les grosses pleins de soupe, les gras du bide, les mous et les molles de la fesse, les cellulitiques, les gros culs, les obèses. Ce dernier vocable, d'ailleurs, qui pour les médecins signifie un indice de masse corporelle supérieur à 30, a désormais gagné ses galons d'injure.

Un bouc émissaire digne de ce nom finit par se porter volontaire, même s'il est parfois dur à convaincre. La stigmatisation des gros a aussi ceci de bien que les gros eux-mêmes la reprennent à leur compte : oui, ils sont horribles à voir, et d'ailleurs eux-mêmes évitent de se regarder dans les miroirs. Oui, ils sont responsables de leur triste état et sont prêts à avouer tous les péchés qu'on voudra. Oui, ils se sentent coupables et doivent expier. Oui, ils sont honteux et n'y peuvent rien[8].

➤ *La haine du gros*

La haine du gros est bien-pensante, politiquement correcte : c'est pour les encourager à maigrir qu'on moque les obèses. Elle n'est pas ouvertement raciste, puisque, si certaines ethnies sont plus menacées par cet épouvantable péril, tout un chacun peut être visé.

La littérature, le cinéma se sont depuis longtemps emparés du sujet. Sont décrits dans les grandes largeurs les malheurs des dodus, leurs efforts désespérés pour rentrer dans la normalité et les vêtements qui lui correspondent.

Les plus symptomatiques du climat ambiant sont les livres et les films qui jouent sur le déguisement. Autrefois, du temps où on était raciste à visage découvert, rien n'était plus drôle, plus transgressif qu'un Blanc se passant le visage au cirage pour se déguiser en Noir. Car, à l'évidence, dans une société raciste (ce que les nôtres n'ont en fait jamais cessé d'être), ce sont les Noirs qui aspirent à devenir Blancs, et qui établissent des hiérarchies du plus noir au plus blanc.

Aujourd'hui, rien n'est plus désopilant qu'un mince se déguisant en gros. Car à l'évidence, ce sont les gros qui veulent devenir minces et non l'inverse…

Dans *L'Amour extra-large*[9] nous est contée l'histoire hilarante et incroyable d'un individu conduit par magie – il faut bien cela – à tomber amoureux d'une femme obèse. À l'âge de neuf ans, Hal Larsen se voit conseiller par son père mourant de toujours fréquenter de jolies jeunes filles au corps mince et parfait. Hal devient un être superficiel, centré sur les apparences, la seule beauté physique, ce qui le conduit à aller de déception en déception. À l'aube de son trentième anniversaire, il est toujours solitaire. Dans un ascenseur, il fait la connaissance d'un gourou, Tony Robbins, qui l'hypnotise et le rend sensible non plus aux apparences corporelles, mais à la beauté intérieure des individus. Hal voit alors en Rosemary Shanahan, qui pèse plus de 135 kilos et travaille dans l'humanitaire, la femme la plus belle du monde. Il tombe aussitôt amoureux d'elle. Lorsque le sort prend fin, il découvre qu'elle est horriblement obèse. La reniera-t-il en raison de son physique ou bien l'aimera-t-il pour sa personne ? Dilemme cornélien…

Les feuilletons de téléréalité ne sont pas en reste : Adeline est une jeune femme mignonne et polie, pétrie de bonnes manières, qui empochera 100 000 euros si elle parvient à convaincre sa famille qu'elle a rencontré l'élu de son cœur en la personne de Laurent, obèse, odieux, vulgaire, affreux, qui passe son temps à bâfrer salement. Qu'on se rassure, Laurent est un acteur qui tient un rôle de composition : il aura pris 20 kilos pour l'occasion, et n'est pas aussi mal élevé dans la réalité[10].

Mais quel dévouement, de sa part, d'accepter de prendre 20 vrais kilos pour un rôle ! Comme on espère pour lui qu'il parviendra à les reperdre ! Imaginez : vous vous déguisez en clochard pour de rire, puis vous vous apercevez que vous ne pouvez plus rentrer chez vous, que votre conjoint, vos enfants, vos amis, vos relations, vos collègues de travail et votre banquier vous ferment la porte au nez. L'accès à vos biens vous est interdit, vous êtes définitivement un paria… Quel frisson, quelle horreur !

Alors que, dans le passé, dans les pays pauvres, la graisse accumulée constitue une manière de thésaurisation, l'obésité s'est chargée au fil du temps de toutes sortes de connotations négatives. Elle rime désormais avec laideur, pauvreté, isolement, solitude, misère sociale, avidité matérielle et relationnelle, bêtise. Le gros est celui qui n'a pas de volonté, qui ne parvient pas à se maîtriser. Dans le monde du travail, comment lui faire confiance ? Sur le plan amical, qui voudrait être l'ami d'une personne pareille ? Comment tomber amoureux, amoureuse, d'une personne si minable ?

Le fait d'assimiler le surpoids et l'obésité à une insuffisance de capital, à une pénurie de minceur, aggrave encore les choses, si cela est possible.

Transformer le surpoids en faute esthétique, comme c'est le cas dans la vision postmoderne, n'arrange rien, bien au contraire, car rien n'est plus impardonnable qu'une faute de goût.

Si, dans les sociétés modernes et postmodernes, la graisse corporelle est autant vouée à la vindicte populaire, ce n'est pas seulement parce qu'elle résulte de la pauvreté ou du mauvais goût. C'est parce qu'elle est le reflet honteux de l'avidité de nos sociétés. Nous sommes tous obèses dans l'âme, car notre envie de dévoration est sans limite.

Aussi l'obèse est-il celui chez qui le péché est devenu visible. Révélateur des péchés de l'Occident, il mérite donc d'être lapidé en place publique.

CHAPITRE 8

La société sous tutelle[1]

Les sociétés occidentales sont dominées par un consumérisme qui fait flèche de tout bois. Il s'agit toujours d'attiser le désir, afin que chacun reste *busy*, que tourne la machine, que croisse le PNB. La boulimie règne en maître !

Ladite boulimie est donc une maladie sociale. La peur du manque et du néant, l'incapacité à trouver la satisfaction conduisent à la frénésie consommatoire. Selon ce qu'on boulimise, on devient consommateur méritant de la société consumériste, adepte de la chirurgie esthétique itérative ou des traitements réjuvénateurs, friand de stages d'épanouissement personnel, de produits bio et de médecine chinoise ou par les plantes. Que reprocher à cela ?

Certains, cependant, sont des consommateurs se situant sur un versant plus pathologique. Ils sont dépressifs et consommateurs d'antidépresseurs, alcooliques, toxicomanes, joueurs pathologiques, accumulateurs de crédits bancaires et surendettés. Ou bien, encore, ils sont affamés de minceur et consommateurs de méthodes amaigrissantes à répétition. Enfin, certains sont prosaïquement boulimiques de nourriture et obèses.

Ces pathologies, qui croissent au même rythme que la frénésie de consommation, ne sont pas sans provoquer de réaction. En ce qui concerne le consumérisme alimentaire, nous avons vu qu'il trouvait sur sa route ce que nous avons appelé le puritanisme diététique. Les uns nous font la danse des sept voiles afin de nous faire consommer tant et plus, les autres nous adjoignent de ne pas succomber à toutes ces tentations diaboliques, de nous réfugier dans le pur, le sain et l'équilibré. Mais l'addition de ces forces contraires n'aboutit en fait qu'à plonger les mangeurs dans la confusion et la panique. On ne sait plus à quel saint se vouer, à quel diable succomber.

Comment les choses pourraient-elles ne pas s'aggraver ? Il est vital pour les entreprises de l'industrie agroalimentaire que nous consommions toujours plus. Ce qui conduit les moralistes de l'alimentation, en réaction, à forcer le ton.

Ce qui nous inquiète, c'est que nous n'en sommes plus, de ce côté-là, à de simples sermons. Les pouvoirs publics prennent les choses en main, venant prêter main-forte aux nutritionnistes, cardiologues, pédiatres, épidémiologistes qui crient au loup. C'est en somme la collusion du monde politique et de celui de la nutrition bien-pensante, sur le modèle de celui du sabre et du goupillon. On quitte le terrain des paroles pieuses pour en venir à des interdits, des contraintes, des taxes, des subventions, des règlements et des lois.

Ce faisant, un pas a été franchi. On sera passé de l'information, du conseil, de la recommandation, à l'acte d'autorité. Nous pensons que ce glissement n'est pas anodin. Il traduit un changement de nature de notre société. Des problématiques qui étaient il n'y a pas encore si longtemps du domaine privé sont devenues des problèmes sociaux à propos desquels l'État s'estime en droit d'intervenir et de légiférer.

Comment en sommes-nous arrivés là ? Il nous semble que, pour comprendre ce qui est en train de se passer sur le terrain de l'alimentation, de la santé, du poids, il convient de le resituer dans un cadre plus large.

Mangeurs traditionnels et mangeurs innocents

Si, au sein des différentes structures étatiques et paraétatiques, on croit nécessaire d'utiliser la manière forte pour nous faire manger droit, c'est sans doute parce que les responsables présument que les citoyens sont devenus incapables de gérer le contenu de leur assiette. Peut-être n'ont-ils pas entièrement tort…

➤ *Quel mangeur êtes-vous ?*

Des sociologues britanniques travaillant sur le comportement alimentaire de leurs concitoyens ont pu définir deux catégories de mangeurs : ceux qui ont des traditions et ceux qui sont « innocents ». Les premiers savent comment manger. Il convient de manger comme un Anglais, ou bien comme un Gallois, ou encore comme un Écossais, c'est-à-dire comme mangeaient ses parents et les parents de ses parents. Ils ne s'en laissent pas conter, ni par les nutritionnistes, ni par les publicités alimentaires, ni par les étalages des supermarchés, ce qui n'est pas le cas des seconds[2].

Les « mangeurs innocents » n'ont pas hérité de savoir-faire alimentaire de la part de leur famille, ou bien ils ont dilapidé leur héritage. Allégés de ce poids, ils ont de ce fait un comportement versatile, étroitement dépendant de la publicité et du discours nutritionnel à la mode. Ce qui les conduit en pratique, ces dernières années, à craindre les graisses de cuisson, à manger de l'allégé et à prendre du poids. Se débarrasser des pesanteurs de la tradition les a rendus dépendants de l'air du temps.

Il est clair que les mangeurs innocents se multiplient. Mais à quelles causes convient-il d'attribuer cette montée de l'innocence ? Pour mieux comprendre les résultats auxquels nos sociologues britanniques auront abouti, nous vous proposons de faire maintenant un petit détour par l'anthropologie.

> Cette perte progressive des savoir-faire alimentaires, ce besoin d'être conseillé, guidé dans ses choix alimentaires comme dans d'autres domaines, cette déresponsabilisation des individus illustrent une évolution globale et profonde de nos sociétés.
> Il nous semble qu'on est en droit de parler de *déliquescence du patriarcat* et de son remplacement par un *matriarcat administré*.

➤ *Sociétés patriarcales et sociétés matriarcales*

L'histoire humaine aura vu défiler d'innombrables modes d'organisation sociale. Les anthropologues distinguent celles qui se sont organisées autour du pouvoir des femmes de celles où les hommes avaient la suprématie. Mais ce qui nous intéresse ici, ce n'est pas cette opposition des sexes, aujourd'hui de plus en plus dépassée, mais plutôt le type de valeurs prônées dans ces deux modes opposés d'organisation sociale, la façon dont chaque individu est amené à s'y construire. Elles sont fort différentes, et même diamétralement opposées.

Nous proposons donc d'appeler ici *sociétés patriarcales*[3] les sociétés dans lesquelles ce qui compte, c'est la transmission d'une dette. On y doit tout d'abord la vie à son père, à ses Pères, aux dieux, à Dieu ou à la société. Pour honorer ses dettes, un homme doit prendre ses responsabilités. Il ne peut se contenter de se laisser vivre, il est contraint de sortir du cocon maternel, de prendre des initiatives, de développer un point de vue personnel, subjectif. Son père est là pour le lui rappeler : il ne peut pas s'éterniser dans le sein maternel, il a une vie à mener.

Chaque homme est le maillon d'une chaîne, et son devoir est le maintien du lignage, la transmission du nom ainsi que du patrimoine. Ce patrimoine n'est pas à considérer comme seulement matériel. Il est constitué des histoires et des légendes de famille, des savoirs, des savoir-faire amassés, du patrimoine culturel. Si on jouit de tous ces aspects du patrimoine, ils n'appartiennent pas pour autant à l'individu : son devoir implique de les faire fructifier pour les léguer à la génération suivante.

Pour ce faire, l'homme est autonome et compte avant tout sur lui-même. Il doit prendre femme pour engendrer, se reproduire et, ainsi, avoir une descendance à laquelle il pourra transmettre le fardeau du patrimoine[4].

Ces sociétés s'opposent aux *sociétés matriarcales*. Celles-ci, traditionnellement, se passent tout d'abord du mariage. Ce sont les femmes qui constituent les pôles de stabilité autour desquels s'organise la vie sociale et économique. Les hommes, quand ils ne sont pas occupés à se battre, se rendent utiles en travaillant, mais ils sont interchangeables. Les enfants sont sous la coupe des femmes et ne connaissent pas de père, du moins au sens où on l'entend dans les sociétés patriarcales. Les géniteurs sont des visiteurs du soir pour les femmes et, pour la progéniture, ils sont des « oncles », des sortes de grands frères. Ces sociétés fonctionnent un peu comme de grandes fratries menées par des femmes[5].

Le matriarcat est loin d'être déplaisant : il installe les enfants, et les hommes, qui ne sont alors pas autre chose que de grands enfants, dans le confort maternel. Il autorise pour les deux sexes une grande liberté sexuelle, une jouissance sans entrave ; les rapports sexuels ne prêtent pas à conséquence puisqu'on sait bien à qui sont les enfants qui en résultent : à leur mère.

Il n'y a pas de devoir individuel, si ce n'est maintenir le système en place, ce qui oblige à des devoirs collectifs. La nécessité d'instaurer un contrôle étroit sur tous afin de prévenir tout manquement à la permanence des choses y est forte. Il n'y a pas de loi transcendante, mais il y a des règlements. Les fautes commises sont vite repérées, et les punitions tombent lorsqu'on déroge.

Personne ne se sort de ce paradis perpétuel et bon enfant, dans lequel on vit sous la surveillance permanente des autres.

Vivons-nous sous matriarcat administré ?

On peut ainsi distinguer deux modèles de société : le « patriarcat » est centré sur la dette intergénérationnelle, la transmission du patrimoine et la responsabilité individuelle. Le « matriarcat » est caractérisé par l'absence de dette fondamentale et de nécessité de transmettre un lignage ou un patrimoine, l'absence de devoir et de responsabilité individuels, la permission (ou la nécessité) de jouir, le droit de se plaindre.

On aura compris que, de ce point de vue, nos sociétés actuelles sont mixtes. Mais, quoique encore très patriarcales par bien des aspects, elles glissent chaque jour davantage en direction d'un *matriarcat administré*. Dans ce type de matriarcat, le pouvoir n'est pas détenu par une assemblée des femmes, mais par des administrations réglementaires multiples : des organismes municipaux, départementaux, régionaux, nationaux et internationaux dont les objectifs prioritaires sont la pérennité du système[6]. Ces instances se comportent vis-à-vis des citoyens comme des mères toutes-puissantes, ou présumées telles, vis-à-vis d'enfants immatures. Elles surveillent et punissent, utilisant la politique de la carotte et du bâton[7].

➤ *Lorsque le mangeur est déresponsabilisé*

Cette politique convient parfaitement aux nouveaux citoyens en voie de matriarcalisation, qui en redemandent. Tout d'abord, le matriarcat administré les débarrasse de leur dette envers leurs prédécesseurs, de leur devoir envers leur progéniture. Parents et enfants sont des citoyens du même niveau. Ils sont tous frères, en quelque sorte, et les uns n'ont plus la responsabilité des autres[8]. Il revient en premier lieu au pouvoir administratif de les éduquer, de les assister dans leurs besoins à tous les âges, de leur fournir les occasions de s'épanouir, de profiter de l'existence, de participer à la course au bonheur.

Être surveillé et éventuellement puni pour avoir transgressé les règlements ne dérange pas le citoyen matriarcalisé, bien au contraire. Car, s'il ne se sent plus responsable de lui-même ou des siens, de leur sécurité, de leur avenir, s'il ne se sent plus tenu d'anticiper les aléas de l'existence, s'il n'est plus guidé par un devoir individuel, seul un encadrement strict de lui-même et des autres peut le sécuriser.

Lorsque les choses se passent mal, le citoyen d'une société patriarcale assume ses responsabilités. Sans doute a-t-il commis des erreurs, été négligent, imprévoyant, ou encore malchanceux. Quoi qu'il en soit, il lui revient de trouver des solutions à son problème. À l'inverse, le citoyen matriarcalisé se plaint. Il se plaint de ce qu'on ne l'aura pas suffisamment assisté, protégé des autres, de la nature, des éléments, du mauvais sort et, pourquoi pas, de lui-même. On ne l'aura pas empêché à temps de faire des bêtises. Il se plaint auprès des autorités, auprès de ses amis, auprès de son psy. Se plaindre, porter plainte : quelle jouissance, quel soulagement !

➤ *Une liberté de façade*

En somme, le citoyen matriarcalisé est comme un enfant qui ne se pose pas de question, qui se contente de prendre le monde comme il est, qui ne demande qu'à en jouir. Ce citoyen n'est lesté d'aucun passé, d'aucune appartenance, il n'a pas de direction propre. En se délestant de son devoir, de sa dette, qui le structuraient dans le système patriarcal, il se retrouve alors merveilleusement allégé. Il renoue avec l'innocence.

Et c'est donc en toute innocence que ce citoyen se croit libre. Libre de jouir sans entrave, de profiter du monde, de poursuivre le bonheur. Pourtant, cette liberté est celle du jardin d'enfants. En fait, la liberté se trouve du côté du patriarcat, où elle s'accompagne du poids de la responsabilité de soi-même et des siens.

Les politiques sécuritaires se mettent en place avec l'assentiment du plus grand nombre, ou plutôt sur leur insistante demande. Car l'inquiétude gagne. Le citoyen, qui se vit comme de plus en plus incapable de défendre ses propres intérêts, voit le monde comme le lieu de tous les dangers. Il demande alors la protection de l'État, de son administration, de sa police.

Quand la sécurité l'emporte sur la liberté

François Ewald, philosophe, juriste, professeur au Conservatoire national des arts et métiers, qui travaille depuis vingt ans sur la problématique du risque, fait son examen de conscience et trouve le bilan amer : « L'évidence sécuritaire semble aller contre le thème d'une société qui, parce que permissive, serait libérale, d'une société aux mœurs libérées et prête à aller toujours plus loin dans ce sens. La société peut être permissive et tolérante du côté des mœurs et très intolérante dans la manière de les protéger contre les risques qui pourraient les menacer. Les deux vont de pair. »

Se dessine donc une société dans laquelle le citoyen est considéré comme irresponsable, tandis que l'administration fait sa police. Comment resterait-elle inerte, puisque l'État est désormais tenu pour responsable de tout dommage ?

Le principe de précaution, désormais inscrit dans la Constitution française, règne en maître. L'accent mis sur le risque, les mesures de prévention de plus en plus envahissantes signent la fin de la liberté et de la responsabilité individuelles. L'évidence sécuritaire, le précautionnisme sont des principes terrorisants, qui aboutissent à un inquiétant glissement des pouvoirs institués. Cette évidence sécuritaire se constate dans tous les domaines : justice, sécurité routière, santé mentale, sécurité alimentaire, nutrition. Le médecin, dont le rôle était auparavant de soigner les malades qui en faisaient la demande, devient alors, qu'il le veuille ou non, « l'administrateur patenté d'une biopolitique[9] ».

➤ *Toujours plus de sécurité*

Dans tous les domaines, la société devient de plus en plus précautionneuse. Conduire une voiture, ou même un vélo, ou une trottinette, ne sont pas des choses à prendre à la légère. Ne bois pas, ne fume pas, ne roule pas trop vite, ne grimpe pas trop haut, et mets bien ton casque sur ton petit crâne si fragile, citoyen ! Et sois puni si tu oublies, si tu désobéis ! Car, s'il t'arrive malheur, ce sera moi, l'État, qui serai déclaré responsable, et même coupable ! C'est auprès de moi que tu viendras te plaindre !

La demande de sécurité est particulièrement forte dans le domaine de la santé, qui est l'objet d'une sollicitude des pouvoirs publics de plus en plus envahissante. Avons-nous été suffisamment évalués, surveillés, contrôlés ? Nous a-t-on suffisamment encouragés à voir notre médecin ? Celui-ci a-t-il bien pratiqué tous les examens indispensables ? Nous a-t-il reconvoqués lorsque, pauvres irresponsables, nous tardions à prendre rendez-vous ? A-t-il pensé, lorsqu'il nous prescrivait un traitement, à vérifier si nous le prenions effectivement ?

- L'espace de liberté se réduit comme peau de chagrin. Le citoyen est chaque jour davantage infantilisé, innocenté. Responsable de rien, il doit être protégé de tout, à commencer de lui-même.
- Voilà comment se met en place un beau cercle vicieux : innocenter les citoyens, les priver de leur responsabilité, oblige à toujours plus d'interventionnisme.

La nutrition administrée

Notre tableau se dessine. Les « mangeurs traditionnels » de nos sociologues britanniques, c'est-à-dire les mangeurs des sociétés patriarcales, estiment qu'il relève de leur responsabilité d'éduquer leur progéniture, de lui transmettre des savoir-faire alimentaires nécessaires à l'autonomie de chacun. Ces savoir-faire consistent dans le choix des aliments, dans la définition de ce qui est comestible et de ce qui ne l'est pas, dans les méthodes de conservation, dans les modes de préparation des aliments, dans les recettes de cuisine, les tours de main. Cela comprend aussi les horaires habituels des repas et des collations, les us et coutumes, les manières de table. C'est là un patrimoine qu'il convient de ne pas laisser se perdre, qu'il faut au contraire enrichir par l'addition de nouvelles innovations, de nouveaux usages.

➤ *Un mangeur infantilisé, un client idéal*

Les mangeurs innocents issus des nouvelles sociétés matriarcales administrées sont dépourvus de ces savoir-faire. Leurs parents ne leur ont pas transmis ce qu'ils avaient eux-mêmes déjà perdu.

Les mangeurs innocents ne sont encombrés d'aucune tradition et peuvent donc manger librement à leur gré, quand ça leur chante, à toute heure du jour et de la nuit, ce qu'ils veulent, comme ils le veulent, dans les quantités qu'ils veulent. Cela tombe bien : la société de consommation leur propose toutes sortes d'aliments fascinants.

L'industrie agroalimentaire profite de cette joyeuse anarchie. Le mangeur innocent, dénué de lois internes, n'a pas de préconceptions. Il est facile à séduire et il aime croire aux leurres qui lui sont proposés. Pourquoi n'aimerait-il pas ce qu'on lui dit d'aimer, pourquoi ne croirait-il pas ce qu'on lui dit de croire, si c'est dit avec suffisamment de paillettes et d'amour ? Le mangeur innocent est donc séduit par le yaourt aux fruits mixés quand on lui dit que c'est pour son bien.

Mais aussi, lorsque les instances administratives le grondent parce qu'il se conduit mal sur le plan alimentaire, lorsqu'on lui fait les gros yeux parce qu'il mange trop gras, ou trop sucré, parce qu'il se conduit comme Pinocchio au Pays des jouets[10], notre mangeur innocent a tendance à obéir et à suivre les bons conseils nutritionnels qui lui sont prodigués.

Son innocence le conduit en général à écouter le dernier qui aura parlé, et donc à osciller entre la surconsommation consumériste et la diététique préconisée par les instances dirigeantes. Cependant, lorsqu'il constate que les conseils nutritionnels se contredisent les uns les autres, qu'ils ne s'accordent pas avec les tentations consuméristes, qu'ils ne donnent pas les résultats qu'on lui aura promis, notre mangeur innocent, déboussolé, a tendance à devenir anxieux.

Comme l'innocent déçu aime à se plaindre, à chercher un responsable à ses malheurs, il se demande si les industriels de l'agroalimentaire ne l'auraient pas empoisonné, si tel ou tel produit ne l'aurait pas fait grossir. N'étant pas responsable de lui-même, des malheurs qui lui arrivent, il part désespérément à la recherche de quelqu'un, de quelque chose, qui pourrait assumer la responsabilité, et contre qui il pourrait déposer plainte afin d'obtenir une juste et légitime réparation des préjudices qui lui auront été causés.

Des adolescentes contre McDonald's

Citons un procès précurseur, celui qu'a intenté, en 2005, un groupe d'adolescentes obèses du Bronx contre la firme McDonald's. Les jeunes filles accusent le numéro un mondial du *fast-food*, chez qui elles se rendaient entre trois et cinq fois par semaine, de leur avoir inoculé diabète, cholestérol et autres maladies coronariennes, de les avoir fait grossir, par manque d'information.
Lors d'un jugement en première instance, le droit à porter plainte a cependant été refusé. Mais, au moment où nous écrivons ce texte, la justice américaine a autorisé en appel une telle procédure.

À n'en pas douter, la dérive vers une société matriarcale administrée conduira à une recherche de plus en plus frénétique de responsables à incriminer. Ce sera tantôt l'industrie agroalimentaire qui sera déclarée coupable du malheur d'être gros et malade, tantôt les pouvoirs publics, qui n'auront pas pris les mesures qui s'imposent pour protéger le citoyen innocent de la tentation.

➤ *La police diététique*

On conçoit que les pouvoirs publics aient donc à cœur de prendre les mesures nécessaires pour préserver le citoyen innocent des dangers qui le guettent, puisque à n'en pas douter, en cas de malheur, c'est-à-dire de prise de poids, ce citoyen se retournera finalement contre l'État. Telle est la logique de ce cercle vicieux, dans lequel la déresponsabilisation des individus oblige à toujours davantage d'interventionnisme.

La politique contre la « malbouffe »

L'obésité étant devenue un sujet de santé publique, les hommes politiques se trouvent aujourd'hui en première ligne pour en débattre.

Ainsi, Jean-Marie Le Guen, président du groupe d'études sur l'obésité à l'Assemblée nationale, dans une tribune publique[11] destinée à présenter son projet de loi pour lutter contre l'obésité, prend les précautions d'usage. Il rappelle qu'il n'existe aucun aliment nocif, qu'il ne faut rien interdire, rien stigmatiser, ne pas fabriquer de bouc émissaire, qu'il faut manger de tout en quantité raisonnable…

Puis il s'emporte : « Si nous n'obtenons pas les résultats que nous souhaitons, il faudra sanctionner la malbouffe ! », conclut-il.

On demande donc aux citoyens d'être raisonnables, d'appliquer les directives nutritionnelles qu'on aura concoctées pour eux, le Programme national nutrition santé, PNNS. Mais, bientôt, force est de constater que les citoyens, irresponsables, continuent à n'en faire qu'à leur tête. Selon la logique qui veut que, quand une solution ne marche pas, c'est sans doute parce qu'elle n'aura pas été suffisamment expliquée, on décide alors de généraliser l'information nutritionnelle. Tout devra donc bientôt être étiqueté, y compris les menus des cantines et des restaurants. On saura enfin ce qu'on mange, et combien il y a de calories, de lipides, de glucides et de protides dans son bœuf en daube.

Pour nos décideurs, cela ne fait aucun doute, le mangeur, guidé, pris en main par les instances supérieures, sera heureux de manger ce qu'on lui dit de manger. C'est avec un plaisir ludique qu'il additionnera les calories, qu'il se livrera à des calculs désopilants afin de savoir si son alimentation est bel et bien équilibrée.

➤ *Du conseil diététique aux mesures autoritaires*

Mais que faire si le citoyen continue à être récalcitrant ? Il faudra alors, pour le bien du citoyen, l'empêcher de se nuire à lui-même. On en viendra à des mesures coercitives, des formes diverses de prohibition. On ne tolère déjà plus, par exemple, que les enfants des écoles aient librement accès à des produits déclarés néfastes, qui sont mis à leur disposition au moyen de distributeurs automatiques par une industrie agroalimentaire qui cherche à les pervertir[12]. Bientôt, on n'acceptera plus que des parents irresponsables munissent leurs enfants de biscuits, de croissants, de pains au lait et de barres de chocolat en guise de collation, alors que des aréopages entiers de nutritionnistes auront déclaré lors de leur dernier synode que manger entre les repas était moralement et diététiquement condamnable.

Afin que les âmes simples puissent discerner le Bien du Mal, on établira un code couleur sur les étiquettes. C'est déjà le cas aux Pays-Bas : le vert signale les aliments diététiquement corrects et les produits allégés en graisses et en sucres, l'orange, les aliments ordinaires, tandis que le rouge avertit qu'on a entre les mains un produit riche en graisses ou en sucres, directement issu du domaine de Satan. Les magasins Leclerc proposent déjà, quant à eux, de faire figurer des petits bonshommes obèses sur les produits qu'ils estiment mauvais pour le poids.

Dans le même esprit, on peut obliger les fabricants d'aliments « déconseillés » – par exemple de boissons sucrées, de biscuits ou de barres chocolatées – à faire la promotion des fruits et des légumes, à déconseiller de manger trop gras, trop sucré, trop salé, en surimpression ou à la suite de leurs propres messages publicitaires[13]. Ou bien on peut surtaxer ces publicités et faire en sorte que les taxes récoltées subventionnent la diffusion de messages vantant les aliments diététiquement corrects.

Bientôt, à n'en pas douter, on taxera les produits eux-mêmes. La *fat tax* est ainsi l'objet d'âpres discussions aux États-Unis.

L'idéal, bien sûr, serait d'interdire purement et simplement les aliments qui n'ont pas l'heur de plaire au législateur. Certains y songent, ici ou là, malgré les mauvais souvenirs qu'ont pu laisser les mesures prohibitionnistes du passé. En attendant, pourquoi ne pas interdire la publicité pour certains aliments jugés « trop déviants par rapport aux normes souhaitables d'un “bon” équilibre alimentaire » ? C'est ce que proposent certains hommes politiques français[14].

Partout dans le monde, il faut garder la ligne

À Singapour, le ministre de la Santé a proposé que chaque élève soit noté en fonction de son poids. La note serait portée sur le bulletin scolaire afin de permettre aux parents de suivre les progrès de leur enfant.

Aux États-Unis, on a récemment proposé d'accorder une réduction d'impôts aux personnes en surcharge pondérale qui s'inscrivent dans un club de sport ou qui s'achètent un vélo d'appartement. Quant à la pratique de régimes amaigrissants, comme ils n'ont pas fait la preuve de leur efficacité à long terme dans la lutte contre l'obésité, ils ne permettent pas de bénéficier d'une réduction d'impôts.

En Grande-Bretagne, l'un des pays d'Europe où l'obésité a le plus augmenté, le NIH, *National Institute of Health* propose d'arrêter le traitement des personnes obèses qui se refusent à changer leurs habitudes alimentaires. Les hôpitaux d'East Anglie annoncent quant à eux qu'ils ne pratiqueraient plus d'opération de la hanche chez les personnes obèses. Le gouvernement envisage de faire apposer sur les produits gras ou sucrés des étiquettes du même ordre que ceux qui figurent sur les paquets de cigarettes : « produit nuisible à la santé ». On surveillera aussi davantage les enfants, qui seront fréquemment pesés, et le cursus scolaire comprendra des leçons obligatoires de diététique[15].

Quant au sport, il faut en faire, bien sûr. Et on frémit quand certaines têtes pensantes de la République envisagent, dans une perspective hygiéniste digne de l'époque de Staline ou de Mao, d'édicter des règlements pour contraindre les enfants des écoles à faire une demi-heure de gymnastique quotidienne et obligatoire[16]. On imagine sans peine les petits gros, les petites grosses, contraints de faire des tours de cour sous les quolibets. Voilà très certainement quelque chose qui les aidera à s'épanouir, à s'aimer, à désirer prendre soin de leur corps.

Le meilleur des mondes alimentaires

Apparemment, le consumérisme boulimique et le matriarcat administré sont antinomiques. Les pouvoirs publics ne déconseillent-ils pas de trop consommer ? Ne tentent-ils pas de refréner les ardeurs de consommation de produits gras et sucrés ? Ne réprouvent-ils pas l'érotisme et la pornographie alimentaires ? Mais, dans la réalité, la déresponsabilisation, l'infantilisation des mangeurs, auxquelles participent les pouvoirs publics, profitent en dernier ressort au consumérisme. Si les mangeurs innocentés sont sensibles aux discours puritains de la nutrition officielle, ils le sont plus encore aux chants des sirènes de l'industrie agroalimentaire, si habile à séduire le consommateur, et qui dispose pour cela de moyens sans comparaison.

Quel monde merveilleux ce serait si le corps médical, les instances en charge de la nutrition nationale n'étaient plus seuls à promouvoir une alimentation fondée sur des postulats scientifiques indiscutables et cohérents. Pourquoi la Sécurité sociale ne ferait-elle pas de la prévention ? Pourquoi les assureurs privés ne se joindraient-ils pas à elle ? Pourquoi les industriels de l'agroalimentaire n'en feraient-ils pas autant ? Pourquoi les médias, enfin responsables, ne participeraient-ils pas à ce doux concert ? C'en serait fini de la cacophonie diététique. On pourrait jeter aux orties toutes ces traditions alimentaires parfois aberrantes, malsaines, inadaptées au monde moderne. Le consommateur innocent pourrait alors conserver tout à la fois son innocence, sa santé et sa sveltesse. Il lui suffirait, pour bien se nourrir, pour s'y retrouver dans la jungle alimentaire, d'écouter les bons conseils unifiés, de leur obéir au pied de la lettre, le doigt sur la couture du pantalon. Il n'aurait pas lieu de se plaindre.

- Le meilleur des mondes alimentaires se profile : un monde où les pouvoirs publics, l'industrie agroalimentaire, les assureurs, les médias tiennent des discours unifiés.
- Dans ce monde-là, le consommateur innocent, qui n'aura pas été lesté de savoir-faire alimentaires en guise de patrimoine, qui est déresponsabilisé, mange ce qu'on lui dit de manger, en se contentant de suivre les instructions.

Sans doute bon nombre d'industriels de l'agroalimentaire en ont-ils l'intuition : en dernière analyse, tout ce qui concourt à transformer le consommateur en enfant irresponsable qui doit être guidé dans ses choix consommatoires ne peut que leur être favorable. Certes, la diététique d'État peut leur compliquer la vie, mais elle prépare le terrain. Pourquoi, dès lors, rechigner ? Pourquoi ne pas, au contraire, collaborer ?

Lorsque la RATP fait de la prévention

Le concours annuel d'une école de marketing, « Génération Pub », sponsorisé par la RATP et par des groupes de l'industrie agroalimentaire, avait en 2005 pour thème la lutte contre l'obésité infantile. Les publicités proposées nous donnent probablement un avant-goût de ce que nous verrons bientôt sur les murs de nos villes.

On voit par exemple un bébé avec une valve à la place du nombril, et le slogan est : « On les gonfle, on les gonfle et, un jour, ils en crèvent. » Une autre affiche représente une balançoire cassée, et le slogan est cette fois : « Vous seul pouvez changer la fin de l'histoire. » Ou encore un texte, sur fond rose : « … après l'avoir fait difficilement monter sur son cheval blanc, ils disparurent et ne vécurent pas très longtemps ». La morale suit : « L'obésité peut gâcher une histoire. Parents, surveillez le poids de votre enfant. »

Toutes ces affiches ont pu, durant quelque temps, être admirées dans une station du métro parisien.

➤ *La stratégie diététique des groupes agroalimentaires*

Les grands groupes de l'industrie agroalimentaire n'hésitent donc pas à jouer les bons élèves, à financer des instituts de recherche diététique, qui répandent la bonne parole et reprennent les discours de la diététique officielle à leur propre compte. Le groupe Danone finance ainsi l'Institut Danone, dont le comité scientifique est composé de médecins et de scientifiques renommés, qui se fixe comme objectifs l'éducation et l'information diététique des populations, la formation du corps médical en matière de nutrition, l'encouragement de la recherche. La promotion d'une alimentation saine et d'un régime équilibré concourt à crédibiliser différents produits de la gamme, comme les produits laitiers et les produits de type alicament[17]. Bien sûr, il faut penser à sa ligne, et on peut donc mettre en avant les eaux minérales, et bien entendu les produits allégés en sucres et en matières grasses, qu'on peut consommer à gogo sans culpabilité.

Mais, lorsqu'il s'agit de faire dans le même temps la promotion des biscuits, produits réputés diététiquement incorrects, l'argumentaire a tendance à devenir pour le moins incohérent[18]. Mais qu'importe, comment un consommateur innocent s'en apercevrait-il ?

Nestlé ne saurait être en reste. Cette firme commercialise, entre autres choses, des saucisses, des desserts et des barres chocolatées, des bonbons, du chocolat en tablette et bien sûr des produits allégés. Longtemps, Nestlé a axé sa communication sur le plaisir alimentaire. Mais il est temps de se mettre à l'heure de la « valorisation des qualités nutritionnelles ». Nestlé s'engage donc à attirer l'attention du consommateur sur la composition nutritionnelle de ses produits et sur l'équilibre alimentaire. Pour conforter son image de bon élève du PNNS, la firme sponsorise et appose son logo sur des programmes bien-pensants : « Fleurbaix Laventie Ville Santé » et « Épode, Ensemble, prévenons l'obésité des enfants[19] ».

La posture de bon élève conduit parfois les industriels de l'agroalimentaire à tenir des discours apparemment paradoxaux, mais qui ont leur logique. Ainsi, en 2004, McDonald's France en est venu – un court moment, il est vrai – à déconseiller à sa clientèle de trop fréquenter ses restaurants ! Vous pouvez manger nos délicieux hamburgers, mais, pour votre bien, pas plus d'une fois par semaine, telle était la substance du message. Le hamburger, mis au même rang que les sucettes des bambins, est alors assimilé à une friandise hautement désirable.

La société Coca-Cola, en 2005, lance une grande campagne antiobésité dans la presse. La firme prend des engagements : celui d'offrir plus de choix au consommateur entre produits sucrés et produits non sucrés, de mettre l'accent, dans ses campagnes promotionnelles, sur les boissons non sucrées, *light*, ou faiblement sucrées, au détriment du Coca classique, riche en sucre. La firme s'engage aussi à « pratiquer un marketing responsable », à ne pas tenter de convaincre les enfants de moins de douze ans de boire du Coca-Cola au moyen de distribution de produits gratuits. Enfin, Coca-Cola rappelle que la firme soutient l'activité physique et sponsorise le sport par de multiples actions.

En somme, Coca-Cola France nous explique à quel point son produit phare est mauvais, trop sucré, grossissant, qu'il convient de faire beaucoup de sport afin d'éliminer tout ce sucre en trop qu'on aurait absorbé. Le mieux est, selon la firme, de ne pas boire de produit sucré, de se recentrer à la rigueur sur le Coca-Cola *light*. En apparence, la firme Coca-Cola France se tire une balle dans le pied. En fait, elle occupe le terrain médiatique, augmente la désirabilité de son produit et appelle plus ou moins secrètement à la transgression.

De bien curieux rapprochements

En 2005, la mutuelle MAAF passe un accord avec le groupe Unilever. Il s'agit de favoriser la consommation d'alicaments, en l'occurrence des margarines et des produits lactés anticholestérol fabriqués par le géant de l'agroalimentaire, en vue de réduire le coût de l'assurance-santé. L'achat de ces margarines ou de ces produits lactés donnera alors lieu à une ristourne pour les assurés.
Les assurances AGF envisagent, quant à elles, de passer un accord similaire avec le groupe Danone[20].

➤ *Les enfants au cœur des politiques de prévention*

Les enfants sont prioritairement visés par les campagnes d'éducation nutritionnelle. Est-ce parce que l'obésité infantile, croissant plus vite que l'obésité de l'adulte, inquiète davantage ? Pas seulement. Ainsi, le programme Fleurbaix Laventie Ville Santé a commencé, en 1992, par faire la promotion de l'information nutritionnelle auprès des enfants des écoles, à charge pour eux d'éduquer ensuite leurs parents, de faire en sorte qu'on mange droit à la maison.

Le programme Épode, directement dérivé du précédent, vise, quant à lui, à éviter la prise de poids excessive des enfants de 5 à 12 ans. La méthode de choix pour cela, selon ses promoteurs, est « [de développer] les notions de nutrition et de diversité alimentaire (…) pour familiariser les enfants avec les fruits et légumes dès la maternelle (…) ».

L'État prenant en charge tous les aspects de l'éducation des enfants, les parents rééduqués par leurs enfants, tout cela pourrait évoquer aux yeux de certains des heures sombres de l'Histoire, les stratégies habituelles des dictatures. Nous n'irons pas jusque-là. Ces façons de faire nous semblent plutôt le signe de la confusion qui règne entre les générations, le témoin de l'avancée du matriarcat administré.

Cela marche-t-il, au moins ? Pas aussi bien qu'on l'aurait souhaité. Dans le programme Fleurbaix Laventie Ville Santé, si, après quelques années, les enfants de ces deux communes possédaient bel et bien de meilleures connaissances nutritionnelles que ceux des communes témoins, si les enfants avaient diminué leur consommation de frites et de beurre, les résultats sur le poids étaient mitigés. Entre 1992 et 2000, l'incidence de l'obésité des garçons a certes moins progressé que dans les villes voisines et dans le reste du pays, mais le poids des filles n'a pas été influencé de manière significative par l'expérience. Les promoteurs de l'étude ont cependant conclu qu'il serait souhaitable d'étendre cette expérience à l'ensemble des villes de France.

On en vient, dans la phase actuelle de l'expérience, à proposer aux habitants de Fleubaix et de Laventie un « *coach* santé », c'est-à-dire une diététicienne qu'on peut joindre à tout moment par téléphone. Ce simple fait montre que des connaissances diététiques sont insuffisantes à modifier durablement et efficacement les comportements alimentaires. Un *coach*, un directeur de conscience nutritionnelle, est nécessaire à chacun, chargé d'encourager à manger cinq fruits et légumes par jour, trois produits laitiers, à pratiquer trente minutes d'activité physique tous les jours, et ainsi de suite.

Mais comment généraliser une telle expérience ? Chaque Français doit-il donc être *coaché* ? La méthode se révèle totalement inadaptée à une politique de prévention de l'obésité étendue au niveau national.

Si le succès du puritanisme diététique peut se concevoir dans l'ancienne Albanie communiste, ou dans la Corée du Nord d'aujourd'hui, ou encore au sein d'une quelconque secte coupée du monde, ses chances de l'emporter dans un environnement tel que le nôtre, face à une industrie agroalimentaire habile à surfer sur toutes les vagues, sont voisines de zéro.

Quels seront les effets concrets de ces formes précoces d'endoctrinement ? Une étude conduite aux États-Unis[21] il y a vingt ans, sur des enfants très jeunes, âgés de 5 à 8 ans, permet de s'en faire une idée. On demandait à chaque enfant quels risques ou quels avantages il voyait à la consommation de cinq produits : les fruits, les confiseries, le lait, les boissons sucrées gazeuses et les légumes. Dès cet âge, les enfants étaient parfaitement informés des inconvénients et des avantages respectifs des différentes catégories d'aliments. Mais, s'ils se montraient critiques envers les boissons sucrées et les confiseries, cela ne les empêchait pas d'en consommer, tout en admettant qu'ils devraient en manger moins. Les enfants avaient bien intégré la norme, mais la transgressaient en exprimant un sentiment de culpabilité.

L'endoctrinement diététique produira donc certainement de la connaissance diététique et… de la culpabilité.

Allons plus loin. On aura aussi droit à de nouvelles formes de troubles mentaux. On a vu que les névroses alimentaires s'organisaient autour des désirs d'aliments, de l'angoisse de grossir, de la culpabilité de manger, de la honte d'être gros. On connaît déjà l'explosion des conduites boulimiques, de la restriction cognitive, des troubles du comportement alimentaire des personnes obèses. Sans doute faudra-t-il y ajouter bientôt la délinquance alimentaire.

Ces nouvelles valeurs morales, le diététiquement correct, le puritanisme diététique, ne demandent-elles pas à être transgressées, bafouées ? Chagriner ses parents en refusant les fruits et les légumes, braver les lois en mangeant des barres chocolatées dans les cours d'école, choquer le bourgeois en avalant des pizzas dégoulinantes de cholestérol en pleine rue, tout cela n'est-il pas tentant au plus haut point ?

- Les adolescents, à la recherche d'eux-mêmes, insatisfaits de leur corps, sont sujets aux troubles du comportement alimentaire.
- Le renforcement des interdits alimentaires ne peut qu'augmenter la désirabilité des aliments incriminés.
- La moralisation de l'alimentation, le puritanisme diététique renforcent le désir de transgression.
- Tout est en place pour l'essor d'une nouvelle forme de délinquance, la délinquance alimentaire.

Pourquoi ces politiques de pères la Pudeur ? Pourquoi, au lieu d'encadrer, diriger, interdire, réglementer, condamner, excommunier, tempêter, menacer des foudres de l'Enfer, ne pas aider au contraire les enfants à grandir, à devenir responsables d'eux-mêmes ? Pourquoi ne pas leur apprendre à naviguer au milieu des tentations du monde moderne, leur apprendre à se servir de tous les aliments disponibles à bon escient ? Mais nous anticipons là sur notre propre approche, que nous développons un peu plus loin. Patience…

L'assistance sociale aux obèses n'est pas la bonne réponse

Le fait que, dans les pays occidentaux, l'obésité touche prioritairement les classes les plus défavorisées de la population apparaît comme une justification à la prise en main des comportements alimentaires par l'État. Ne s'agit-il pas de protéger les plus faibles contre le consumérisme, voire contre eux-mêmes ? Les gros ne sont-ils pas des perdants ?

Ils sont pauvres en numéraire, pauvres en beauté, pauvres en minceur. Quant aux aspects esthétiques de leur malheur, voilà qui ne les effleure même pas.

Selon les statisticiens, la surcharge pondérale est effectivement plus fréquente dans les populations dont le niveau socioéconomique est le plus bas. Elle y est plus massive, et la progression de l'obésité infantile y est plus forte. Dans ces conditions, la lutte contre l'obésité prend des allures d'assistance sociale.

Voilà qui semble justifier toutes les mesures qu'on vient de passer en revue. Les malheurs des individus des classes sociales les moins favorisées ne viendraient-ils pas, tout d'abord, de ce qu'ils n'ont pas accès à l'information diététique ? On lancera donc de coûteuses campagnes médiatiques. Mais aussi, si c'est la pauvreté qui rend gros, si on se laisse envahir par la graisse parce que manger sainement, c'est-à-dire des fruits et des légumes, est plus coûteux que manger gras et sucré, alors la solution n'est-elle pas simple ? Pour venir à bout de l'obésité, il faudra subventionner les fruits et les légumes, et même, si on le peut, organiser des distributions gratuites.

Voilà donc notre matriarche étatique qui, se muant en dame patronnesse, donne aux pauvres ce qu'ils ne demandent pas, ce dont ils ne veulent pas, mais qu'on pense être bon pour eux. Quelle démagogie ! Quelle méprise !

➤ *Manger pour se soigner du malheur*

Nous ne croyons pas une seule seconde que les personnes des classes sociales les plus défavorisées soient carencées en informations nutritionnelles, ni qu'elles préfèrent les produits gras et sucrés aux fruits et aux légumes pour des raisons budgétaires.

Remarquons tout d'abord que les céréales, le pain, le riz, les pâtes, ainsi que le lait et les œufs, tous aliments diététiquement corrects, sont parmi les produits les moins chers. Or ce ne sont pas ceux-là que choisissent les personnes en difficulté économique. Il y a des raisons à cela, et elles ne nous semblent pas tenir à une méconnaissance de la diététique ou à un manque de moyens.

La vérité est qu'il y a plus d'obèses dans les classes socioéconomiques les plus basses parce qu'il y a aussi plus de malheur. On ne mange pas seulement en excès, mais on dépense aussi le peu que l'on a en tabac et en alcool. Manger, boire, fumer sont à considérer non pas comme des vices, mais comme des comportements défensifs, nécessaires quand le malheur est grand, quand on gère mal ses émotions, quand on passe plus volontiers à l'acte. Et dans un monde de plus en plus réglementaire, plus intolérant aux déviances, où il est plus que jamais nécessaire de maîtriser ses comportements sociaux, faire des excès alimentaires apparaît comme le moindre mal.

Tout cela, d'ailleurs, n'empêche pas d'aller mal, bien au contraire. Les personnes handicapées sur le plan économique sont plus volontiers dépressives, plus souvent et plus gravement malades sur le plan physique et ont une espérance de vie moindre.

➤ *Consommer pour ne pas être exclu*

La pauvreté est d'autant plus source de malheur et de stress que la réussite, le bonheur se mesurent aujourd'hui au volume de la consommation. D'un point de vue psychologique, sans doute est-il plus dur aujourd'hui d'être pauvre à Paris qu'à Calcutta. Si les gros pauvres sont aujourd'hui plus gros que les gros riches, c'est qu'il existe une frustration, une souffrance à être en permanence privé des innombrables objets que l'on a sous les yeux. Privé du bonheur de les consommer, on peut, en mangeant en quantité, se démontrer à soi-même qu'on n'est pas si pauvre, pas si malheureux. Dans les classes défavorisées, consommer à l'excès les produits clinquants usinés par l'industrie agroalimentaire, dans leurs beaux sachets brillants et multicolores, dans leurs boîtes rutilantes, remplir son Caddie à ras bord, montre qu'on n'est pas exclu de la société de consommation. Se taper la cloche et même « bien se porter » apparaissent comme des démonstrations de richesse, ou du moins de non-pauvreté.

> • Les personnes des classes sociales défavorisées sont plus stressées que la moyenne. Elles font donc davantage appel à des mécanismes de défense non spécifiques, comme la consommation d'alcool, de tabac et de nourritures riches.
> • Consommer des aliments de marque est aussi un moyen de participer à la société de consommation, une façon de se prouver qu'on n'en est pas exclu.

N'oublions pas aussi qu'on trouve dans les populations défavorisées davantage de personnes déracinées, acculturées, mal transplantées, ce qui en fait des « mangeurs innocents », sans ancrage dans des habitudes alimentaires héritées, subissant de plein fouet l'impact de l'érotisation et de la pornographie alimentaires dans lesquelles nous baignons.

En somme, vouloir croire que l'épidémie d'obésité qui sévit dans les classes sociales les plus défavorisées trouvera sa solution dans l'information diététique, dans des fruits et légumes subventionnés, dans la surtaxation ou la prohibition des produits gras et sucrés, dans un surcroît de prise en charge de type administratif, permet d'éviter d'avoir à se colleter avec un problème d'ordre plus fondamental, celui constitué par les laissés-pour-compte de la société de consommation.

Les personnes en situation de fragilité sociale doivent, certes, être aidées plus que d'autres. Mais l'assistance est une forme de mépris qui n'aboutit qu'à la victimisation. Mieux vaut, selon nous, promouvoir l'autonomie. Celle-ci ne se conçoit pas sans un patrimoine alimentaire. Les savoir-faire, les savoir-manger, qu'il s'agisse des aliments traditionnels ou des nouveaux aliments proposés par les industries agro-alimentaires, doivent être revalorisés ou promus. C'est grâce à ces savoir-faire qu'il est possible à tout un chacun de cesser de se comporter en mangeur innocent, de naviguer à son aise dans ce monde si merveilleusement riche, de se jouer de l'érotisme et de la pornographie alimentaires. Nous y reviendrons un peu plus loin.

Crise alimentaire, crise de civilisation

La crise des conduites alimentaires à laquelle nous assistons n'est pas conjoncturelle, mais elle est celle d'une civilisation. L'abandon de la notion d'un devoir et d'une responsabilité individuelles, de la notion d'un patrimoine à transmettre à la génération suivante, c'est-à-dire des valeurs de type patriarcal, a dans le domaine alimentaire des conséquences inattendues. Le remplacement des valeurs patriarcales par ce que nous avons appelé le matriarcat administré libère l'individu de la responsabilité de ce qui lui advient, ainsi que de son devoir envers sa progéniture. Ces responsabilités échoient aux pouvoirs publics, auxquels s'associent des groupes d'assurances privés et publics, ainsi que des entreprises privées.

Comment pourrait-il en être autrement ? L'État et ses relais opèrent selon la logique du matriarcat administré. Les réglementations, les interdits aboutissent en pratique à renforcer l'innocence des mangeurs, tandis que la diététisation de l'alimentation conduit à la perte des savoir-faire, à l'effritement du patrimoine alimentaire.

En définitive, la guidance nutritionnelle du citoyen ne fait que le rendre plus sensible à l'érotisme et à la pornographie alimentaires. L'industrie agroalimentaire ne peut que se frotter les mains. On comprend qu'elle puisse collaborer avec les pouvoirs publics dans cette grande entreprise d'infantilisation des mangeurs, grâce à laquelle elle gagne sur tous les tableaux.

Le meilleur des mondes alimentaires se met en place. C'est un monde où les savoir-faire alimentaires qui se transmettaient de génération en génération ont été déconsidérés. S'ils existent encore, c'est au titre du folklore, à réserver aux jours de fête. C'est un monde policé où il faut manger droit. Tout le monde se surveille et est surveillé. L'amour des fruits et des légumes, la détestation du gras et du sucré s'apprennent à l'école maternelle. Des diététiciennes « coachent » tout un chacun. Des médecins vantent la vertu, réprouvent le vice. L'État conseille, réglemente, discipline, punit les contrevenants. Les grands groupes de l'industrie agroalimentaire marchent main dans la main avec les organismes sociaux, les mutuelles et les sociétés d'assurances. Les médias, perroquets de leurs maîtres, reprennent les mêmes messages, répètent à l'envi qu'il convient de suivre leurs instructions.

Et, dans ce meilleur des mondes – et c'est là notre prédiction –, tout un chacun est de plus en plus anxieux de manger, de plus en plus obsédé par la nourriture et par le poids, a de plus en plus de troubles du comportement alimentaire, est de plus en plus gros.

Ces sombres perspectives sont-elles inéluctables ? Nous ne le pensons pas. D'autres choix sont possibles. On peut choisir le sens plutôt que l'innocence, l'autonomie plutôt que la dépendance, la construction et l'organisation de son existence plutôt que la plainte, l'activité plutôt que la passivité.

C'est ce que nous allons voir maintenant.

CHAPITRE 9

Pour une alimentation et une vie sensées

L'obésité, c'est l'enfer, avons-nous dit. Tout d'abord, c'est prouvé, la surcharge pondérale nuit gravement à la santé. En tant que symptôme visible de la frénésie consommatoire des sociétés occidentales, les individus qui, croit-on, ont accumulé trop de réserves graisseuses par surconsommation alimentaire constituent des boucs émissaires parfaits des sociétés consuméristes. Autrement dit, dans une acception postmoderne, leur faute de goût, leur manque de savoir-vivre conduisent à les rendre infréquentables.

Ces personnes sont de plus en plus nombreuses, et aussi de plus en plus grosses. La faute en revient, selon les experts, à une alimentation inadéquate et à un manque chronique d'exercice physique. Selon nous, le problème est plus profond et relève de la maladie de civilisation. C'est d'ailleurs tout l'Occident, toutes les populations en voie d'occidentalisation qui sont touchés.

Mais que faire ? Faut-il impérativement maigrir ? Faut-il absolument entrer dans les normes, sous peine de rejet social, sous peine de maladie et de mort ? Nous avons vu qu'on ne maigrissait pas à la demande, en tout cas pas durablement. Cependant, on ne choisit pas son poids comme on change de chemise. Certains, en s'y prenant bien, peuvent sans doute perdre du poids, mais pas autant qu'ils le voudraient, par autant qu'on le leur demande. D'autres, pour des raisons génétiques, ou parce que leur corps a désormais intégré leur masse grasse comme valeur de consigne, faisant désormais partie de leur personne, ne parviendront pas à perdre durablement du poids.

Mais les obèses et les dodus ne sont pas les seuls à avoir des problèmes de poids. Les minces, les *pas-encore-gros*, vivent dans la terreur de grossir. Ont-ils raison de vivre dans l'angoisse et la culpabilité alimentaires, de se surveiller sans cesse, de ne jamais relâcher leur effort ? Est-il vrai que tout le monde peut devenir gros au moindre moment d'inattention ?

Tous ces enfants, qui grossissent aujourd'hui comme s'ils étaient la proie d'une énigmatique épidémie, le font penser. Doit-on les garder à l'œil, les préserver des mille et une tentations de la société de consommation afin de leur éviter l'enfer futur ? Doit-on les priver de télévision, puisque la contemplation de celle-ci, c'est prouvé, fait mystérieusement grossir ? Mais ne fait-on pas ainsi de leur enfance un enfer immédiat, dans lequel ils contemplent sans cesse mille aliments délicieux auxquels ils n'ont pas accès ?

Il convient donc d'agir. Mais qui doit le faire ? L'obésité est-elle un « grave problème de santé publique », comme on ne cesse de nous le seriner, qui relève de l'action de l'État ? Ou bien est-ce un problème qui, touchant des individus dans leur chair, relève de l'intime ? S'il s'agit d'une maladie de civilisation, peut-on la soigner ? L'État est-il fondé à sauver les enfants de la patrie des griffes de l'obésité et, surtout, a-t-il des chances d'y parvenir ?

Parvenu à ce point du livre, le lecteur se doute de notre réponse. Tout d'abord, comme, dans ce monde-là, il vaut mieux être mince que gros, grand que petit, riche que pauvre, en bonne santé que malade, heureux que malheureux, et que, vivant justement dans ce monde-là, nous affirmons effectivement que les gros, et même les dodus, feraient bien de maigrir, les pauvres de s'enrichir, les petits de grandir, les malades de se soigner, les malheureux de cultiver la joie de vivre.

Et si ce n'est pas possible, si le prix à payer pour l'obtention de ce qu'on désire est astronomique, si cela revient à vendre son âme au diable, à souffrir mille morts en permanence, alors sans doute vaut-il mieux se faire une raison et vivre sa vie tel qu'on est, sans se la gâcher davantage.

Pour beaucoup, perdre son surpoids durablement, du moins en partie, est théoriquement possible. Cela requiert de la méthode et de la ténacité, mais selon nous l'effort à faire n'est pas d'ordre diététique. C'est tout d'abord sa relation à l'aliment qu'il faut modifier. Cependant, comme nous concevons l'obésité comme le fruit amer d'un problème de civilisation, maigrir durablement nécessite qu'on remette en question nombre de ses croyances, son système de valeurs et son mode de vie.

Les problèmes que nous évoquons touchent sans doute certains de nos lecteurs dans leur chair. Nous espérons être parvenus à les convaincre que, comme les sortilèges des bonnes fées, la magie diététique n'opère que jusqu'au douzième coup de minuit, et qu'au-delà le ticket qu'on leur donne cesse d'être valable. Cette magie n'est pas gratuite puisque, après avoir profité quelques semaines ou quelques mois d'un peu de minceur, ils doivent le payer d'un surcroît de kilos. Si nos lecteurs se sentent prêts à aller plus au fond des choses, nous allons à présent leur suggérer quelques pistes. Certaines ont trait à la relation qu'on entretient avec ses aliments, tandis que d'autres débordent de ce cadre.

Mais est-il possible, par simple décision personnelle, de renoncer à la moindre miette de frénésie consumériste, d'activisme forcené ? Peut-on décider, du jour au lendemain, de partir à la recherche de soi-même ? Peut-on s'apaiser sur un coup de tête ? Lorsqu'on a pris l'habitude de se défendre contre ses démons intérieurs à coups de nourriture, souvent depuis la plus tendre enfance, il est clair que changer tout cela nécessite qu'on fasse un travail sur soi-même. Le plus souvent, on devra se faire aider par un professionnel compétent.

Prétentieux comme nous le sommes, nous ne nous contenterons pas d'y aller de nos conseils aux personnes obèses, en surpoids, aux *pas-encore-gros*, aux parents terrorisés à l'idée que leurs enfants aient de trop bonnes joues.

Nous n'hésiterons pas à faire aussi quelques suggestions à nos gouvernants. Car les lois et règlements qu'on nous prépare nous inquiètent[1]. Nous estimons qu'elles consisteront essentiellement à jeter de l'huile sur le feu. Il y a selon nous des mesures qu'il vaut mieux éviter de prendre. Il y en a d'autres qui pourraient être prises, mais auxquelles personne ne semble songer.

Exister plus évite de manger trop

Commençons par ce qui, selon nous, fait le lit des problèmes pondéraux : une certaine conception de la vie, favorisée par une organisation sociale *ad hoc*. On a vu que nombre d'entre nous, pris au piège de la société consumériste, ont tendance à confondre agitation et activité. Tout d'abord, leur appétit de jouissance est insatiable : on veut tout ! Des voitures et des maisons, des meubles et des bibelots, des voyages et de nouvelles expériences, de la culture et des spectacles, du pain et des jeux.

Certains, influencés par l'idéologie postmoderne, misent davantage sur l'épanouissement personnel, mais, ne faisant le chemin qu'à moitié, comprennent que cela aussi peut s'acheter. Ils boulimisent donc des livres et des films moralisateurs, assistent à des conférences bien-pensantes, font des stages, courent après des gourous vénaux.

Comme tout cela se paie, il leur faut travailler frénétiquement, boulimiquement. Mais alors, où caser l'amour, les amis, la famille, les enfants, puisque le véritable bonheur est là, comme l'affirment les vieux sages, les mamies oxygénées, voire, parfois, les *coaches* stipendiés ?

Tous ceux-là mangent comme ils vivent.

Manger différemment, c'est aussi vivre différemment.

Mais qu'on se rassure, peut-être n'est-il pas absolument indispensable de tout laisser tomber, séance tenante, pour aller s'enfermer dans une cellule de monastère. On peut sans doute vivre une vie digne de ce nom sans basculer dans l'ascétisme, d'ailleurs parfois tout autant boulimique que le reste.

Ce qui compte, en réalité, n'est pas ce qu'on fait, mais comment on le fait. L'important, c'est de prendre sa vie au sérieux, de croire en sa propre existence, de considérer qu'on est l'auteur de ses actions[2].

Comme on l'a dit précédemment, il s'agit de digérer les événements, les expériences que l'on vit, les actes que l'on pose, les paroles qui sont prononcées, les émotions que l'on ressent, les sentiments qui nous traversent. Digérer, contrairement au simple remplissage boulimique, est actif.

Cela nécessite un effort et prend du temps. Pour vous y entraîner, nous vous proposons un petit exercice.

➤ *L'art de la pause*

Environ toutes les deux heures, faites une pause. Non seulement vous méritez cette pause, mais elle vous est absolument nécessaire, tant physiquement que mentalement. Cette pause, ne la recommande-t-on pas aux conducteurs autoroutiers ? Ne dit-on pas que conduire plus de deux heures sans s'arrêter est dangereux ? Les réflexes sont amoindris, la concentration est en chute libre, on est donc plus que jamais susceptible de se mettre à faire de grosses bêtises. Ce conseil nous semble valable dans le cadre du travail comme dans celui des loisirs.

1. Être à l'écoute de son corps

Cette pause hygiénique permet de couper court à la frénésie, de faire baisser la pression. On se calme, on se détend, on fait la pause, on se pose, on se repose.

Elle permet ensuite de prendre la mesure de ses besoins corporels. A-t-on mal quelque part ? A-t-on besoin d'aller aux toilettes ? A-t-on trop froid ou bien trop chaud ? A-t-on faim ou soif ? Se sent-on fatigué ?

L'identification de ces sensations nécessite qu'on soit déjà un peu décrispé, surtout si lesdites sensations sont d'intensité modérée. Un minimum de temps est donc nécessaire. Mais étirer les muscles du cou ou du dos, déplier ses membres avant d'avoir des crampes, boire lorsqu'on a modérément soif, sans attendre d'être trop assoiffé, manger quand on a modérément faim, sans attendre d'être affamé, aller à la selle avant que le besoin ne se fasse trop pressant, ne sont-ce pas des pratiques relevant de l'hygiène la plus élémentaire ?

Si cela vous est possible, ne restez pas dans votre bureau, derrière votre ordinateur, votre comptoir, votre machine, votre volant, mais sortez prendre l'air.

Si faire une pause de dix minutes toutes les deux heures s'avère être totalement impossible, posez-vous des questions : suis-je responsable de cet état de faits ? Est-ce moi qui me suis organisé(e) ainsi ? Peut-être ai-je justement procédé de la sorte afin de ne pas avoir de temps de battement, afin de ne pas avoir à m'interroger sur mon état physique, ma faim et ma soif, sur mon état mental, les émotions et sentiments que je ressens et qui m'embarrassent. Peut-être me suis-je organisé(e) afin de ne penser à rien, ni à mon désir d'aliments ni au reste. Ou bien ce sera mon employeur qui m'aura organisé cette vie. Mais alors, comment se fait-il que j'accepte une chose pareille ?

2. *Reposer l'esprit*

Ces pauses ne sont pas uniquement destinées à prendre le pouls du corps, mais aussi celui de l'esprit.

Tout d'abord, passez en revue tout ce que vous avez fait depuis la pause précédente : où étiez-vous, qu'avez-vous fait, sur quoi avez-vous travaillé, qui avez-vous rencontré, qui avez-vous eu au téléphone et que s'est-il dit ?

Ensuite, passez en revue les sentiments que vous avez ressentis, les idées qui vous sont venues. Quoi qu'on fasse, quoi qu'on dise, quoi qu'on nous dise, il en résulte des émotions d'une sorte ou d'une autre ; on en conçoit des sentiments, plaisants ou déplaisants. Lorsqu'on ne ressent rien, lorsqu'on n'a pas d'idée, cela signifie en réalité qu'on aura été trop pressé pour avoir le temps d'en prendre conscience, ou bien qu'on aura préféré laisser ces sentiments et ces idées hors du champ de la conscience, sans doute parce qu'ils n'avaient pas notre agrément, et qu'on ne savait pas trop qu'en faire.

Le problème, avec les émotions et les pensées inconscientes, surtout lorsqu'elles sont déplaisantes, c'est qu'elles finissent par s'accumuler. Les rancœurs, les frustrations, les colères, les pensées envieuses, les jalousies s'ajoutent les unes aux autres. Certes, plutôt que d'en faire une névrose, plutôt que de somatiser, vous disposez d'un merveilleux moyen pour évacuer tout cela, le soir venu : vous jeter sur de la nourriture avec avidité, compulsivement. Car c'est épatant : vous goinfrer vous permet de liquider vos tensions internes sans même avoir à en prendre conscience. Certes…

3. Identifier ses sentiments

Il n'est pas rare qu'on ait tellement pris l'habitude de faire l'impasse sur ses sentiments et ses pensées qu'on est bien en peine de les identifier et de les nommer[3]. Nous proposons aux débutants, si nécessaire, d'utiliser alors une petite astuce : ne vous demandez pas ce que vous ressentez ou ce que vous pensez, mais ce que ressentirait ou penserait une personne qui vous ressemblerait, par exemple un héros ou une héroïne de roman ou de film, qui aurait vécu ce que vous avez vécu.

Souvent, les sentiments et les pensées dont on a à prendre conscience n'auront pas l'heur de plaire. Mais ce sont les siens, et il convient de rappeler à ce sujet que, si on est bel et bien responsable de ses actes et de ses paroles, on ne l'est pas de ses pensées et de ses sentiments.

Ce travail mental, qui consiste à prendre conscience de ce qu'on est en train de vivre, de ce qu'on ressent, de ce qu'on en pense, est un travail de digestion du vécu. À partir de là, on pourra mûrir des points de vue, élaborer des réponses, prendre des décisions. On sera alors acteur de sa vie.

On aura alors une vie à la fois plus pleine et moins à remplir. On sera donc, sans doute, un consommateur plus avisé. La nécessité de compenser un vide intérieur par des achats compulsifs, des prises alimentaires compulsives, des interludes télévisés, des activités insensées sera moindre.

Il n'est pas rare que des personnes à qui nous avons fait faire ce travail sur elles-mêmes en soient venues à reconsidérer leur mode de vie, les relations qu'elles entretenaient avec leurs proches, leurs employeurs ou leurs collègues, qu'elles aient cessé d'accepter l'inacceptable. Chercher à réguler ses prises alimentaires conduit parfois à remettre en question bien plus de choses qu'on ne l'avait prévu.

Je fais une pause de 10 minutes toutes les 2 heures

• Toutes les deux heures, je cesse de faire ce que je suis en train de faire.

• Si possible, je me lève et je sors.

• Je prends conscience de mon corps, de mes muscles, de mes tendons, de ma fatigue, de mes douleurs, de ma faim, de ma soif, de mes besoins naturels, du fait que j'ai froid ou bien chaud. Je réponds à mes besoins corporels.

• Je passe en revue ce que j'ai fait depuis la pause précédente.

• Je m'interroge sur mes émotions et mes pensées en rapport avec mes actions, les événements qui se sont déroulés.

• Je reconsidère mes points de vue.

Les pauses déjeuner ainsi que les autres repas fournissent l'occasion de ces pauses méditatives, qui les précèdent.

Refuser d'être bouc émissaire et s'assumer tel qu'on est

Les gros, a-t-on dit, constituent les parfaits boucs émissaires d'une société coupable et honteuse de consommer autant. Ils seront donc discriminés, stigmatisés, discrédités, vilipendés, dans tous les domaines de la vie.

Mais le propre de la stigmatisation est de conduire ceux qui en sont les victimes à reprendre à leur compte le discours dominant. C'est tout particulièrement le cas de ceux qui auront été gros dans l'enfance et qui se seront construits en fonction des rejets qu'ils auront subis.

La culpabilité de trop consommer, de ne pas se contrôler, tout cela est avouable et peut s'expier. La honte d'être comme on est, c'est une autre paire de manches ! La honte d'être gros est inavouable, aux autres comme à soi-même. Elle contamine et dévalorise tout ce qu'on fait. Qu'importe ce qu'on réussit, puisqu'on a raté le principal, qu'on est fondamentalement raté.

Que reste-t-il à faire, si ce n'est trouver des consolations dans la nourriture ? En définitive, être stigmatisé pour son poids et accepter d'endosser le rôle de bouc émissaire d'un Occident boulimique conduit à grossir davantage, ou bien empêche de maigrir.

Mais faut-il pour autant chercher à s'assumer tel que l'on est, c'est-à-dire bien trop gros à son goût[4] ? Ne vaut-il pas mieux maigrir, tout simplement ? Rentrant dans le rang, on cesserait alors d'être discriminé, stigmatisé, et ses problèmes seraient résolus.

Certes. Mais on a vu que ce n'était jamais facile, et pas toujours possible.

• Ce que nous disons, ce n'est pas qu'il faille renoncer à perdre du poids, c'est que s'accepter tel que l'on est, aujourd'hui et maintenant, permettra de mieux se respecter, de mieux respecter ses sensations alimentaires.
• Manger en respectant ses sensations alimentaires permettra qu'on fasse son juste poids, celui que son corps prévoit.
• Dans bien des cas, cela conduira à perdre du poids, sans doute jamais autant qu'on l'aurait voulu, mais bon...
• Dans d'autres cas, le poids ne bougera pas : c'est donc qu'on était déjà à son poids d'équilibre.

➤ *« Je ne suis pas un bouc émissaire »*

Sans doute la première chose à faire est-elle de devenir conscient de la stigmatisation dont on est victime et de sa profonde injustice, de comprendre comment la haine de soi de l'Occident se mue en haine du gros.

Outre l'injustice fondamentale de la mécanique du bouc émissaire[5], il faut garder à l'esprit que, comme on l'a dit tout au long de ce livre, on ne fait pas ce qu'on veut de son poids. Les « yaka », qui conseillent de manger moins et de bouger plus, ne savent tout simplement pas de quoi ils parlent.

Il existe toutes sortes de conformations corporelles. Certains ont du ventre ou de la cellulite comme d'autres ont les yeux bleus. Il est injuste de vouloir faire du poids un indicateur de la valeur d'une personne, de la puissance de la volonté, de la capacité de maîtrise. Tout d'abord parce que bien des personnes minces ne font pas usage de la moindre volonté pour l'être. Elles sont ainsi naturellement, sans l'avoir mérité. Ensuite parce que bien des personnes en surpoids ne sont pas en reste question volonté. Comme elles ont justement à prouver qu'elles en ont, elles mettent souvent un point d'honneur à faire plus que leur part. Ce qui, remarquons-le, n'est d'ailleurs pas une si bonne idée...

Cette stigmatisation dont les gros sont les victimes, souvent ils ne la voient plus, n'y prêtent plus guère attention tant elle leur paraît normale.

Cela ne les empêche pas d'en ressentir les effets. Ne pas voir les mille et une vexations, attaques perfides, conseils doucereux, regards en coin, paroles faussement apitoyées, bons sentiments à trop bon compte, croche-pattes malintentionnés, mépris et haine, conduit à les intérioriser davantage, et en définitive à les valider. La peur et la haine des gros de nos sociétés se muent à un niveau individuel en haine de soi.

Mais attention cependant à ne pas entrer dans une sorte de ping-pong de la haine, en transformant la haine de soi en haine des autres, en basculant de la position de bouc émissaire consentant à la paranoïa pure et simple. Charybde et Scylla…

La victime résignée qui se fait victime plaintive et revendicative, voire révoltée et agressive, certes est dans l'air du temps, mais elle ne s'en porte pas mieux pour autant. Victime elle était, victime elle reste.

Sans doute vaut-il mieux travailler à assumer sa différence, ce qui conduit le plus souvent les autres à nous voir autrement.

➤ *Affronter ses principaux stigmatisateurs*

La rue, les lieux publics

Il est considéré comme normal, en France et dans les autres pays latins, de profiter du spectacle de la rue et des autres lieux publics[6]. On s'installe par exemple à une terrasse de café et on lorgne les gens qui passent. Ou bien on examine les gens qu'on croise dans la rue. Ou on contemple ses compagnons de voyage dans les transports en commun.

Et je ne vous parle pas des plages et des rebords de piscine, où c'est la grande occupation !

Voilà qui distrait et permet de passer agréablement le temps. On découvre toutes sortes de gens : des rabougris, des grandes perches, des bien en chair, des moustachus, des chauves, des qui ont la gueule de travers, ou de grandes oreilles, des blondes, des brunes, des rousses, des fausses blondes et des fausses brunes, des femmes à la poitrine orgueilleuse, d'autres qui sont plates, et ainsi de suite.

Lorsque vous vous déplacez dans la rue, lorsque vous vous trouvez dans un lieu public, vous faites partie intégrante du spectacle. C'est là votre ticket d'entrée pour être aussi spectatrice ou spectateur.

Les spectateurs ont le droit de regarder, et ils ont aussi le droit de penser ce qu'ils veulent des autres, et tout particulièrement de vous et de votre allure. Ils ne sont cependant pas autorisés à formuler des commentaires à haute voix ou à avoir des comportements déplacés.

Vous-même, vous avez tout aussi bien le droit de regarder qui vous voulez et d'en penser ce que vous voulez…

Souvent, les personnes en surpoids, honteuses, tentent de fuir les regards. Elles longent les bords d'immeubles, marchent trop vite, regardent ailleurs. Du coup, on repère leur honte de très loin.

Si vous vous sentez mal à votre aise sous le regard des autres, nous vous proposons un petit exercice d'affirmation de soi pour vous aider à assumer ce genre de situation, qui est, il faut bien le dire, le lot quotidien de tout un chacun.

Affirmez-vous !

Commencez par soigner votre présentation. Vous allez monter sur scène, alors autant en donner aux spectateurs pour leur argent ! Choisissez une rue ou une avenue passante, ou encore une place bordée de terrasses de café. Et maintenant, marchez !

Mais ne marchez pas en vous cachant. Marchez comme une princesse, un mannequin, un prince, un roi, une reine. Grandissez-vous, tirez les épaules en arrière, ce qui fait ressortir la poitrine, regardez quelques mètres devant vous, et arpentez le trottoir d'un pas lent et cérémonieux. On vous regarde : c'est bien. Assumez.

Après vous être fait contempler durant un petit quart d'heure au moins, vous pourrez à votre tour regarder les autres. Prenez place à la terrasse d'un café et regardez les gens qui passent. N'est-ce pas follement amusant ?

Cet exercice n'est pas aussi aisé qu'il y paraît. Aussi, afin qu'il vous soit bénéfique, aurez-vous sans doute à le recommencer plusieurs fois.

Vous aurez, espérons-nous, compris l'idée générale : exhibez votre fierté, et non votre honte. C'est alors cette même fierté que les gens verront, et non votre taille, comme vous en êtes persuadé pour le moment. L'opinion que les badauds se feront de vous-même en sera modifiée, de même que votre propre jugement sur la personne que vous êtes.

La famille et les amis

Les familles bien intentionnées, ou en définitive pas tant que ça, les amis donneurs de conseils, les voisins, sa concierge, tout ce petit monde véhicule les idées reçues et vous les fait partager. Comprendre pourquoi ceux qui vous aiment (?) vous plantent des poignards dans le dos est une première étape nécessaire. Trouver des réponses adéquates coule ensuite bien souvent de source.

Certains, à l'évidence, croient en toute bonne foi agir pour votre bien. Ils pensent que vous ne savez pas que vous êtes grosse ou gros, croient qu'il suffit de faire un régime, d'avoir un peu de volonté, et sont désireux de vous informer tout à la fois de votre situation et de la façon d'y remédier. Argumenter est la plupart du temps sans le moindre effet : on ne va pas contre autant d'idées reçues. Posez-leur donc la question. Vous aiment-ils ? Vous aiment-ils comme vous êtes ? Continueront-ils à vous aimer si vous ne maigrissez pas ?

D'autres ont eux-mêmes des problèmes avec leur poids et leur comportement alimentaire. Ils se servent essentiellement de vous comme bouc émissaire, afin de se dispenser de prendre conscience de leurs problèmes personnels. Ne les laissez pas faire. S'ils vous parlent de votre poids, parlez-leur de leurs propres difficultés de vie. Il n'est pas rare que ces difficultés soient du même ordre que les vôtres, et c'est bien pourquoi ils vous ont choisi comme bouc émissaire. Aiguillez vite la conversation sur les régimes qu'ils font, les privations qu'ils s'imposent, la souffrance qu'ils endurent. Demandez-leur à quelles méthodes amaigrissantes ils ont eu recours récemment, quels médecins ils sont allés consulter. Tiennent-ils le coup ? N'est-ce pas trop dur ? Félicitez-les éventuellement pour leur cran, leur volonté, leur performance. Intéressez-vous sincèrement à leur cas. Faites en sorte que le sujet de la conversation se centre sur eux et non plus sur vous.

Les collègues, les supérieurs, les subordonnés

On l'a dit, les gros sont victimes d'une discrimination à l'embauche. Cette discrimination, comme toutes les autres formes de discrimination, est désormais passible pour l'employeur d'une sanction pénale[7].

Peut-être ne porterez-vous pas plainte, mais c'est malgré tout bon de savoir qu'il est illégitime et illégal d'écarter une personne en raison de son physique.

La discrimination ne s'arrête pas à l'embauche, mais se poursuit tout au long de la vie professionnelle. Elle est essentiellement due, là aussi, aux idées reçues : les gros, croit-on, sont moins performants, en moins bonne santé, prennent davantage d'arrêts de travail et vont sans doute mourir avant l'âge de la retraite, laissant l'employeur dans le désarroi…

Là encore, tenter de combattre ces idées reçues revient à entreprendre une bataille contre les moulins à vent.

Ce que nous vous suggérons, c'est de démontrer que de telles idées ne s'appliquent pas à vous. Il convient pour cela que vous témoigniez par votre apparence, par votre vêture, par les soins que vous apportez à votre personne, que vous avez plutôt une bonne opinion de vous-même, que vous vous respectez et que donc les autres doivent faire de même.

Il vous revient d'agir « normalement », c'est-à-dire de ne pas prêter le flanc aux critiques, mais aussi de ne pas surcompenser. Travailler plus qu'on attend de vous, vous montrer plus serviable que les autres, plus aimable, plus dynamique, plus gai, plus ceci, plus cela, donne à penser que vous essayez de vous faire pardonner votre obésité et, en définitive, centre l'attention sur elle.

Le corps médical

On a vu que le corps médical tient le rôle d'un « grand stigmatisateur ». Il est parfois difficile d'entrer dans un cabinet médical sans en ressortir avec une leçon de morale et une feuille de régime.

• *Si vous consultez un médecin pour un problème quelconque qui n'a rien à voir avec votre poids,* par exemple si vous avez une infection, un problème cutané, des règles trop abondantes ou bien l'inverse, des problèmes neurologiques, si vous êtes plus ou moins sourd, ou bien mal voyant, ou bien si vous avez un cor au pied, ne vous en laissez pas imposer.

Vous pouvez certes faire l'éducation de votre médecin en lui rappelant qu'on peut être gros *et* en bonne santé, qu'un surpoids ou une obésité représentent un risque *de nature statistique* en ce qui concerne tant la santé que l'espérance de vie, et qu'il ne s'agit pas de fatalité.

Vous pouvez aussi ne pas tenter d'éduquer votre médecin. Après tout, ce n'est pas votre travail. Dans ce cas, vous vous contenterez de soupirer après son conformisme, et vous lui rappellerez sans impatience le but de votre consultation.

• *Si vous consultez en raison d'un problème médical qui peut être aggravé par le surpoids,* par exemple, si vous êtes diabétique, ou bien hypertendu, ou encore si vous avez des problèmes d'ordre vasculaire, ou si vos articulations ont du mal à supporter votre poids, si certains de vos organes sont défaillants, vous conviendrez bien volontiers avec votre médecin qu'il vaudrait mieux pour vous être plus mince. Mais, n'est-ce pas, dans la vie, les choses ne sont pas toujours comme on le voudrait. Vous, par exemple, vous aimeriez être plus mince, et aussi plus beau, et aussi plus riche, et aussi plus accommodant, mais vous ne l'êtes pas. Il revient donc à votre médecin de faire son possible pour vous soigner tel que vous êtes.

Pendant la grossesse

Le corps médical fait pression pour que les femmes enceintes ne prennent pas trop de poids durant la grossesse : il a raison, car une prise de poids trop importante peut entraîner des complications graves.

Il a cependant tort lorsqu'il impose aux gestantes des régimes qui leur gâcheront le plaisir de la grossesse. Il a encore plus tort lorsqu'il conseille aux femmes enceintes de maigrir, ou de ne pas prendre le poids normal.

Certaines études donnent à penser que les mères sous-alimentées en cours de grossesse auraient des enfants qui grossiraient plus volontiers par la suite. Vous ne voudriez tout de même pas, mesdames, que vos enfants deviennent gros parce que vous auriez fait trop de régimes ?

Les relations amoureuses et sentimentales

Nous avons bien entendu gardé le meilleur pour la fin : s'il est un domaine où les personnes honteuses d'être grosses ont tendance à se dévaloriser, c'est bien celui-là.

Cela les conduit fréquemment à être sujettes à ce que j'appelle le syndrome de Groucho Marx[8]. On pourrait résumer celui-ci par la formule : « Jamais je ne pourrais aimer quelqu'un qui aurait mauvais goût au point de m'aimer. » Ainsi, bon nombre de personnes en difficulté avec leur poids ont tendance à mépriser et à rejeter sans appel celles et ceux qui les trouvent à leur goût, et courir après celles et ceux qu'elles laissent indifférentes, qui en ne cédant pas à leur charme font preuve de bon goût et de perspicacité.

Vous plaisez à certains, mais vous ne le savez pas. Vous ne le savez pas parce que cela vous paraît tellement impossible que vous n'y prêtez pas la moindre attention. Vous ne guettez pas les petits signes, les regards, les mimiques, les postures qui, habituellement, permettent de deviner ce que les gens pensent de soi, s'ils nous apprécient, s'ils nous détestent, si nous leur sommes indifférents.

Vous pourriez plaire à quelqu'un, mais vous faites tout ce qu'il faut pour décourager les bonnes volontés. Dès qu'on se montre aimable avec vous, vous répondez par de l'agressivité, de la causticité, de l'ironie. Ou bien, à l'inverse, vous êtes si gentille, si gentil, si serviable, qu'on vous considère comme une ou un esclave, un non-être qui ne se respecte pas et que, donc, on n'a pas à respecter, qu'on ne voit pas comme une personne.

Certes, il y a les idées reçues : les gros sont laids, sortir avec eux est dévalorisant, et blablabla. Mais vous n'êtes pas « une grosse », ou bien « un gros ». Vous êtes vous. Une personne à part entière, avec ses qualités et ses défauts. Et même, vous êtes particulièrement remarquable, hors du commun. Vous n'êtes pas n'importe qui.

Savez-vous qu'on tombe amoureux des gens pour leurs défauts, plus que pour leurs qualités[9] ?

Bien entendu, vous ne séduirez pas tout le monde, mais seulement ceux qui y sont prédisposés. Mais c'est là le lot de tous. Les rouquines et les rouquins séduisent les personnes qui, pour de mystérieuses raisons (des raisons qu'on ne connaît le plus souvent qu'après des années de divan. Mais est-ce bien nécessaire ?), sont prédisposées à aimer les rouquins et les rouquines.

Rencontres sur Internet

Les sites Internet qui regroupent les personnes de forte corpulence font florès. On y trouve en particulier nombre de petites annonces de personnes bien en chair, souvent des femmes, qui recherchent des hommes prêts pour l'aventure, disposés aux aventures[10]. Eh bien, ces petites annonces sont loin de rester sans réponse, bien au contraire. Nombre d'hommes aiment les femmes bien en chair, et *vice versa*. Si vous croyez que c'est pour l'exotisme, ou par perversion, ou encore pour se moquer, vous êtes bel et bien sujet(te) au syndrome de Groucho Marx… Vous avez tort : il n'est pas rare que ces rencontres conduisent à des relations durables.

Si cesser de se morfondre, si prendre son destin en main en ce qui concerne la vie relationnelle, familiale, professionnelle ou sentimentale, vous paraît au-dessus de vos forces, il convient alors de vous faire aider. Certaines associations d'entraide s'y emploient[11]. Vous pouvez aussi avoir recours à un professionnel, entreprendre une thérapie d'affirmation de soi, une thérapie cognitive et comportementale, une démarche analytique, selon vos préférences.

Je m'assume tel(le) que je suis aujourd'hui

• Je comprends la nature du piège dans lequel je me trouve : en tant que grosse, que gros, je deviens le bouc émissaire idéal d'un Occident coupable de consommer autant et honteux de sa boulimie. La stigmatisation dont je suis victime m'a conduit(e) à intérioriser la honte d'être grosse ou gros, à culpabiliser de ne pas être aux normes. Cette honte et cette culpabilité contribuent à me faire manger au-delà de mes besoins.

• Les idées reçues concernant le poids et la façon de s'alimenter étant bien trop puissantes, je ne cherche pas à les attaquer de front.

• J'assume ma différence d'aujourd'hui, je me porte toute la considération qu'il convient, je veille à ce que les autres en fassent autant.

• Ma famille et mes amis, mes collègues, mes supérieurs, mes subordonnés me doivent cette considération. Ils n'ont pas à m'attaquer sur mon poids ou mon comportement alimentaire. Je leur demande du respect.

• Le travail du médecin consiste à me soigner au mieux, et non à me faire la morale ou à me demander des choses impossibles.

• Dans ma vie sentimentale, je pars du principe qu'une personne que j'intéresse est susceptible de m'intéresser.

Comprendre ce que manger veut dire évite bien des angoisses

À force de paniquer les mangeurs sous prétexte de les assister, de les culpabiliser sous prétexte de les guider, on aura tout fait pour les rendre fous de nutrition. Aujourd'hui, cela semble incroyable, mais on ne sait plus ce que manger veut dire.

Il nous faut donc reprendre les choses à la base.

Tout d'abord, le mangeur écoute sa faim. Lorsqu'elle lui dit qu'il est temps de manger, il s'exécute si les conditions le permettent. Tout en jouant des mandibules, le mangeur guette la survenue de sensations de rassasiement. Lorsqu'elles surviennent, il se désintéresse de la nourriture et part vaquer à d'autres occupations.

La faim n'est pas seulement une faim énergétique, elle consiste aussi en des appétits spécifiques : lorsqu'on est carencé en zinc ou en fer, on développe une appétence spécifique pour les aliments qui en contiennent[12].

> La plupart du temps, on mange lorsqu'on a faim et on s'arrête de manger lorsqu'on est rassasié.

➤ *Manger a un sens*

Cette mécanique physiologique, qui ne peut fonctionner que si on lui prête toute l'attention qu'elle mérite, n'est cependant pas la seule chose à laquelle on s'intéresse lorsqu'on mange[13]. Manger signifie nourrir non seulement son corps, mais aussi sa psyché. Le mangeur mange avant tout des aliments qui ont du sens, qui sont bons à penser. Il ne mange pas des glucides lents, mais du pain campagnard, du riz gluant à la mode thaïlandaise ou la semoule de son couscous. Il ne consomme pas des protéines, mais du jambon de Parme ou de Paris, du bœuf aux carottes, du steak tartare. Le pain, les boulettes de riz, le couscous, ont beau être similaires d'un point de vue diététique, ils n'en sont pas moins radicalement différents d'un point de vue alimentaire. Ils ne procurent pas les mêmes sensations, ne nourrissent pas, ne rassasient pas de la même façon. Le porc en jambon et le bœuf en steak apportent tous deux des protéines fort voisines, contenant les mêmes acides aminés, pratiquement la même quantité d'oligoéléments et de vitamines. Pourtant, on ne saurait échanger du bœuf contre du jambon, du steak contre du ragoût, du jambon de Parme affiné dix-huit mois et du jambon de Paris ordinaire.

Car en consommant son couscous, on incorpore des représentations. Ce sera du soleil, de la chanson raï, de la cuisine familiale et des souvenirs d'enfance, ou encore de la religion musulmane ; en mangeant son jambon de Parme, on incorporera de l'Italie et de la bonne humeur.

La cuisine, la gastronomie, les manières de table, sont des pièces maîtresses de l'art de manger ; elles déterminent le plaisir qu'on y prend, le sens qu'on donne à l'acte alimentaire, la satisfaction qu'on en retire. Et c'est parce qu'on sera satisfait de ce qu'on aura mangé qu'on sera en mesure de s'arrêter. À l'inverse, on peut manger sans fin quand on court après une satisfaction qui ne vient pas.

Faire passer la gastronomie, les arts de la table et la symbolique alimentaire avant la diététique est donc loin d'être sot. Ce l'est d'autant moins que cela conduit, paradoxalement, à respecter la diététique mieux que si on en est obnubilé. Car ce faisant, on tient davantage compte de ses appétits spécifiques, de ses sensations alimentaires de faim et de rassasiement, ainsi que de ce qu'on pourrait appeler ses émotions alimentaires.

Redisons-le sous une autre forme : le mangeur bien régulé est avant tout un mangeur qui n'a pas peur de ses émotions. Il mange afin de susciter en lui des émotions positives. Le mangeur civilisé consomme ordinairement du gâteau, non pas tant parce que son organisme réclame des aliments énergétiques que parce que c'est dimanche, qu'on mange en famille, ou qu'on a quelque chose à fêter. Certes, cette joie et cette nécessité sociales conduisent la plupart à consommer plus d'énergie calorifique que ce dont le corps a besoin à ce moment-là. Et alors ? Où donc est le problème ? Notre organisme, en temps normal, lorsqu'on ne l'embête pas avec la diététique, sait s'adapter et régule cet apport sur les repas suivants[14].

➤ *Manger pour se faire plaisir*

C'est aussi ce qui se passe lorsqu'on mange pour minorer des stress de nature variée, qu'il s'agisse de difficultés personnelles, professionnelles ou sentimentales. On mange alors pour se réconforter : *c'est là une chose absolument naturelle et normale*. L'oralité antistress ou consolatoire n'est aucunement à blâmer lorsqu'on y fait appel de façon ponctuelle ! On se console en se faisant une petite bouffe avec des gens qu'on aime, ou bien on s'octroie une douceur en douce, histoire de se remonter le moral.

Lorsqu'on a une bonne régulation alimentaire, cela marche fort bien.

> • Parfois, ce n'est pas par faim que l'on mange.
> • On mange par plaisir, par gourmandise, ou pour se réconforter face à une situation de stress.
> • Les individus qui sont bien régulés sur le plan alimentaire mangent spontanément moins aux repas suivants, souvent sans même en avoir conscience.
> • À l'inverse, lorsqu'on est angoissé et culpabilisé par le discours diététique ambiant, le réconfort procuré par la nourri-

ture s'en trouve irrémédiablement gâché, et on continue alors à manger encore et encore.

Chez un individu normalement constitué, le cerveau, bel organe, est parfaitement apte, sans l'aide du moindre nutritionniste, à intégrer cette multitude de données : les besoins en énergie, les besoins en nutriments et dans la plupart des micronutriments, les besoins émotionnels et affectifs, les connaissances intuitives que l'on a sur les qualités nutritionnelles des aliments qui sont à disposition. Seul le résultat de cette merveilleuse opération de computation parvient à la conscience, sous la forme d'une idée du genre : « Tiens donc, il y a de la tarte aux fraises ! Je crois que c'est exactement ce qu'il me faut. Un petit bout conviendra parfaitement. »

Opérer des choix alimentaires, régler les quantités consommées ne doit pas se faire selon des normes diététiques flageolantes, qui ne cessent de fluctuer au gré des dernières découvertes en la matière, aussitôt contredites par d'autres, et ainsi de suite. Chacun dispose d'un cerveau capable de conduire les opérations. Il ne tient qu'à lui de ne pas l'empêcher de fonctionner.

Rassurons les mangeurs : lorsqu'ils se font plaisir en mangeant, lorsqu'ils mangent quand ils sont en appétit et ce qui leur chante, lorsqu'ils ne mangent pas ce qui ne leur dit rien, lorsqu'ils cessent de manger quand ils estiment que c'est suffisant, ils se font du bien et font du bien à leur corps.

➤ *Halte aux interdits sur les nourritures les plus réconfortantes*

Qu'on ne craigne donc pas, en guise de collation, de consommer du chocolat ou des barres chocolatées, des biscuits, du pain, des fruits frais ou secs, si ce sont là ses attirances du moment et si, bien sûr, on en a à sa disposition. Lorsqu'on ne redoute ni les barres chocolatées ni leur absence, qu'on tient compte de ses sensations de rassasiement, alors il ne sera pas difficile d'en consommer la quantité adéquate.

Le chocolat, la crème de marron, les pâtes à tartiner, les biscuits fourrés, les croissants au beurre et aux amandes, les glaces à la pistache, et, du côté du salé, le saucisson, le foie gras, le cassoulet toulousain, la mayonnaise et les noix de cajou, qui sont tous des aliments sans reproche et qu'on ne doit pas craindre, ne se consomment néanmoins pas comme de la salade verte. Comme ce sont des produits nourrissants et qui entendent le rester, ils doivent être consommés avec la plus grande attention. Si on doit les savourer en bouche, c'est en premier lieu parce que, lorsqu'on a faim et tout particulièrement dans ce cas, ils sont particulièrement délectables. En second lieu, lorsqu'ils cessent de satisfaire les papilles, cela doit se comprendre comme le signal qu'on est parvenu au rassasiement. Il convient alors de s'arrêter d'en manger. Comme chaque bouchée est nourrissante, mieux vaut, pour ne pas faire d'excès et s'alourdir inutilement, ne pas rater ce moment parce qu'on aura été trop goulu.

Les aliments de faible densité calorique ne se mangent pas de la même façon : on se repère plutôt au volume. On mange un petit tas de haricots verts, quelques cuillers de ratatouille ou bien de riz blanc, un fruit ou deux, selon grosseur. Mais on nous aura tellement seriné que ce sont ces aliments-là et ceux-là seulement qu'il convient de manger qu'on aura perdu de vue la bonne façon de consommer les aliments à haute densité calorique !

➤ *Soyez attentif à vous*

N'ayez crainte d'utiliser les plaisirs de la table et les petites douceurs pour vous faire plaisir et vous réconforter. Mais si vous êtes conduit à abuser de ce genre de comportement, à en user de façon permanente, répétitive, c'est le signe que vous allez mal, que vous êtes incapable, temporairement ou bien en permanence, de régler vos difficultés non alimentaires autrement que par des voies alimentaires. En ce cas, demandez-vous ce qui ne va pas dans votre vie, et, si nécessaire, faites-vous aider.

Je comprends ce que manger veut dire

Afin de manger heureusement, je respecte les grands principes suivants :

- Je mange attentivement afin de pouvoir tenir compte de mes appétits : je mange quand j'ai faim, je ne mange pas quand je n'ai pas faim, je m'arrête de manger quand je suis rassasié.
- Quand je mange des aliments hautement énergétiques, je leur prête une attention toute particulière, afin d'en consommer la quantité dont j'ai réellement besoin.
- J'écoute mes appétits spécifiques. Je sens en moi ce que mon corps réclame et je le lui fournis, si les aliments en question s'avèrent disponibles.
- Je mange des nourritures qui ont un sens pour moi, qui conviennent à la personne que je suis et que je désire être.
- Je mange sans crainte des nourritures réconfortantes.
- Je cesse de manger quand elles m'ont satisfait.

Pour manger avec bonheur, il faut un temps, un lieu et des convives

Le mangeur moderne a tendance à bâcler son petit déjeuner, car il se lève à la dernière minute. On avale parfois sa tartine debout, sur le pouce. À moins que, le matin, bon élève, on ne fasse un petit déjeuner diététique, avec fibres vitaminées, boisson chaude, et une raclure de lipides insaturés sur ses glucides lents, autrement dit du pain complet tartiné de margarine anticholestérol.

Dans les grandes villes, le temps de déjeuner est souvent réduit à la portion congrue. On mange peu, tout d'abord par manque de temps ; ensuite on ne tient pas à ce que la digestion ralentisse l'activité ; enfin, dans une optique de maîtrise pondérale, on croit astucieux d'utiliser la concentration du travail pour se distraire de sa faim.

On mange en travaillant, on travaille en mangeant. Il n'est pas rare d'avaler une bricole sur un coin de bureau, en ne perdant pas de vue l'écran de son ordinateur.

Parfois, en particulier dans les grandes métropoles, le temps de déjeuner est purement et simplement escamoté. Il se peut que le salarié lui-même le saborde, en le remplaçant par un temps dévolu aux emplettes. Mais aussi, parfois, ce sont les instances dirigeantes qui le font disparaître. Dans certaines entreprises, on remplace le déjeuner par des réunions professionnelles, et, dans les universités, on met en place des emplois du temps qui ne laissent aucune place au déjeuner.

On aura donc mangé diététiquement le matin, inconfortablement, peu ou rien du tout au déjeuner, et, dans l'après-midi, on ne mange pas non plus, toujours par manque de temps, ensuite parce que le discours nutritionnel dominant le désapprouve. Si bien que, lorsqu'on arrive chez soi dans la soirée, fourbu, affamé, l'esprit encore vibrant de tous les stress liés à la vie professionnelle, comment ne pas se jeter avec avidité sur tous les aliments qui tombent sous la main ?

Et tout ce temps-là, on mange seul, désespérément seul !

➤ *La charte du mangeur*

Reprenons les choses au début.

Manger est un acte sérieux et important, un acte vital, non seulement indispensable à sa physiologie, mais aussi lourd de significations culturelles, gastronomiques, sociales. Il convient donc de lui accorder toute l'attention nécessaire, et pour cela, il convient de s'en donner les moyens.

Un temps suffisant pour manger, un lieu adapté ne sont donc pas du luxe, mais sont aussi indispensables qu'un lit pour dormir.

1. Prendre le temps de manger

Il convient donc d'organiser sa journée en fonction de ses prises alimentaires, et de glisser entre celles-ci les innombrables activités qui nous occupent. Faire l'inverse, manger en permanence à la va-vite dans les trous de son emploi du temps, conduit le plus souvent au désastre alimentaire.

On a dit précédemment qu'il convenait de faire des pauses afin de digérer ses journées. Ces pauses incluent la pause déjeuner, ainsi que les autres repas. Si on souhaite avoir la moindre chance de ne pas manger au-delà de ses besoins réels, qu'il s'agisse de besoins physiologiques ou de besoins psychologiques, les prises alimentaires doivent être posées, et mieux vaut être reposé lorsqu'on commence à manger.

On prendra donc le temps nécessaire au petit déjeuner, ou bien, si on n'est pas d'humeur au saut du lit, on prendra une collation un peu plus tard dans la matinée, quand on sera en appétit.

Dans l'après-midi, on n'hésitera pas à faire un goûter si, lors de sa pause, on constate qu'on a un petit creux. Cela sera d'autant plus nécessaire qu'on aura mangé légèrement à midi et qu'on prévoit un dîner tard le soir, comme c'est courant pour les habitants des grandes métropoles. Mais pauvres de nous, terrorisés par un corps médical, par des pouvoirs publics qui ne cessent de crier à tue-tête qu'il ne faut pas manger entre les repas, que le goûter est à la rigueur un truc pour les enfants, on n'ose pas la plupart du temps se l'autoriser !

2. Manger dans un lieu adapté

Où manger ? De même qu'on dort dans un lit installé dans une chambre à coucher, il est de bonne politique de manger assis, dans un endroit convenable. Il pourra s'agir d'une cuisine, d'une salle à manger, d'un restaurant, d'un réfectoire, ou, en été, d'un jardin public. Mais, de grâce, que ce ne soit pas devant sa machine, son machin. Faute de quoi l'esprit a bien du mal à faire la part des choses, à faire passer au premier plan les sensations alimentaires, à communier avec l'univers en portant en bouche sa pitance.

3. Manger ensemble

Avec qui manger ? Avec des gens. Et mieux vaut qu'ils soient sympathiques, car cela facilite la digestion. Manger est depuis des temps immémoriaux un acte social, et cette socialisation contribue à la régulation alimentaire. Que dis-je : elle en est une pièce maîtresse.

Dans nombre de pays qui ne sont pas encore totalement occidentalisés, on considère que rien n'est plus triste que de manger seul. On voit là le signe d'une profonde misère sociale et affective. Quant à manger devant quelqu'un sans lui proposer de partager, c'est d'une indécence difficilement imaginable.

Quand on mange sur un mode convivial, une même nourriture dans un esprit de partage, prêter attention à ce qui est mangé en commun vient spontanément. Car dans ce cas, on n'est pas seulement occupé par ses sensations alimentaires, mais aussi par celles des personnes qui nous accompagnent. Trouvent-ils ce que nous mangeons aussi bon que nous ? Ont-ils faim comme nous ? Ou bien comment se fait-il qu'ils n'aient plus faim alors que nous avons encore de l'appétit ? Nous autres Français aimons échanger des commentaires gastronomiques sur ce que nous mangeons, ou bien sur ce que nous avons mangé à une autre occasion, ce qui conduit à prêter davantage attention aux aliments consommés.

Les règles de la politesse et du savoir-vivre imposent aussi, lorsqu'on mange en public, de ne pas faire de bruits de bouche – ce qui oblige à prendre des bouchées de taille raisonnable – ou de ne pas parler la bouche pleine. Là encore, on mange moins vite et plus attentivement.

Cette empathie alimentaire, cette politesse que l'on doit aux autres comme à soi-même conduisent en définitive à manger posément et avec attention. Il est alors plus facile d'adapter sa consommation à ses besoins.

En fait, livré à soi-même, on peine à manger sur un mode civilisé, à porter à sa pitance toute l'attention qu'elle mérite. Manger en solitaire, c'est souvent manger sans considération. Vaut-on tous ces efforts, ou bien peut-on se contenter de manger une « cochonnerie », comme on dit ?

Ce manque de respect envers soi-même, cette absence de satisfaction, cette culpabilité forment un brouet indigeste qui conduit paradoxalement à manger davantage.

D'ailleurs, la boulimie se conçoit-elle autrement qu'en solitaire ? Certes, en public, on peut gueuletonner, ripailler, festoyer, bambocher, se livrer parfois à des orgies durant lesquelles on se fera vomir à la romaine pour mieux recommencer. Mais cela n'en fait pas des boulimies pour autant. Comme ces excès sont partagés, ils ne sont que des jeux sociaux plus ou moins amusants autour de la nourriture.

Manger ensemble, mais des aliments différents, comme cela se pratique désormais dans de nombreuses familles, est un pis-aller. Certes, chacun mange ses aliments préférés, mais il y perd ses points de repère, auquel cet effet de miroir qui se met en place lorsqu'on mange une seule et même nourriture à plusieurs contribue puissamment. Manger chacun pour soi, ce n'est pas manger ensemble, mais simplement à côté les uns des autres.

La culture de l'indépendance, privant du partage, conduit à la solitude. Et comme la solitude appauvrit, vide la personne de sa substance, la voilà bien obligée de se remplir de nourriture.

4. Manger en souplesse

Mais revenons à nos moutons et remarquons que manger en société revient à manger à heures plus ou moins fixes. Et si on n'a pas faim à ce moment-là ? Et si on a faim à d'autres moments ? Une fois encore, les règles rigides imposées par des médecins ou d'autres directeurs de conscience conduisent à dépouiller les modes d'alimentation de leur souplesse.

Vous avez faim entre les repas ? La belle affaire ! Mangez donc. Mais mangez en anticipant le repas suivant. Posez-vous une question du genre : vu qu'il est cinq heures, vu que je compte manger à huit heures, huit heures trente au plus tard, vu que j'ai à ma disposition des petits biscuits fourrés à la vanille, que je connais bien pour en avoir déjà croqué, combien dois-je en consommer pour avoir juste la bonne taille de faim, ni trop ni trop peu, lorsque viendra l'heure du dîner ?

Voilà une computation dont votre cerveau est parfaitement capable, sans l'aide d'aucune table de calories, si la diététique et la peur de grossir ne vous ont pas rendu fou. Pour parvenir à effectuer cette computation, votre beau cerveau doit savoir mesurer la puissance de votre appétit du moment. Il doit connaître comment cet appétit évolue généralement dans le temps, à quelle vitesse il augmente, à quel moment il se mue en faim dévorante et désastreuse. Enfin, votre cerveau doit connaître intimement comment les biscuits à la vanille vous nourrissent, et pour cela, il doit les considérer comme de la bonne nourriture, bien nourrissante, et non comme une forme de poison[15].

Cela vous paraît compliqué ? Mais pour votre cerveau, c'est l'enfance de l'art ! Il en est capable, croyez-nous, pour peu que vous ne l'ayez pas trompé, paniqué, culpabilisé.

Je mange sur un mode civilisé

- Je fais des pauses, qui me donnent l'occasion de mesurer la nécessité de manger.
- Dans la mesure du possible, je m'organise pour être en appétit aux heures des repas, afin de pouvoir manger en société.
- Ce réglage peut me conduire à faire des petites collations solitaires, à grignoter un bout par-ci par-là. Je ne m'en inquiète pas.
- Je prends le temps de manger, qu'il s'agisse de collations, de grignotage ou de repas.
- Je mange dans un lieu adapté.

Être actif pour renouer avec son corps

On nous rebat les oreilles avec le sport, l'exercice physique, qui nous sont présentés comme des actes d'hygiène, ou, pour les personnes en surcharge pondérale, comme des moyens d'expier leurs péchés de gourmandise, de prouver leur valeur, leur dynamisme, leur absence de fainéantise. On le considère encore comme un moyen de déclarer au monde qu'on a tout fait pour maigrir, y compris souffrir dans sa chair, et que, donc, on doit être absous de ses péchés et pardonné de son obésité[16].

Évacuez des calories, martèle-t-on[17] ! Et pour cela, laissez tomber les escalators et les ascenseurs pour prendre les escaliers ! Descendez du métro ou de l'autobus et poursuivez votre chemin à pied ! Prenez le vélo, non la voiture[18] !

Pourtant, ce n'est pas ainsi que font les minces, ceux qui vont bien dans leur corps et dans leur tête. Ceux-là tapent dans des balles, tirent dans des ballons, font des sports de glisse, nagent, courent, sautent, et plus généralement se donnent de l'exercice parce qu'ils y trouvent du plaisir. Ils s'amusent comme des petits fous, en retirent un mieux-être, une satisfaction, un contentement, le sentiment d'être pleinement vivants. En somme, ces gens-là ne perdent rien à faire du sport. Bien au contraire, le sport les emplit de joie, de vie, de bonheur, confère de la saveur à leur vie.

En somme, ce qu'on propose à nos gros, à nos dodus, à nos minces menacés incessamment d'obésité, est un terrible contresens. On leur conseille de perdre, alors qu'il leur faudrait gagner.

➤ *Des activités épanouissantes*

Pour les personnes en panne de minceur, trop souvent aussi en panne tout court, l'important n'est pas de dépenser, des calories ou autre chose, de faire sortir, mais bien au contraire d'acquérir de la substance, de faire entrer de l'air, de la vie en eux. Ces personnes sont volumineuses, mais à la façon de baudruches. En fait, elles sont vidées, épuisées.

Ce qui leur fera du bien, c'est de se livrer à des activités enrichissantes, épanouissantes, en bref, des activités nourrissantes. Nourries d'activités, enrichies d'expériences gratifiantes, elles seront moins avides de nourritures buccales.

Aussi, qu'importe que ces personnes fassent du sport, ou de la poterie, ou de la reliure, ou de l'aquarelle ? Du moment qu'elles y trouvent du plaisir, que cela les épanouit ; elles vont alors dans la bonne direction.

Une autre façon de le dire consiste à distinguer ce qui est de l'ordre de l'activité et ce qui l'est de la passivité. Être actif, c'est choisir ce qu'on fait, se sentir en adéquation avec le moment présent. Ne confondons donc pas activité et agitation. On peut être actif et immobile, ou bien passif et agité. L'activité nourrit l'esprit, la passivité le vide. Se contraindre à faire ce qu'on ne désire pas faire ou, pire encore, y être contraint par d'autres conduit au dégoût de l'action, au dégoût de soi-même.

> Chacun, donc, doit pouvoir choisir ses domaines de prédilection et en changer à son gré. Le seul encouragement qui vaille, c'est celui qui consiste à faire l'éloge de l'activité, qu'elle soit mentale, manuelle ou corporelle.

➤ *L'attention portée au corps*

Vient un moment, tout de même, où il est bon de considérer qu'on a un corps, qu'on est un corps. Ce corps, qui nous fait vivre, que l'on vit, qui est notre vie même, il convient d'en prendre soin. Si on le soigne, c'est par amour de lui, parce qu'on estime qu'il le mérite. Parce qu'il le vaut bien. C'est bien là que se situe le problème pour beaucoup de personnes en difficulté avec leur poids et leur comportement alimentaire. Elles pensent que leur corps ne mérite qu'injures et horions. Elles croient que ce corps récalcitrant, il convient de le discipliner afin de le faire rentrer dans le rang. Comment pourraient-elles penser autrement, puisque c'est leur corps qui fait leur malheur ?

Mais si elles veulent échapper à cette fatalité, il leur faut faire le premier pas en direction de ce corps mal-aimé. L'amour, les bons soins qu'elles prodigueront à ce corps, il les leur rendra, au centuple. Un corps qu'on commence à aimer est un corps qui commence à aller mieux.

On débutera donc par des papouilles. Les massages, les onctions, les jeux d'eaux, faits par soi-même ou par d'autres, sont un bon préalable. Ils engendrent des sensations, réactualisent le corps, font qu'on s'incarne pour de bon.

Ce n'est qu'un peu plus tard, lorsque ce corps est devenu aimable, qu'on peut commencer à lui donner de l'exercice. Sans brutalité, bien sûr. Pas davantage que ce corps n'est capable d'endurer. Il convient de laisser son corps progresser à son rythme, de se faire à cette nouveauté. Ce n'est que peu à peu que les muscles peuvent s'épaissir et s'alourdir, que les tendons se durcissent, que les articulations peuvent endurer l'effort, que le cœur prend l'habitude de battre plus énergiquement, qu'on trouve son souffle.

Mais, n'est-ce pas, c'est par amour de soi qu'on fait tout ça. Et le plus souvent, le corps, bon enfant, parce qu'il bouge avec bonheur, confère à son propriétaire un délicieux sentiment d'existence, la joie de se savoir vivant.

Donner de l'exercice à son corps sur un mode insensé, purement hygiénique, solitaire, déshumanisé, et un, et deux, et trois, et quatre, est des plus glauques. On ne persiste d'ailleurs que dans la mesure où on parvient à donner un sens à son activité physique, ce qui revient dans la majorité des cas à en faire une activité sociale. Il n'est pas indifférent de partager son exercice avec d'autres, de se mesurer à des semblables, au tennis, au foot, au jokari, à la pétanque, au tir à l'arc, aux abdo-fessiers, en faisant de la randonnée, du golf, de la luge, du tennis de table, de la danse africaine ou du vélocipède !

De grâce, abandonnons cette idée que donner de l'exercice à son corps est de l'ordre du soin médical, que c'est un devoir de santé, un pensum, bientôt remboursable par les assurances sociales, comme on tente désormais de nous en persuader[19] !

Comme en ce qui concerne l'alimentation, quand les choses fonctionnent bien, c'est le corps qui initie le mouvement. Il signale son appétit, de nourriture, de vie, et c'est à la psyché d'être à son écoute. Car une fois habitué à ce qu'on lui donne la nourriture attendue, les soins qu'il demande, le corps a ses exigences. Tous les sportifs vous le diront. Lorsqu'on arrête de donner de l'exercice à un corps qui y était habitué, celui-ci proteste et réclame son dû. Ah mais !

Je suis actif

• Je pars tout d'abord à la recherche d'activités enrichissantes, épanouissantes, nourrissantes. Il peut s'agir d'activités culturelles, manuelles, sociales.

• Je me procure des sensations corporelles grâce à des soins du corps. Sentir son corps, c'est se sentir vivre.

• Lorsque je m'y sens disposé(e), je donne de l'exercice à mon corps. C'est avec amour et en douceur, sans brutalité, en prenant mon temps, que je lui fais ce cadeau.

• Je privilégie les activités physiques que l'on peut faire à plusieurs. C'est le partage qui permet le jeu, qui entretient la motivation.

Conseils aux parents inquiets de l'obésité des enfants

Les familles aimantes s'inquiètent de ce que leurs enfants pourraient devenir obèses, si l'on n'y prenait garde. Aussi guettent-elles les moindres rondeurs, surveillent-elles anxieusement l'alimentation de leur progéniture.

Les plus attentives, les plus angoissées, sont bien souvent les mères ayant elles-mêmes des problèmes avec leur poids et leur comportement alimentaire. Honteuses d'être grosses, culpabilisées de ne pas se maîtriser, elles ne veulent surtout pas que leurs enfants vivent le même cauchemar qu'elles.

Elles se posent donc bien des questions : leurs rejetons ne sont-ils pas déjà prédisposés à prendre du poids pour des raisons génétiques ? Si tel est le cas, y a-t-il quelque chose à faire ? Ou bien le problème est-il plutôt de nature environnementale ? Dans ces conditions, ne vont-elles pas transmettre leurs difficultés comportementales à leurs enfants ? Comment l'éviter ?

Tout d'abord, commençons par rappeler que les facteurs qui induisent des obésités, des enfants comme des adultes, sont multiples et complexes. On ne saurait mettre dans le même panier ceux qui sont gros parce que telle est leur nature (ils ont hérité la conformation corporelle de membres de leur famille) ; ceux qui sont gros parce que, depuis leur plus jeune âge, leurs parents ont répondu à toutes leurs demandes par des offres de nourriture au point de les gaver ; ou ceux qui sont gros parce qu'on ne leur aura pas appris comment se mangent les aliments d'aujourd'hui ; ou encore ceux qui sont gros parce que, dans le même temps, on les aura tentés par une offre surabondante et on leur aura interdit d'y toucher, décuplant ainsi leurs désirs.

Cette surabondance alimentaire existe parfois au sein des familles. Mais même lorsque les parents veillent à ne pas disséminer les aliments les plus nourrissants dans la maison, il n'en reste pas moins que les tentations sont partout. Les publicités télévisées montrent que les enfants sains et heureux mangent de délicieuses friandises, que boire du Coca-Cola et manger du chewing-gum permet de se faire une bande de copains. Puis les magasins, les supermarchés, et même parfois l'école reproduisent ce qu'on aura déjà « vu à la télé »...

➤ *Il ne sert à rien d'interdire*

Il est vain de vouloir faire disparaître cette offre, de vouloir cacher aux yeux des enfants ce qu'ils ne sauraient voir. Il est tout aussi vain de leur interdire l'accès à certains aliments, considérés comme « grossissants ». L'éviction gouvernementale des distributeurs de confiseries dans les écoles, l'élimination des sucreries à la maison, ne font que renforcer les désirs et conduisent les enfants à instaurer une restriction cognitive dès le plus jeune âge. Dans nos sociétés fondées sur la consommation, les occasions d'accéder aux nourritures prohibées ne manquent pas. Que faire alors ? Instaurer une prohibition totale des barres chocolatées et des croissants au beurre ? On sait ce qu'il en a été de la prohibition de l'alcool mise en place dans certains pays au début du XXe siècle. Sans doute n'a-t-on jamais autant bu, et aussi mal, qu'à cette époque-là !

Mais, si interdire n'est pas la solution, laisser ses propres enfants manger à tort et à travers, en sauvageons, est tout aussi inconséquent. Manger les aliments multiples et sophistiqués auxquels nous avons désormais accès nécessite, comme bien d'autres choses, un apprentissage, une éducation. Faute de quoi, les enfants restent la proie de leurs pulsions et évoluent en délinquants alimentaires.

➤ *De l'amour avant toute chose*

Mais, avant d'en venir à cette éducation alimentaire, si nécessaire, rappelons que ce dont nos enfants ont besoin, avant tout, c'est de se sentir aimés. Gros ou menacés de le devenir, il convient de leur démontrer que l'amour qu'on leur porte n'est pas conditionnel, dépendant du poids qu'ils font, de l'apparence qu'ils ont, des aliments qu'ils mangent. Car alors, on instille en eux une honte innommable, une culpabilité inexpiable qui, inéluctablement, les détruira en les faisant grossir. Ces enfants-là seront les enfants du malheur, et ils auront bien de la peine à trouver le chemin de la résilience.

Parents, ne stigmatisez pas vos enfants ! Inculquez-leur la fierté, la joie de vivre, le goût de l'effort, le sens des valeurs, le culte de la jouissance, faites-les plus grands que vous-mêmes[20], que sais-je encore, mais, par pitié, ne leur donnez pas la honte d'être ce qu'ils sont !

Pourtant, nous sommes dans une société stigmatisante. Aussi ne suffit-il pas de s'abstenir d'enfoncer sous l'eau la tête de votre enfant. S'il est en surpoids, vous devez aussi lui apprendre à se défendre. Tout d'abord, aidez-le à comprendre ce qui se passe. Il vit dans une société rendue folle par sa boulimie consommatoire, par son idolâtrie de la minceur. Il se trouve en position de bouc émissaire plus souvent qu'à son tour, moqué par de petits camarades conformistes et cruels, par des enseignants itou, il est la proie de médecins normatifs, regardé de travers dans la rue, tout particulièrement s'il ose manger en public.

Pourtant, il n'a fauté en rien, il n'a pas à avoir honte de ce qu'il est, il n'est pas en cause en tant que personne[21].

Comment doit-il réagir ? Lorsqu'on évolue dans une société folle, il ne sert à rien de protester ou de chercher à rendre les coups. Découragez donc votre enfant de se faire lui-même justice, dans la cour de récréation ou ailleurs.

Quant à l'encourager à se poser en victime et à se plaindre, nous avons déjà dit tout le mal que nous en pensions[22].

Il devra donc composer avec cette injustice, la subir sans se laisser détruire. S'il y parvient, il aura démontré sa valeur, bien plus qu'en se résignant, il sera devenu plus fort, sera grandi, aura grandi.

L'aide qu'on peut apporter à un enfant gros ou menacé de l'être passe en premier lieu, dès qu'il est en âge de les comprendre, par ces explications, ces encouragements, ce soutien sans faille, cet amour. Car sa vie s'apparente trop souvent à de la survie en milieu hostile.

➤ *Lui donner le goût des bonnes choses*

Cela posé, venons-en à l'éducation alimentaire de votre enfant. Éducation alimentaire ne signifie pas éducation nutritionnelle, quoique celle-ci soit intéressante. Mais il aura bien le temps, en cours de biologie, de s'instruire. Il ne s'agit pas de transformer votre enfant en petit diététicien en herbe, de lui apprendre à manger avec sa tête, en équilibrant ses nutriments, en fonction de connaissances plus circonstancielles qu'on ne le croit. Il s'agit de lui apprendre à manger avec son cœur, de bon cœur, avec sa bouche et son ventre.

Et aussi avec un couteau et une fourchette, dans une assiette, à table, posément, en respectant les us et coutumes de son pays et de sa famille, tant qu'on y est. On lui apprendra aussi le sens de ce qu'il mange, sa valeur symbolique, son histoire et sa géographie. On lui fera régulièrement découvrir de nouveaux goûts, de nouveaux plats, et on négociera avec lui la composition des menus familiaux, sans que ni enfants ni parents puissent imposer une tyrannie.

Sans doute ne parle-t-on pas assez de ce qu'on mange. D'où le lait, le poisson, les viandes, les fruits et les légumes viennent-ils ? Comment tout cela arrive-t-il sur nos tables ? Comment cela se cuisine-t-il et d'où viennent ces recettes ? Pourquoi est-ce meilleur avec de l'huile, du beurre, du sucre, du sel, voire des épices ? Et ces aliments complexes que sont les préparations alimentaires produites par l'industrie agroalimentaire, comment leur donner sens, comment faire en sorte qu'ils deviennent des éléments d'une culture ? On ne le dira jamais assez : les conglomérats de nutriments ne sont pas des nourritures humaines. Ce qui fait l'aliment, ce sont ses valeurs symboliques et affectives. L'alimentation est un ciment social et culturel, un vecteur d'échanges au sein de la famille, entre les générations et entre pairs[23].

Cet enrichissement de l'acte alimentaire facilitera à votre enfant la perception de ses sensations de faim et de rassasiement, de ses appétits spécifiques, de ses émotions alimentaires, qui doivent normalement guider ses comportements alimentaires. Et de ce point de vue, on lui apprendra aussi comment se mangent les aliments les plus nourrissants (avec une énorme attention, afin d'en consommer la juste quantité) et comment se mangent les aliments de faible densité calorique (on en consomme un petit tas, en se fiant au volume).

➤ *Manger, c'est se faire du bien*

On lui apprendra encore que, lorsqu'on a besoin de se réconforter, on peut éventuellement le faire en mangeant des nourritures savoureuses. Certes, il existe bien d'autres moyens de faire face aux difficultés de la vie, et celui-là n'est sans doute pas parmi les meilleurs, puisqu'il s'avère un simple pansement, qu'il ne s'en prend pas à ce qui nous aura attaqué. Mais quoi qu'il en soit, cela fait du bien « par où que ça passe », malgré tout. Cependant, s'il s'avère que ce besoin de réconfort n'en finit pas, c'est que l'enfant est confronté à une difficulté qui lui est insurmontable. Le travail des parents consiste alors à s'enquérir de ce qui va de travers, d'aider leur enfant à affronter les problèmes.

Si on ne s'en sort pas, si le problème est crucial, si l'enfant y est disposé, peut-être sera-t-il bon, éventuellement, de le mener chez un psy, afin qu'il puisse aborder ses difficultés, les comprendre, leur trouver de nouvelles solutions. En somme, le psy, dans un tel cas, nous paraît une réponse plus adaptée que le médecin, qu'il soit pédiatre ou nutritionniste, qui aurait la sotte idée de le mettre au régime !

➤ *La vertu de l'exemple*

Rien ne vaut la vertu de l'exemple, et l'éducation alimentaire se fait pour l'essentiel par le modèle donné, la façon dont les parents se comportent face à la nourriture. Aussi, avant d'abreuver leurs enfants d'injonctions et de conseils, bien des parents feraient bien de s'occuper de leur assiette. C'est en particulier le cas des parents qui sont eux-mêmes en restriction cognitive, qui ont ou qui ont eu des difficultés pondérales, qui font ou ont fait de nombreux régimes, et qui, statistiquement, ont plus fréquemment des enfants en difficulté avec leur poids et leur comportement alimentaire. Ils se doivent de manger mieux eux-mêmes afin que leurs enfants aillent bien.

➤ *Transmettre le goût de l'activité*

Enfin, éduquer son enfant, c'est aussi l'encourager à être actif, à partir à la découverte et à la conquête du monde. Mais éduquer n'est pas contraindre, car comment s'épanouir à son corps défendant ? Forcer à faire de l'exercice sous une forme ou sous une autre est une tyrannie injustifiable. Cette épreuve de force est contre-productive, puisque cela ne peut que conduire l'enfant à souffrir en silence ou à se révolter, que cela ne peut que le détourner, parfois définitivement, des activités corporelles, ainsi que de ce corps, objet de toutes les haines et de toutes les peines.

Un enfant est spontanément actif, et un enfant immobile est un enfant en souffrance. Ce qui rend certains enfants gros immobiles, ce n'est pas le poids de leur corps, mais le poids de leur honte, de leur culpabilité, de leur souffrance. Les enfants gros qu'on n'aura pas traumatisés avec leur poids bougent normalement, s'activent avec plaisir comme les enfants normaux qu'ils sont.

Lorsque son enfant est en panne de corps, que faire ? L'important, comme on l'a dit, est de lui donner le goût de l'activité. Qu'importe si cette activité n'est pas physique. On l'encouragera donc à s'épanouir en faisant des travaux manuels ou intellectuels, des collections de timbres-poste, de poupées Barbie, de mp3, de films de vampires. On verra d'un bon œil ses passions pour l'astronomie ou les histoires d'amour. On favorisera principalement les activités en groupe, qui donnent lieu à des échanges, afin de l'aider à se socialiser.

Si on constate que, quoique actif, il ne manifeste aucune velléité d'action corporelle, on tentera de le séduire par des activités gratifiantes. Marcher, courir, grimper, pédaler, cela ne prend sens pour un enfant que si on va quelque part. C'est le cheval qui donne son sens à l'équitation. Les sports de balle et de ballon ne valent que par la compétition.

Là encore, les chats ne feront pas des chiens, et les parents actifs motiveront leurs enfants par la vertu de l'exemple. À l'inverse, des parents en difficulté avec leur corps et leur poids risquent d'avoir des enfants qui leur ressemblent. Parents, le plus grand bien que vous puissiez faire à vos enfants est de veiller à être bien dans votre peau !

J'aide mon enfant gros ou menacé de l'être

• J'aime mon enfant et je veux son bien, aussi, je lui témoigne tout l'amour possible, indépendamment de son apparence physique, de son poids, de son comportement alimentaire.

• J'aide mon enfant gros à affronter une société stigmatisante. Je lui explique, dès qu'il est en âge de le comprendre, qu'il lui faut vivre dans une société rendue folle par sa boulimie consommatoire, et devenue idolâtre de la minceur. En tant que gros, il en sera devenu le bouc émissaire. Pourtant, il n'a pas commis de faute, n'a pas à avoir honte, n'est pas en cause en tant que personne.

• Je fais en sorte que nous puissions manger aussi souvent que possible ensemble, une même nourriture, en famille ou en société.

• Je fais l'éducation alimentaire de mon enfant. Je lui apprends à manger avec son cœur, de bon cœur, avec sa bouche et son ventre. Je lui enseigne les multiples significations de ce qu'il mange, et aussi les us et coutumes, les manières de table. Je lui apprends à écouter sa faim, ses sensations de rassasiement, ses appétits spécifiques, ses émotions alimentaires, et à en tenir compte.

• Je lui montre le mode d'emploi des aliments les plus nourrissants, le mode d'emploi des aliments de faible densité calorique.

• Je lui apprends à se réconforter ponctuellement avec la nourriture.

• J'encourage mon enfant à être actif, quelles que soient les activités qui le passionnent.

• Je séduis mon enfant physiquement inactif par des activités physiques gratifiantes et valorisantes.

Pour tout cela, je prêche la vertu de l'exemple.

CHAPITRE 10

Une politique de santé publique en matière d'obésité est-elle possible ?

L'extension démesurée de l'obésité dans les sociétés occidentales, la fameuse « épidémie mondiale d'obésité », ne peut pas être attribuée à la somme de fautes individuelles. Il s'agit avant tout d'un problème de nature sociale.

Les problèmes rencontrés dans le domaine alimentaire par des personnes toujours plus nombreuses ne sont que le reflet d'une problématique plus générale. Ainsi, il ne s'agit pas seulement de s'occuper d'éducation alimentaire, mais d'éducation tout court.

Avant d'élaborer des solutions, il convient de poser un diagnostic sur les causes à l'origine du phénomène. Et c'est bien là le nœud du problème. Attribuer la montée de l'obésité à une mauvaise hygiène alimentaire, à une mécanisation à outrance ne conduira à l'évidence pas aux mêmes solutions que si on considère être face à une maladie de civilisation.

Et les maladies de civilisation ne se soignent pas, à notre sens, par des décrets et des lois. Lorsqu'il s'agit d'influer sur la culture, les croyances, les préconceptions, les mœurs, les objectifs et les modes de vie, davantage de subtilité est nécessaire.

Et puis, comment agir ? De ce point de vue, deux philosophies différentes s'affrontent. La première consiste à imposer des solutions, tandis que l'autre fait appel à l'autonomie et à la responsabilité individuelles.

Oui, ils sont de plus en plus nombreux, ceux qui demandent à ce que les instances supérieures règlent leurs difficultés à leur place et leur livrent des solutions toutes prêtes. L'innocence, la dépendance, la passivité et la tendance à se plaindre, qui sont le propre des sociétés en voie de matriarcalisation, sont dans l'air du temps. Peut-être donc sommes-nous démodés, nous qui nous défions d'un État, d'une administration, d'experts qui prétendent mieux savoir que les individus ce qui est bon pour eux.

Nous ne sommes cependant pas de ceux qui pensent que les pouvoirs publics doivent se contenter de regarder le nombre et le tour de taille des obèses croître et embellir en se croisant les bras.

Il nous semble que les pouvoirs publics peuvent aider le citoyen à s'aider lui-même.

Pour cela, nous proposons de rompre avec les politiques traditionnelles de prévention de l'obésité dont nous avons montré les dangers et l'inefficacité. Ces dernières sont fondées sur une approche diététique des problèmes de poids. Elles proposent essentiellement des mesures destinées à réduire la consommation d'aliments gras et sucrés et à augmenter les dépenses énergétiques.

Nous proposons d'adopter une autre politique de prévention. L'obésité peut être comprise comme résultant de l'incapacité de l'individu à ajuster ses apports alimentaires à ses besoins énergétiques. Le fil conducteur d'une telle politique pourrait donc être le suivant.

Un mangeur dont les mécanismes de régulation de la prise alimentaire fonctionnent bien aura un poids qui se situera spontanément à son poids d'équilibre physiologique. Des mesures efficaces de prévention de l'obésité consistent donc à lutter contre les facteurs de dérégulation et à promouvoir les facteurs qui favorisent et protègent une bonne régulation.

Certains facteurs de dérégulation, on vient de le dire, tiennent aux modèles de sociétés dans lesquels nous vivons. Ils doivent faire l'objet de débats de société, de réflexions personnelles, et non pas d'actions de santé publique.

D'autres, au contraire, nous paraissent susceptibles de faire l'objet d'actions de santé publique. Ce sont ceux-là dont nous nous occuperons ici.

Examinons donc à présent les dix mesures qui, à notre sens, aideraient à promouvoir une nouvelle politique de santé.

Lutter contre les facteurs de dérégulation : six mesures de santé publique

1. Lutter contre la discrimination et la stigmatisation des obèses

Dans notre esprit, il ne s'agit pas de transformer toutes les personnes obèses en personnes invalides. Certaines le sont, effectivement, et lorsque l'obésité s'accompagne d'incapacité, ces personnes doivent pouvoir accéder aux mêmes droits que toute autre personne handicapée. C'est d'ailleurs le plus souvent le cas. Mais nous croyons pouvoir affirmer sans crainte de nous tromper que bien des personnes en surpoids ne demandent pas autre chose que la justice et l'équité. Elles désirent qu'on les considère comme des personnes ordinaires, et non pas qu'on leur accorde des privilèges.

A. *En quoi la stigmatisation des obèses est-elle un facteur de dérégulation et d'obésité ?*

Discriminer, c'est établir des différences qui n'ont pas lieu d'être entre individus. La loi destinée à protéger les victimes de discrimination de toutes sortes existe, et indique qu'on ne peut pas discriminer des personnes en raison de leur apparence physique[1].

Stigmatiser va bien au-delà. Stigmatiser, c'est faire honte.

La honte faite aux obèses est un facteur puissant et sans aucun doute sous-estimé d'obésité. Elle discrédite les gros, les conduit à dévaloriser la moindre de leurs réussites. La culpabilité de ne pas parvenir à se maîtriser, si elle est plus avouable, a cependant les mêmes effets. Honte et culpabilité conduisent à chercher refuge dans l'acte alimentaire et aggravent le surpoids.

La honte faite aux obèses conduit aussi les *pas-encore-gros* à le devenir. La terreur qu'on fait régner en menaçant tout un chacun d'obésité conduit les personnes inquiétées à tenter de contrôler mentalement leurs conduites alimentaires et engendre par là même les problèmes qu'elle tente d'éviter. Nous savons combien l'épidémie de régimes a aussi sa part dans l'épidémie d'obésité.

Les individus discriminés et stigmatisés en raison de leur aspect physique ne peuvent pas se défendre contre les injustices qui leur sont faites. Au mieux, leur vie s'apparente à de la survie en milieu hostile. On comprend qu'ils en souffrent, qu'ils en arrivent à se plaindre. On comprendrait aussi qu'ils deviennent revendicateurs.

B. *Lutter contre la discrimination et la stigmatisation*

Les pouvoirs publics peuvent contribuer à aider les citoyens obèses à vivre mieux.

Le rôle premier de l'État devrait être, dans un esprit de justice et d'équité, d'entreprendre une lutte intense et acharnée contre la discrimination et la stigmatisation des ronds et des obèses.

Ces actions ne seraient pas qu'œuvres de justice, elles seraient aussi efficaces pour lutter contre l'obésité elle-même.

La loi destinée à protéger les victimes de discrimination existe. Reste à en faire la promotion et à la faire appliquer, ce qui n'est pas le cas actuellement, du moins pour la catégorie des citoyens en surcharge pondérale.

> Cette lutte contre la stigmatisation pourrait aussi prendre la forme de campagnes d'information à destination du grand public dans lesquelles seraient développées des idées fortes.
>
> • On ne choisit pas son poids, c'est notre poids qui nous choisit.
>
> • Le comportement alimentaire est principalement contrôlé par des processus inconscients.
>
> • L'obésité, résultant de déterminants complexes, n'est en aucun cas une maladie de la volonté.
>
> • La course à la minceur fait grossir.

C. *Les cibles principales*

L'État, pour lutter contre la discrimination et la stigmatisation des personnes en surcharge pondérale, peut faire œuvre d'information.

• *Dans le milieu professionnel,* il s'agit de lutter contre les formes de discrimination à l'embauche et celles durant la vie professionnelle, au moyen de la loi existante.

• *Dans les écoles, collèges et lycées,* il en va de même. Les enfants obèses ou bien ronds ne doivent pas subir de discrimination, pas plus que de vexations liées à leur apparence physique. Les cours d'éducation physique doivent être adaptés aux possibilités de chacun.

Une action d'information auprès du corps enseignant, confronté à l'augmentation du nombre des enfants en surpoids, est nécessaire. Cette action consisterait, bien entendu, à informer sur les dangers réels de la discrimination, et non sur les dangers supposés des matières grasses.

• *Dans tous les lieux publics,* les transports en commun, dans les salles de spectacles, les restaurants, les personnes en difficulté avec leur poids ne doivent pas subir vexations et injustices.

Elles doivent pouvoir disposer de places adaptées tout particulièrement dans les hôpitaux et les espaces médicalisés, les lieux ouverts au public, mais aussi dans les avions, dans les trains, dans les transports urbains, sans avoir à payer de surtaxe. Il convient de rappeler que c'est une personne qui prend son billet, qu'il ne s'agit pas d'un colis évaluable en kilos !

• *Le corps médical* doit être mieux informé par les organismes de formation sur les effets de la stigmatisation envers les personnes en souffrance avec leur poids et leur comportement alimentaire.

Il s'agit de décourager les professionnels de santé de tenir leur rôle de « grands stigmatisateurs », de rappeler aux soignants que leurs patients obèses ne sont pas gros de leur fait, parce qu'ils se seront mal conduits, auront mal mangé. Ils peuvent être gros pour des raisons tenant à la génétique, tenant aux modes d'organisation sociale, à la stigmatisation qu'ils subissent, aux méthodes de contrôle pondéral mal conduites auxquelles on les aura plus ou moins contraints, ou encore à leurs efforts solitaires et désespérés pour perdre du poids.

Il faut rappeler au corps médical, aux personnels paramédicaux, qu'il n'existe pas à ce jour de méthode amaigrissante simple, sans danger, efficace dans la durée.

Les personnes en surpoids ou obèses ont droit à des soins attentifs, en ce qui concerne tant des pathologies qui découlent ou qui sont aggravées par leur surcharge pondérale que des pathologies indépendantes, sans rapport aucun avec le poids.

Les femmes désirant être enceintes, ou bien enceintes, sont fréquemment en butte à une demande d'amaigrissement abusive de la part du corps médical. Il serait bon de rappeler aux médecins qu'une femme en surcharge pondérale peut être enceinte sans maigrir préalablement, et que maigrir durant une grossesse est déconseillé.

D'une façon générale, les soins, quels qu'ils soient, ne doivent pas être subordonnés à un amaigrissement hypothétique. Tant pour les personnes en surcharge pondérale ou obèses que pour les personnes sans problème pondéral, l'accent est à mettre non pas sur le contrôle du poids, mais sur une bonne hygiène de vie, sur la conservation ou l'amélioration de la santé.

• *Dans le milieu de la mode et l'industrie du vêtement.* Les personnes en surcharge pondérale doivent pouvoir se vêtir comme tout un chacun.

Le milieu de la mode est centré sur un modèle unique de beauté corporelle, qui se transforme en norme. L'industrie du vêtement ignore paradoxalement le marché que constituent les personnes rondes ou obèses. Les acteurs de la mode pourraient être encouragés à mettre en scène une plus grande variété de formes corporelles. L'industrie du vêtement pourrait, dans son propre intérêt, s'intéresser davantage au marché des personnes rondes ou obèses.

• *Auprès des médias.* Ceux-ci donnent à voir, majoritairement, des personnes idéalement minces, qui finissent par jouer le rôle de normes corporelles. Les médias font l'apologie de la consommation, du bien vivre et du bien manger, tout en prônant le contrôle et la minceur.

Les différents médias pourraient être encouragés à diversifier les individus mis en scène, du point de vue tant de l'âge, du sexe, de la couleur de peau que des formes corporelles.

• *Les associations d'usagers,* qui offrent un espace démédicalisé de reconstruction sociale en organisant des activités liées à l'estime de soi et à la lutte contre l'isolement, doivent être encouragées et soutenues dans leurs efforts.

2. Lutter contre la stigmatisation des aliments

Un point essentiel consiste à séparer ce qui relève de la préservation de la santé et ce qui relève de la gestion du poids.

Il apparaît dommageable de laisser croire qu'il serait nécessaire ou suffisant de manger équilibré pour perdre du poids. L'information et l'éducation nutritionnelles ne sauraient donc être considérées comme des moyens adéquats de lutte contre l'obésité.

> • La prévention de certaines maladies liées aux déséquilibres alimentaires repose sur la capacité à diversifier convenablement son alimentation. En outre, dans certaines pathologies, un régime spécifique doit être suivi.
> • La prévention du surpoids et de l'obésité repose sur la capacité à consommer les justes quantités d'aliments.
> • La diminution du poids repose sur la capacité à réduire ses apports caloriques.

A. ***En quoi la stigmatisation des aliments est-elle un facteur de dérégulation et d'obésité ?***

En matière de surpoids et d'obésité, il n'est pas justifié de stigmatiser certaines catégories d'aliments, d'établir des hiérarchies morales entre les aliments.

La stigmatisation de certains aliments conduit fréquemment à une surconsommation non seulement des aliments stigmatisés (les graisses et les sucres, habituellement), mais aussi des aliments non stigmatisés, qu'on croit pouvoir manger en toute impunité. Selon les circonstances et les personnes, ces surconsommations prennent la forme de comportements hyperphages, de compulsions alimentaires, de boulimies.

En raison de la stigmatisation, les sensations alimentaires assurant la régulation des apports caloriques sont perturbées. Cela facilite les prises de poids et l'obésité.

En vertu du principe d'incorporation : « Je suis ce que je mange », la stigmatisation des aliments conduit en toute logique à renforcer la stigmatisation des individus. Consommer des aliments jugés malsains aboutit à considérer ceux qui les mangent comme des êtres eux-mêmes malsains et méritant l'opprobre.

B. ***Lutter contre la stigmatisation des aliments***

Pour lutter contre la stigmatisation des aliments, il convient de cesser d'adresser au public des messages du type « mangez moins de… », de promouvoir des messages du type « mangez à votre faim ».

• *« Manger moins de… » est un message négatif, stigmatisant et faux.*

Tout discours destiné à faire porter la responsabilité du surpoids sur une catégorie d'aliments constitue une erreur scientifique et contribue à stigmatiser à tort cette catégorie d'aliments. Ce qui entraîne une prise de poids, ce n'est pas la consommation de tel ou tel aliment, mais une consommation alimentaire globale apportant une quantité d'énergie supérieure aux besoins de l'individu dans une période donnée.

• *« Manger selon sa faim » est un message positif, non stigmatisant et juste.*

Les sensations alimentaires, la faim, le rassasiement et la satiété, constituent le seul moyen naturel de se nourrir pour maintenir son poids. Elles permettent à chacun d'ajuster de manière inconsciente ses apports alimentaires à ses besoins énergétiques, cela quelle que soit la nature des aliments consommés. Elles constituent donc le moyen le plus efficace de prévention du surpoids.

3. Promouvoir une information et une éducation nutritionnelles rassurantes

• L'information nutritionnelle porte sur le contenu des aliments. Elle nous renseigne sur la composition en macronutriments (c'est-à-dire en protéines, glucides et lipides), en micronutriments (c'est-à-dire en oligoéléments et en vitamines), ainsi que sur le contenu en substances ayant une action sur la digestion, l'assimilation ou l'excrétion (par exemple les fibres ou les molécules probiotiques).

Les allégations nutritionnelles, qui consistent en des informations sur les effets sur la santé de certains aliments, font également partie de l'information nutritionnelle.

• L'information alimentaire porte quant à elle sur la nature et l'origine des aliments, sur leur teneur en additifs, en allergènes, en contaminants (pesticides, métaux lourds…), ainsi que sur leur mode de préparation et de consommation.

• L'éducation nutritionnelle fournit les clefs permettant d'utiliser ces informations. Connaître les grands principes de la nutrition, comprendre à quoi servent les protéines, les glucides, les lipides, les principales vitamines, les oligoéléments, tout cela s'avère passionnant, et on fait bien de l'apprendre aux enfants lors des cours de biologie. Nul doute que des émissions télévisées de vulgarisation scientifique passionneront aussi les parents.

De même qu'il est plus satisfaisant de comprendre comment fonctionne un moteur à explosion quand on monte dans sa voiture, il est satisfaisant, lorsqu'on fait face à son assiette, de se dire qu'on comprend à quoi servent les protéines de notre bifteck, les glucides de la pomme qu'on mange, ou bien les fibres et les vitamines des légumes qu'on croque.

Mais n'en venons pas, tout de même, à idolâtrer la diététique, comme c'est le cas aujourd'hui. Car de même que la compréhension du moteur à explosion ne fait pas le bon conducteur, la compréhension des actions des nutriments ne rend pas le mangeur compétent.

- C'est l'éducation alimentaire qui fournit au mangeur un cadre pratique et régulateur.
- Les savoir-faire alimentaires sont de nature culturelle ; ils déterminent les choix alimentaires (le comestible et le non-comestible), les modes de préparation, les modalités de consommation (la répartition des prises alimentaires, les manières de table).
- Ce cadre facilite la régulation de la prise alimentaire, il est même indispensable à celle-ci.

A. *En quoi l'information nutritionnelle peut-elle devenir un facteur de dérégulation et d'obésité ?*

L'excès d'informations, des informations contradictoires ou inutilisables augmentent le désarroi et l'anxiété des mangeurs.

L'information nutritionnelle, essentiellement fondée sur des données statistiques, épidémiologiques, ne saurait prendre en compte les besoins réels, les spécificités de chacun. Elle s'avère, à l'échelle de l'individu, un leurre, une fausse réassurance.

Et surtout, elle conduit à manger « avec sa tête », sur un mode fonctionnel, des conglomérats de nutriments au lieu d'apprécier des repas ayant une valeur culturelle et sociale.

> Aussi, l'information nutritionnelle n'est pas anodine. Lorsqu'elle est mal faite, sur un mode dogmatique, lorsqu'elle n'est pas accompagnée d'éducation alimentaire, elle est susceptible d'entraîner des troubles du comportement alimentaire et des problèmes pondéraux.

B. *Promouvoir une éducation nutritionnelle utile à la santé*

L'excès d'information augmentant la confusion, il serait souhaitable de s'en tenir à la promotion des seules informations utiles, c'est-à-dire celles qui auront fait la preuve de leur efficacité sur la santé.

Il nous semble qu'un travail de réflexion en amont sur l'efficacité de l'information nutritionnelle devrait être conduit par les instances scientifiques et les industriels de l'agroalimentaire.

À l'évidence, certaines informations sont indispensables à la santé et à la sécurité des mangeurs. C'est le cas de la composition en aliments pour les personnes présentant des allergies alimentaires ou de la composition en certains nutriments, tels les glucides ou les protéines, pour les personnes qui présentent des affections rendant obligatoire la surveillance des nutriments qu'ils consomment.

En revanche, la teneur en vitamines d'un produit, ou le pourcentage des apports journaliers que cela représente, nous semble une information beaucoup moins utilisable.

C. *Interdire les allégations santé non fondées*

La pertinence des allégations nutritionnelles, qui conduisent à transformer les aliments en alicaments, nous paraît discutable. Alléguer que la consommation de tel nutriment ou aliment permet de diminuer le risque d'avoir telle ou telle maladie constitue-t-il un ensemble d'informations pertinentes, pouvant réellement être utiles au mangeur ?

Les arguments publicitaires, qui prônent la « minceur » ou la « santé », ne devraient pouvoir être utilisés que lorsqu'ils ont fait la preuve de leur efficacité sur la santé de populations définies.

4. DÉMÉDICALISER L'ALIMENTATION

Des personnes de plus en plus nombreuses ont des besoins énergétiques en diminution. Cette évolution est due à nos modes de vie, de plus en plus sédentaires, c'est-à-dire de plus en plus confortables.

Dans ces conditions, la satisfaction des besoins de l'organisme en micronutriments et en vitamines, d'une part, et le maintien d'un poids satisfaisant, d'autre part, sont des objectifs de moins en moins conciliables.

- Pour les personnes ayant des besoins énergétiques diminués, chercher à couvrir l'ensemble des besoins de l'organisme en micronutriments et en vitamines uniquement au moyen d'aliments oblige à consommer de trop grandes quantités de nourriture et conduit à prendre du poids.
- L'alimentation en vient à être alors majoritairement gouvernée par des considérations médicales.

A. *Dissocier les besoins en vitamines et en micronutriments des considérations alimentaires*

Afin de libérer l'alimentation de ce carcan d'une alimentation médicalisée, il convient de songer à d'autres modalités d'apports en vitamines et micronutriments essentiels.

Certains aliments pourraient par exemple être enrichis en micronutriments. Cette politique est appliquée pour certains micronutriments. Par exemple, en France, on enrichit le sel de table en iode pour prévenir le crétinisme goitreux et d'autres maladies de la glande thyroïde. Certains pays ont lutté avec succès contre le spina-bifida en enrichissant certains aliments en acide folique.

Une autre solution serait de recourir à des compléments nutritionnels, qui pourraient être préconisés en priorité aux personnes qui ont des besoins énergétiques limités.

B. *Recentrer l'alimentation sur des valeurs culturelles*

L'alimentation pourrait alors être essentiellement gouvernée par la culture, la gastronomie, la convivialité, le partage, la religion, la philosophie, y compris pour les petits mangeurs.

5. Lutter contre l'hégémonie de la minceur

Les personnes exagérément préoccupées par leur poids et leur formes corporelles ont tendance à privilégier une alimentation gouvernée par la diététique au détriment d'une alimentation principalement régulée par des facteurs sensoriels. Elles ont tendance à culpabiliser, à s'angoisser, ne parviennent plus à manger avec attention et bonne conscience toutes sortes d'aliments qui apporteraient du plaisir gustatif, qui évoqueraient de bons souvenirs, qui véhiculeraient des symboles positifs. Ce qui entraîne une recrudescence de troubles du comportement alimentaire et de divers troubles psychopathologiques, et conduit à une augmentation des problèmes pondéraux. Ces phénomènes concernent prioritairement les classes sociales moyennes et moyennes supérieures.

Pour ces personnes, des mesures de prévention adaptées consisteraient pour l'essentiel en :

1. une dédramatisation des problèmes pondéraux ;
2. un discours de déculpabilisation de la consommation de tout type d'aliment ;
3. une remise à l'honneur de l'écoute de ses sensations et émotions alimentaires.

Dédramatiser l'excès de poids pourrait contribuer à désamorcer la spirale infernale qui conduit à des préoccupations excessives portées au poids et à la silhouette, aux troubles du comportement alimentaire… et à la prise de poids.

Ensuite, la diabolisation des aliments hautement énergétiques contribue à les rendre d'autant plus désirables. Dédramatiser leur consommation, faire remarquer que ce sont des aliments banals, qu'on peut consommer à la demande, dont on ne va donc pas manquer, permet de les consommer de façon plus adéquate, en leur prêtant l'attention qu'ils méritent, dans des quantités correspondant aux besoins du moment, et non pas sur un mode compulsif, à la va-vite, sans véritable plaisir gustatif.

Les aliments proposés par les industries agroalimentaires, qui sont à la disposition de chacun, manquent souvent d'un mode d'emploi. C'est tout particulièrement le cas des produits à haut pouvoir énergétique. L'information à leur sujet ne devrait pas consister à les dénigrer, mais devrait porter bien au contraire sur la façon adéquate de les consommer : comme de faibles quantités suffisent à nourrir, il convient de les savourer avec toute l'attention qu'ils méritent.

• L'association de ces trois types de messages devrait permettre aux mangeurs de reprendre confiance dans leur capacité à réguler les prises alimentaires en écoutant leurs appétits.

• Ces mangeurs, contentés par leur pitance, seraient davantage aptes à s'arrêter de manger dès lors qu'ils seraient rassasiés.

• Les personnes qui ne parviendraient pas à suivre de tels conseils devraient être aidées dans leurs comportements alimentaires. On quitterait alors le domaine de la prévention pour entrer dans celui du soin.

6. Mettre en garde le public contre les méthodes charlatanesques

Les pouvoirs publics devraient mettre en garde contre certaines pratiques dangereuses. Des régimes amaigrissants, des produits pharmacologiques et diététiques, des méthodes et des appareillages amaigrissants de toutes sortes peuvent être promus et commercialisés sans que personne ne mette en garde le public contre les faux espoirs qu'ils entretiennent, et contre les dangers qu'ils font courir à la santé physique et mentale.

Promouvoir les facteurs de régulation : quatre mesures de santé publique

Manger est un acte complexe, normalement contrôlé en dehors de la conscience et de la volonté de l'individu. Afin de manger juste, en qualité et en quantité, il convient de savoir écouter son corps. Les sensations alimentaires de faim et de rassasiement, les émotions alimentaires que nous traduisons sous forme d'appétences spécifiques, ainsi que les appels au réconfort alimentaire doivent être perçus et respectés.

Respecter ses appétences, consommer du chocolat quand on a envie de chocolat et des légumes verts quand on en a envie de légumes verts, conduit à un équilibre alimentaire certes non standardisé, mais sans doute adapté à chacun. On consomme ainsi une nourriture adaptée en qualité et en quantité, et le poids que l'on fait correspond alors au poids physiologique.

Se réconforter en mangeant des aliments à haute densité énergétique, ou encore les consommer lors de festivités, voilà des conduites alimentaires normales. Ce n'est que lorsque de tels comportements deviennent répétés, systématiques, qu'ils ont des effets délétères et qu'ils posent des problèmes.

Lorsque tel est le cas, on devra rechercher les causes de ces surconsommations. Elles peuvent être de nature sociale, dues à l'addition de l'acculturation alimentaire et d'un environnement tentateur, dues à des préoccupations exagérées concernant le poids et les formes corporelles qui conduisent à une alternance de restriction et de pertes de contrôle, ou bien à des difficultés d'ordre psychologique et social. Le repérage de tels problèmes, à la base de nombreux troubles du comportement alimentaire et de surcharges pondérales, ne peut se faire qu'au cas par cas. Il ne s'agit plus alors de prévention, mais de prise en charge d'un trouble psychologique ou social.

Certaines conditions sont indispensables à une bonne régulation, sur lesquelles il est possible d'agir.

7. Promouvoir des conditions de restauration propices à la régulation

A. *Manger de façon adaptée nécessite de bonnes conditions matérielles*

Les pouvoirs publics, qui édictent des réglementations destinées à protéger les citoyens contre des abus de pouvoir, contre des modes d'organisation sociale qui nuisent audit citoyen, seraient parfaitement dans leur rôle s'ils veillaient à ce que les employeurs, les universités, les écoles octroient à leurs salariés, étudiants, élèves, un temps suffisant pour manger et mettent à leur disposition des lieux adéquats pour ce faire.

- Les pouvoirs publics seraient encore dans leur rôle s'ils expliquaient à la population pourquoi il est de son intérêt de profiter de la pause déjeuner pour déjeuner, de la pause goûter pour goûter.
- Encourager les mangeurs à faire des pauses de détente, tout au long de la journée, comme on encourage les automobilistes à le faire pour prévenir les accidents, serait tout aussi bienvenu. On irait alors dans le sens d'une meilleure hygiène physique et mentale.

B. *Encourager l'aspect socialisé des repas*

Les régulations sociales des prises alimentaires constituent un étayage essentiel des régulations physiologiques individuelles.

Lorsque cela est possible et souhaité, il sera avantageux d'encourager des repas socialisés favorisant l'échange et la détente. Nous observons une tendance dans les familles à manger séparément et/ou des plats différents.

Le discours diététisant ambiant, qui conduit à croire que manger consiste pour l'essentiel à ingurgiter des conglomérats de nutriments, à faire le plein à la pompe, ce que chacun peut très bien faire seul, contribue à la désocialisation de l'alimentation.

8. Promouvoir une éducation alimentaire digne de ce nom

A. *Les aspects culturels, gastronomiques, sociaux, religieux ou philosophiques de l'acte alimentaire sont indispensables à la régulation*

Ces aspects ne sont pas des enjolivements superfétatoires. Les pouvoirs publics pourraient agir utilement en encourageant tout ce qui est de l'ordre du savoir-faire culinaire, des arts de la table et de la gastronomie.

La richesse des traditions alimentaires de notre pays, de ses différentes régions, fournit des points de repère salutaires, confère du sens à l'acte alimentaire, constitue un cadre propice à une bonne régulation alimentaire.

Les plats et les modèles alimentaires en provenance d'autres régions du monde, la créativité culinaire, les créations multiples et toujours renouvelées des industries agroalimentaires, qui proposent au consommateur un éventail de produits de plus en plus vaste, correspondant aux modes de vie modernes, permettent de diversifier, d'enrichir, de renouveler tous ces modèles d'alimentation fondés sur des savoir-faire empiriques.

B. *Une éducation alimentaire digne de ce nom doit normalement permettre à chacun d'évoluer avec aisance dans ce monde à l'offre surabondante*

Les aliments hautement énergétiques, riches en gras et en sucres, désormais à la disposition de tous pour des sommes modiques, sont parfois consommés au-delà des besoins physiologiques. S'agit-il alors de les diaboliser, d'en augmenter le prix, de compliquer leur achat, d'en réduire la disponibilité, voire de les interdire ?

Nous pensons qu'il conviendrait plutôt, pour ce type d'aliment plus encore que pour les autres, du fait de la stigmatisation dont ils sont l'objet, de faire à ce sujet un travail d'éducation alimentaire.

> • Les aliments riches en gras et en sucres se mangent en les savourant longuement, puisque très peu suffit à nourrir.
> • Lorsqu'on en consomme en excès, de façon répétée, systématique, et que cela produit des effets nocifs, il devient alors nécessaire de rechercher les causes de ces surconsommations.

9. Valoriser la diversité de cultures alimentaires

Certaines personnes n'ont pas acquis de savoir-faire alimentaire de nature empirique, ou bien les traditions alimentaires acquises préalablement sont culturellement dévalorisées. Certains n'ont pas non plus accès, pour des raisons culturelles et sociales, à l'information et à l'éducation nutritionnelles, ou bien ne sont pas en mesure d'en tenir compte. Il n'existe donc plus pour ces personnes de point de repère d'aucune sorte pouvant guider les comportements alimentaires. On retrouve en particulier ces cas de figure dans les populations déracinées, mal transplantées, acculturées.

Rappelons aussi qu'être pauvre dans une société fondée sur le consumérisme est un stress en soi. On est alors fréquemment tenté de faire davantage appel à des mécanismes non spécifiques de défense contre le stress, par exemple la consommation d'alcool, de tabac... et de nourriture. Accéder aux rutilants produits alimentaires industrialisés est aussi une forme de participation à la société consumériste, une façon de se prouver qu'on n'en est pas exclu.

Ces « mangeurs innocents », déstructurés, sans ancrage dans des habitudes alimentaires héritées, subissent plus que d'autres l'impact d'un environnement poussant à la consommation alimentaire.

Sans doute sont-ce là des explications au fait que c'est dans ces populations défavorisées qu'on trouve la plus grande proportion d'obèses, la plus grande progression d'obésité infantile, et les obèses les plus obèses.

Les pouvoirs publics pourraient agir utilement sur ces phénomènes non pas en restreignant la disponibilité des aliments à haute densité énergétique, ni en organisant des distributions de fruits et de légumes, mais en valorisant les cultures alimentaires tant françaises que maghrébines, africaines ou asiatiques, les divers plats nationaux et régionaux propres aux différentes cultures, la façon de les consommer.

On ne conseillerait plus de compter les fruits et légumes consommés, les portions de céréales ou de protéines, mais on ferait la promotion des richesses culturelles alimentaires qui sont à la disposition de tous.

Tout un chacun peut ainsi se recentrer sur sa culture d'origine, ou bien « voyager dans son assiette », consommer des plats traditionnels, qui comportent le plus souvent des ingrédients variés, et dont l'assemblage a fait ses preuves.

Ces différents plats peuvent être une occasion de cuisiner, ou être assemblés à partir de produits semi-finis proposés par l'industrie agroalimentaire, ou encore être achetés tout préparés.

> Faisons un rêve. Les campagnes d'information diététique seraient remplacées par des campagnes faisant la promotion du bien manger, des mille et un plaisirs de la table, de plats complets porteurs de sens et, cela coule de source, du partage de la nourriture et de la convivialité. On conseillerait à tout un chacun de prendre son temps pour manger, d'écouter soigneusement ses appétits afin de consommer les quantités qui lui conviennent à un moment donné.

> On imagine des slogans du genre :
> « Pour dormir, il faut un bon lit ; pour manger, il faut une bonne table. »
> « Avec qui allez-vous avoir la joie de manger aujourd'hui ? »
> « Manger triste, c'est manger trop. »
> « Plus tu manges vite, et plus tu manges. »
> « Avez-vous faim pour un sandwich, ou bien pour un demi-sandwich ? Pour une assiette ou pour une demi-assiette ? Quand on n'a plus faim, pourquoi finir ? »

10. Promouvoir la réconciliation avec son corps

Être actif plutôt que passif est bon autant pour le corps que pour l'esprit. À condition toutefois qu'il s'agisse d'activités qui ne soient pas insensées, faute de quoi on ne serait pas actif, mais simplement agité. Si l'activité est motivante, l'agitation est simplement fatigante.

Ainsi, marcher dans des rues sans âme, dans des couloirs de métro, prendre les escaliers sales et glauques plutôt que des escalators ou des ascenseurs pour se donner de l'exercice, cela nous apparaît comme autant de conduites masochistes prescrites par l'État.

Les personnes bien dans leur peau ne se livrent nullement à ce genre d'excentricités. Celles-là s'activent par nécessité et par plaisir, elles en retirent enrichissement et épanouissement.

C'est aussi le cas des personnes actives dans les domaines culturels, artistiques, scientifiques.

Les pouvoirs publics pourraient faire œuvre d'information, auprès du grand public, auprès des professionnels de santé, auprès des professeurs et des moniteurs de gymnastique, en promotionnant les idées suivantes :

A. *En l'absence de surcharge pondérale, mieux vaut mener une vie active que trop s'obnubiler sur sa silhouette*

Mener une vie active, sur le plan tant physique que mental, permet l'épanouissement personnel. Donner de l'exercice à son corps doit se concevoir comme un acte d'amour envers ce corps, et, comme on sait, l'amour ne se commande pas. À la rigueur, il se recommande.

B. *Conseillons aux personnes en surcharge pondérale ou obèses de se réconcilier avant tout avec leur corps*

En ce qui concerne les personnes en difficulté avec leur poids, comme trop souvent en raison de l'intériorisation de la honte d'être gros celles-ci sont tout particulièrement sujettes à l'inhibition. Toute activité, de quelque ordre qu'elle soit, devrait être encouragée. Souvent, la haine du corps est trop importante pour pouvoir envisager l'exercice physique autrement que sur le mode de la punition et de la souffrance.

Les premières approches corporelles devront donc avoir un objectif de réconciliation, et non de performance. Il s'agit d'encourager les personnes en surpoids ou obèses à donner progressivement de l'exercice à leur corps, dans la mesure de leurs moyens, avec amour et en douceur, sans brutalité, en prenant leur temps.

Une prévention adaptée aux enfants et aux adolescents

Les mesures envisagées à ce jour, qui conduisent à instituer un ordre diététique en demandant aux enfants de manger avec leur tête et non pas avec leur cœur et leur ventre, qui visent même à instaurer une gymnastique d'État, nous inquiètent.

Nous préférerions que les pouvoirs publics recourent à des actions d'un autre ordre :

• Il convient tout d'abord de lutter contre la discrimination des enfants gros, au moyen des lois existantes.

• Il convient aussi de lutter contre la stigmatisation de l'obésité infantile, dans le corps enseignant, dans le corps médical, dans le public en général. Une information sur la discrimination, la stigmatisation, leurs effets, permettrait qu'on comprenne qu'il ne s'agit pas d'enfants fautifs, à rééduquer, mais d'enfants en souffrance, qu'il convient d'écouter, de respecter et d'aimer. Ainsi pourrait-on agir de la sorte sur la honte et la culpabilité de ces enfants et leur permettre de mieux se porter à tous points de vue.

• Il convient d'informer le corps médical, et en particulier les médecins généralistes, les pédiatres, les médecins scolaires, des effets délétères de normes pondérales contraignantes et de prescriptions de régimes ou de conseils nutritionnels inappropriés.

• L'éducation alimentaire fait partie de l'éducation que les parents doivent à leurs enfants. Il s'agit pour l'essentiel de la vertu de l'exemple. Les parents apprennent à leurs enfants les savoir-faire alimentaires de base, les us et coutumes qui gouvernent ou qui devraient gouverner les comportements alimentaires, donnent aux aliments une valeur symbolique et culturelle. Ils sensibilisent les enfants à l'éveil sensoriel et à l'éducation du goût, à l'écoute et à la prise en compte de leurs sensations de faim et de rassasiement, de leurs appétits spécifiques, de leurs émotions alimentaires.

Certains parents, eux-mêmes en difficulté avec leur poids et leur comportement alimentaire, ou ayant perdu une part de leurs compétences alimentaires, devraient pouvoir être assistés dans leur rôle éducatif.

• L'éducation alimentaire passe aussi par une information sur les sollicitations à manger qui visent les enfants. Interdire et réglementer sont de pauvres moyens, en regard d'une éducation véritable. Il convient donc d'enseigner aux enfants comment se mangent les aliments à haute densité calorique, ainsi que ceux de faible densité énergétique, afin qu'ils deviennent aptes à évoluer dans la société dans laquelle nous vivons. Il convient aussi de leur apprendre à décoder les publicités alimentaires, l'idolâtrie omniprésente dans les médias et l'ensemble de la société du corps mince et de la perfection corporelle.

• Un enfant immobile est un enfant en souffrance. Aussi les enfants inactifs, passifs, sans passion d'aucune sorte doivent-ils être aidés. Ils le seront si, en premier lieu, leur souffrance d'être gros, stigmatisés et rejetés est reconnue et nommée. Les activités de toutes sortes, adaptées aux capacités de l'enfant, sont à encourager, qu'elles soient physiques ou non.

• Un enfant isolé, peu socialisé, est aussi un enfant en souffrance. Là encore, il s'agit en premier lieu de reconnaître cette souffrance, d'en repérer les causes, et éventuellement d'encourager l'enfant à des activités en petits groupes, adaptées à ses capacités.

• Les parents en restriction cognitive (c'est-à-dire qui ont des préoccupations excessives à l'égard du poids les conduisant à contrôler leur alimentation), ou qui ont eux-mêmes des difficultés avec leur poids et leur comportement alimentaire, ou bien en ayant eu dans le passé, ont des enfants qui présentent davantage de troubles du comportement alimentaire et de problèmes pondéraux. Une action visant les enfants passe donc aussi par une action d'information plus générale sur les bonnes façons de se nourrir en famille.

Conclusion

Le monde médical et scientifique, les pouvoirs publics, tous travaillent avec enthousiasme et acharnement à améliorer l'espérance de vie, et l'état de santé des populations, des individus. Qui s'en plaindrait ?

Eh bien, nous, ma foi. Car parfois, ces efforts, cette bonne volonté, débouchent sur des remèdes qui s'avèrent pires que le mal. La recherche effrénée d'une santé parfaite peut finir par produire plus d'inconvénients que d'avantages.

Ainsi, tout d'abord, les fondations sur lesquelles reposent bien des conseils d'hygiène alimentaire, bien des politiques de prévention, bien des directives de santé publique, sont moins assurées qu'on ne le croit. Certes, les travaux des épidémiologistes ont permis d'établir qu'il existe des relations entre les comportements alimentaires et la santé. Cependant, y a-t-il une relation directe de causalité ? Celle-ci n'est scientifiquement prouvée que dans quelques cas, somme toute assez rares. Le plus souvent, il ne s'agit en fait que de simples corrélations.

Cette question n'est pas que de pure forme, loin de là. On peut se demander s'il est légitime de mobiliser des populations entières, à partir d'idées qui tiennent plus de la croyance que de la preuve. Il nous semble que seules les mesures qui reposent sur un niveau de preuve incontestable peuvent légitimer la prise de mesures de santé publique.

Les études épidémiologiques, par définition, concernent des populations. Elles perdent toute validité dès lors qu'on tente de les transposer à un niveau individuel. Si la science d'aujourd'hui est compétente pour conseiller efficacement les collectivités ou les nations, elle se trouve dans la majorité des cas dans l'incapacité de connaître les besoins spécifiques de chacun. S'il est possible d'affirmer qu'une consommation quotidienne de 350 mg de magnésium est souhaitable pour la moyenne de la population, il est pour l'instant encore impossible de prétendre que cette même dose est nécessaire et suffisante pour un individu donné.

Là encore, notre propos ne tient pas de l'ergotage. Car tout se passe comme si le corps médical, les pouvoirs publics considéraient que préconiser tel ou tel mode d'alimentation à tous aura pour effet de corriger les manques et les excès chez ceux qui en auront besoin, sans avoir d'incidence sur les autres. Après tout, si on mange déjà bien, cela ne peut pas faire de mal de manger mieux encore, n'est-ce pas ? Or telle n'est pas la réalité. Les directives alimentaires dont on nous assomme, les chantages auxquels on soumet ceux qui sortent du rang, par leur poids ou par leurs habitudes de consommation, modèlent les comportements, les croyances, génèrent des angoisses et de la culpabilité, non seulement chez les personnes visées, mais dans toutes les couches de la population. La stigmatisation des obèses bat son plein. Manger n'est plus un besoin à satisfaire dans le plaisir, une activité sociale agréable, mais un acte périlleux, nécessitant un haut niveau d'études.

Selon les gouvernants et leurs conseillers, une meilleure connaissance de la diététique, des choix éclairés par la raison permettraient des changements de comportements allant dans le sens d'une meilleure santé. Une fois les connaissances acquises, il reviendrait à chaque mangeur de les appliquer et d'en tirer le meilleur profit. Mais le sociologue Claude Fischler souligne qu'un tel mangeur est un mythe. Le mangeur contemporain serait ainsi censé devenir un individu parfaitement rationnel, parfaitement informé et totalement maître de lui-même. Il constituerait alors un exemple de ce que Bourdieu appelait « un monstre anthropologique », c'est-à-dire une créature impossible, fantasmatique, produite par l'idéologie et l'illusion[1]. Savoir serait synonyme de pouvoir. Nous avons vu les dangers de telles convictions.

Assurément, ce type de croyances permet d'éviter les états d'âme : on connaîtrait désormais les causes de l'obésité et les moyens pour la combattre. Nous mangeons trop gras, trop sucré et nous nous sédentarisons. Il faut et il suffit de manger moins gras, de se dépenser davantage pour que les choses rentrent enfin dans l'ordre.

À cet effet, on devra réapprendre à manger. Certes. Mais ce qu'entendent par là nos bon conseilleurs, c'est apprendre à débusquer le sucre et le gras. Les industriels de l'agroalimentaire devront s'employer à réduire la teneur des aliments proposés en graisses ou en sucres. Ils y seront vivement encouragés par le fait que la composition de leurs produits devra être affichée en lettres grasses sur les étiquettes. Le moindre lipide, le moindre sucre seront signalés, et le consommateur sera mis en garde contre les dangers qui résultent de la consommation de ces produits à haut risque. Braverait-on ces recommandations, déciderait-on malgré tout de consommer des fromages, des charcuteries, des confiseries, des biscuits, des gâteaux ? Une partie de l'argent consacré à ces achats devra alors servir à financer des campagnes d'information nutritionnelle qui rappelleront à quel point on aura été irresponsable et mauvais citoyen. Pour faire bonne mesure, on nous rappellera également qu'on doit laisser sa voiture au garage, ignorer les ascenseurs et les escalators, préférer le jogging à la lecture… On devra apprendre à respecter son quota de dépenses quotidiennes afin de gagner le droit de manger en toute bonne conscience.

Ces mesures de diabolisation du gras ou du sucre, ou bien des deux, de chasse aux calories, de puritanisme alimentaire, la plupart des personnes en difficulté avec leur poids et leur comportement alimentaire les connaissent bien. Sur les conseils de leurs médecins, elles tentent de les mettre en pratique depuis de nombreuses années. On leur aura seriné qu'il fallait manger ceci et non cela, plus de ceci et moins de cela, comme ceci et non comme cela, à tel moment et non à tel autre. Nous savons ce qu'il en est des résultats : ils sont catastrophiques. Nous pensons qu'il est illusoire de croire que ces mesures qui ont échoué au niveau individuel deviendront tout à coup plus performantes si on les étend à toute la population. Nous pensons qu'il est irresponsable de la part des autorités médicales et administratives de poursuivre dans cette voie.

Mais si ce n'est pas le gras ou le sucre qui font prendre des kilos, pourquoi grossit-on ? La seule explication reconnue à ce jour est qu'on mange plus qu'on en a besoin, plus que son appétit ne le demande. Il ne s'agit donc pas d'une maladie du « mal manger », mais d'une maladie de l'ajustement. On grossit parce qu'on ne parvient pas à harmoniser ses apports alimentaires et ses dépenses énergétiques.

On aura aussi vu, chemin faisant, que les raisons qui font qu'on mange plus qu'à sa faim sont complexes, ont de profondes racines. Prétendre qu'on est gros simplement parce qu'on mange mal et qu'on ne bouge pas assez permet de faire l'économie d'un problème de société, de le remplacer avantageusement par un problème médical relevant de l'hygiénisme moral, et de faire du médecin armé de quelques connaissances diététiques l'homme de la situation. Au passage, on aura évacué les problèmes psychologiques et sociétaux, bien embarrassants, qui, pourtant, fondent les difficultés des personnes obèses et des *pas-encore-gros*.

Quelles sont donc ces raisons qui poussent à manger plus qu'à sa faim ? Que ne veut-on pas voir ?

Ce qu'on ne veut pas voir, en premier lieu, c'est que consommer tant et plus est devenu un acte citoyen. C'est parce qu'on consomme qu'on peut produire, qu'on peut verser des salaires. C'est parce qu'on consomme toujours davantage que l'économie du pays reste à flot, que la croissance économique peut se maintenir. Chacun a donc l'obligation morale de consommer toujours plus. Aucun bien n'échappe au devoir civique de participer à la croissance des entreprises et de la société. L'industrie agroalimentaire, le commerce de la minceur sont tenus de respecter les mêmes lois économiques. Il leur faut produire, il faut donc que nous consommions.

Toutefois, au moins en ce qui concerne les industriels de l'agroalimentaire, cette course à la croissance se heurte à une difficulté de taille. Comment maintenir des bénéfices alors que les capacités à consommer des individus plafonnent, voire sont en diminution ? La physiologie a tôt fait d'apparaître comme un frein pénible au surcroît de consommation.

Pour que l'industrie agroalimentaire puisse poursuivre sa triomphale marche en avant, pour le bien de l'économie nationale, on a vu que plusieurs stratégies sont possibles : on peut pousser le consommateur à manger des produits plus onéreux, à plus forte valeur ajoutée (ce qui nous paraît de bonne guerre dans la mesure où le consommateur reste libre de ses choix). Mais on peut aussi encourager le consommateur à ingérer des produits allégés, qui permettent de consommer davantage pour la même valeur énergétique : on s'empiffre sans conséquence, on devient boulimique à bon compte. Ou bien on peut encore pousser à manger sans limite, sans tenir compte de ses besoins réels, en érotisant les aliments, en jouant de la pornographie alimentaire.

Comment une société fondée sur le consumérisme n'encouragerait-elle pas la consommation sous toutes ses formes ? Que se passerait-il si les citoyens se montraient plus sélectifs dans leurs actes de consommation, s'ils en venaient à remettre en question ce postulat, à savoir que plus on consomme, et plus on est heureux ? Que deviendraient le PNB, la courbe du chômage dans tout cela ?

Et aussi, que deviendrait la société de consommation, privée de son meilleur bouc émissaire, en l'occurrence le gros, celui qui est trop, qui est en trop ? Que deviendraient ceux qui se donnent la peine d'être minces à la force du poignet, s'ils ne pouvaient utiliser les gros comme repoussoir ?

Faire de la minceur quelque chose qui s'achète, de l'amaigrissement un objet de consommation permet astucieusement de faire d'une pierre deux coups. On dramatise l'obésité, on rend la minceur encore plus désirable, et dans le même temps on fournit une solution sur le modèle consommatoire, qui ne conduit à aucune remise en question.

Ce qu'on ne veut pas voir, aussi, c'est le fait que la surconsommation alimentaire est le plus souvent en relation avec des difficultés psychologiques. Manger sans faim, utiliser la nourriture afin de réduire ses émotions négatives est devenu le mécanisme de défense le plus répandu contre le stress. Et, bien entendu, ce sont les personnes qui tentent de maîtriser leur poids au travers de leur comportement alimentaire qui font le plus volontiers appel à ce mécanisme de défense[2].

Comme nos sociétés sont de plus en plus maternelles et réglementaires, qu'elles veulent des citoyens de plus en plus policés, les comportements d'échappement sur le mode du passage à l'acte sont de moins en moins tolérés. Boire et fumer entraînent la réprobation sociale on ne saurait bien évidemment user de violences physiques ou avoir des conduites à risque. Même l'expression verbale se doit d'être prudente, et nombreux sont ceux qui n'osent pas manifester des sentiments négatifs, voire qui n'osent pas reconnaître qu'ils en ont.

Ainsi, pour beaucoup, dévorer, avaler, engloutir reste la dernière soupape, le moyen ultime de se remplir la bouche afin de la fermer, de s'anesthésier, de s'empêcher de poser des actes qu'on a trop peur de regretter.

C'est peu de dire que ces aspects sont exclus des campagnes de prévention…

Enfin, on ne veut pas voir que les remèdes proposés aggravent le mal qu'ils sont censés combattre. Les causes de l'obésité sont multiples. Elles sont biologiques, environnementales, sociétales et psychologiques. Mais elles sont aussi médicales. Pour les médecins que nous sommes, ce point nous paraît tout particulièrement insupportable.

Nous avons délibérément pris le parti, dans ce livre, de faire principalement référence à des textes aisément accessibles à toute personne, professionnelle de santé ou non, qui veut bien se donner la peine de les lire. Les données que nous avons utilisées sont généralement connues de la plupart des spécialistes de la nutrition : ainsi, l'évaluation des régimes amaigrissants, l'impact du nombre de repas et de leur répartition sur le poids, les résultats des études d'intervention visant à obtenir d'une population qu'elle réduise sa consommation de lipides ou bien de sucres ont fait l'objet de nombreuses publications scientifiques.

Il ressort clairement de ces travaux qu'aucune des mesures qui fondent les régimes amaigrissants n'a jusqu'ici fait la preuve de son efficacité.

Les spécialistes les plus lucides et les plus cohérents s'accordent même à penser que les régimes qu'ils prescrivent ne sont pas autre chose que de la restriction cognitive, une manière anormale d'exercer un contrôle mental sur ses apports alimentaires. Nous avons souligné que demander ainsi aux mangeurs de se nourrir sur ce mode volontariste, sans tenir compte de ce qu'ils ressentent, en vérifiant tous les matins sur une balance s'ils ont correctement évalué leurs besoins de la veille, est une aberration physiologique et psychologique. Manger sur ce modèle s'avère être parfois à l'origine de graves désordres, bien visibles. Même lorsque ce n'est pas le cas, manger ainsi génère angoisse et culpabilité qui finissent secrètement par modeler le caractère, par ronger la personne.

La restriction cognitive n'est donc pas à prendre à la légère. Elle est à considérer comme un trouble du comportement alimentaire, qui aggrave les problèmes de poids, qui fragilise le mangeur, le rend plus vulnérable à ses émotions, plus susceptible de leur répondre par des prises alimentaires. L'individu doit mobiliser toutes ses ressources afin de maintenir ce contrôle, et ses efforts permanents finissent par l'entamer, puis par le détruire.

Exhorter à davantage de volonté les personnes qui tentent de maîtriser leur comportement alimentaire sur ce mode volontariste, leur dire que tous leurs problèmes proviennent d'un défaut de cette volonté, qu'il leur faut mieux se contrôler, c'est clairement leur enfoncer la tête sous l'eau. Le volontarisme ne fait que les pousser un peu plus à craquer, à perdre le contrôle, et donc à développer l'idée de leur manque de valeur. La mauvaise opinion qu'ils ont d'eux-mêmes les conduit à manger derechef, ce qui ferme le cercle vicieux de la restriction cognitive et de la prise de poids.

Nos spécialistes, nos matriarches administratives, avec le PNNS, le Programme national nutrition santé, passent à la vitesse supérieure. C'est désormais le pays tout entier, malades et biens portants, minces et gros, qui est au « régime équilibré ». Autrement dit, selon nous, voilà comment on en vient à institutionnaliser un trouble du comportement alimentaire !

Car aujourd'hui ce sont les États qui prescrivent des régimes et les nations qui sont en position de patients. Que c'est triste ! Nous disposions en France d'un modèle alimentaire qui, probablement, nous a longtemps protégés de la surconsommation et de l'obésité. Avec vingt ans de retard, nous sommes en train de copier le pire du modèle anglo-saxon, au moment d'ailleurs où, outre-Atlantique, il est remis en question.

Oui, la France, l'Europe, le monde sont en danger d'américanisation des habitudes alimentaires. Oui, ces modes alimentaires risquent d'entraîner ici les mêmes effets que là-bas, et de faire exploser les courbes d'obésité et de troubles du comportement alimentaire. Mais, contrairement à ce que prétendent des analyses simplistes teintées d'idéologie puritaine ou nationaliste, les *fast-foods* ne sont pas le danger qui nous guette. Le modèle alimentaire français a après tout parfaitement réussi à absorber les pizzas, le couscous et les sushis, pourquoi craindrait-il davantage les hamburgers ? Le véritable danger réside dans la diététisation de l'alimentation et dans l'abandon de notre culture centrée sur le goût. C'est en mangeant non plus des plats cuisinés, mais des conglomérats de nutriments, c'est en mangeant des aliments insensés, qui ont perdu leur histoire et leur géographie, c'est en mangeant seul dans son coin, à la va-vite, par-dessus la jambe, l'esprit taraudé par l'angoisse de grossir et la culpabilité de manger qu'on met sa santé et sa silhouette en péril.

Face à la cacophonie diététique, les mangeurs réclament des repères. Ils en ont sans doute d'autant plus besoin que les régulations sociales ont perdu de leur force et que l'avènement d'une société matriarcale administrée les a rendus plus dépendants de règlements venant leur dicter le contenu de leur assiette. Les lois imposées par la culture, la religion, les traditions, la vie sociale se sont progressivement effacées pour laisser la place à de simples règlements diététiques imaginés par une nouvelle race de grands prêtres, au service de l'hygiénisme et de la morale alimentaire.

Les suspicions, pour n'utiliser qu'un euphémisme, qui pèsent aujourd'hui sur l'efficacité et la dangerosité des régimes sont infiniment supérieures à celles qui pèsent, par exemple, sur les OGM. À l'heure du principe de précaution, et compte tenu de tous les arguments existants, il nous semble naturel d'exiger de ceux qui prescrivent et encouragent à faire des régimes amaigrissants qu'ils apportent des preuves de leur innocuité.

Nous demandons donc que soient appliquées aux régimes les mêmes règles qu'à tous les autres traitements médicaux : une évaluation de leur efficacité à court, moyen et long terme, une évaluation de leurs effets secondaires tant sur le plan pondéral que sur la santé physique et mentale.

Les effets de la restriction cognitive institutionnalisée, étatisée, devront eux aussi faire l'objet d'évaluations qui ne porteront pas seulement sur leurs effets pondéraux, mais aussi sur leurs effets psychologiques et sociaux à long terme.

Mais surtout, ce que nous désirons, du fond du cœur, c'est que chacun puisse prendre en main ses propres problèmes, qu'il cesse de se comporter en enfant à la fois martyr et plaintif, qui subit les diktats d'un corps médical puritain mâtiné de jésuitisme, les remontrances d'une mère administrative, tyrannique et incohérente.

Il y a tant de choses à réapprendre, qu'on aura oubliées. Il faut rendre à l'acte alimentaire toute son importance, toute sa valeur, toute sa gloire. Manger est un acte fondamental, qui nécessite qu'on le prenne au sérieux. Par cet acte, on vit, on absorbe les représentations du monde en soi, on devient partie du monde. Manger est un acte de culture. Aussi souvent que possible, autant que faire se peut, on mangera donc de bonnes choses en prenant son temps, dans de bonnes conditions matérielles, au calme, en bonne compagnie. Tout cela n'est pas du luxe, c'est au contraire une nécessité.

Mais aussi, comme on fait son lit, on se couche. Une vie insensée, sans perspective, prisonnière de l'instant, qui consiste à passer d'un objet de consommation à l'autre, vide l'individu de sa substance. Quelle ironie ! Plus on se remplit, et plus on se sent vidé ! La tentation est grande de compenser le manque à être par de l'avoir, le vide intérieur par un estomac plein.

C'est le tonneau des Danaïdes. Parce qu'on ne sait pas se nourrir du monde, des autres, de la vie, on ne parvient pas à s'intégrer à ce monde, et on éprouve le besoin de se remplir sans fin.

Pour certains, le chemin sera long. La crainte de manger, la peur d'avoir faim, de perdre le contrôle, l'angoisse de grossir, la culpabilité de fauter ne se commandent pas. Il se peut que la nécessité de surconsommer afin d'éponger un trop-plein d'émotions impensables nous possède sans qu'on n'y puisse rien. Il se peut encore qu'on soit bien trop en colère contre ce corps qui est, pense-t-on, la cause de tous ses malheurs pour pouvoir se permettre de lui faire des cadeaux.

Le premier pas sera alors de ne pas aggraver ses difficultés en se lançant dans des méthodes amaigrissantes délétères, en cherchant à se discipliner autoritairement. Il faudra parvenir à arrêter de basculer sempiternellement du puritanisme diététique à l'hystérie consommatoire.

Dans le même temps, il faudra prendre ses distances avec ce rôle de bouc émissaire d'une société boulimique qu'on veut faire endosser aux gros. L'obésité galopante ne signifie sûrement pas qu'on a désormais affaire à des individus de plus en plus faibles et sans volonté. Elle doit être comprise comme un dysfonctionnement social.

Bien que l'obésité croissante soit une maladie de société, chaque individu pourvu de rondeurs, ou obèse, ou *pas-encore-gros* mais se sentant menacé de le devenir, doit refuser d'intérioriser l'idolâtrie de la minceur. Il vous faut poursuivre votre bonhomme de chemin, construire votre existence à votre façon.

Cela ne vous empêchera pas non plus d'être un parent responsable, qui ne s'en remettra pas à l'État pour faire l'éducation alimentaire de ses enfants.

Rien n'est écrit. Éveillons-nous et occupons-nous sérieusement de nos affaires !

Annexe

Programme national nutrition santé
Les recommandations du PNNS

Les recommandations du PNNS

1. Augmenter la consommation de fruits et de légumes pour atteindre au moins 5 fruits et légumes par jour.
2. Consommer des aliments sources de calcium en quantité suffisante pour atteindre les apports conseillés, soit 3 produits laitiers par jour.
3. Limiter la consommation de graisses totales et particulièrement des graisses dites saturées. Il faut donc consommer avec modération viennoiseries, pâtisseries, charcuteries, beurre, sauces, certains fromages…
4. Augmenter la consommation de féculents, sources d'amidon, qui doivent être présents à tous les repas.
5. Consommer de la viande, du poisson, des produits de la pêche ou des œufs une à deux fois par jour (en quantité inférieure à l'accompagnement) en privilégiant pour les viandes les morceaux les moins gras et en favorisant la consommation de poisson au moins deux fois par semaine.
6. Limiter la consommation de sucre et d'aliments riches en sucre (sodas, confiseries, chocolat, pâtisseries, desserts sucrés…).

7. Limiter la consommation de boissons alcoolisées qui ne devrait pas dépasser, par jour, deux verres de vin de 10 cl pour les femmes et trois verres pour les hommes, du moins pour ceux qui en consomment.
8. Augmenter l'activité physique dans la vie quotidienne pour atteindre au moins l'équivalent d'une demi-heure de marche rapide par jour (monter les escaliers à pied, faire ses courses à pied…) et réduire la sédentarité chez les enfants (temps passé devant la télévision et les jeux vidéo).

Notes

Introduction

1. Les États-Unis, l'Allemagne, la Finlande, la Grande-Bretagne et l'Espagne ont des prévalences de l'obésité supérieures à la France. La Suisse et les Pays-Bas ont des prévalences légèrement inférieures. Charles M.-A. « Épidémiologie de l'obésité », *in* Basdevant A., Guy-Grand B. *Médecine de l'obésité*, Flammarion, Paris, 2004, p. 8-16.

2. En utilisant des indices de référence similaires, en 1955, 15 % des enfants américains auraient été considérés comme obèses au moyen de la définition française, quand la prévalence était de 3 % en France. Depuis ce point de départ bien plus bas, la France a cependant une augmentation de l'obésité qui suit une pente parallèle à celle des États-Unis. Charles M.-A. *op. cit.*

Chapitre premier
L'utopie de l'alimentation parfaite

1. Vallin J., Meslé F. *Vivre au-delà de 100 ans*. INED, Population et Sociétés, 365, 2001.

2. Le Barzic M., Pouillon M. *La Meilleure Façon de manger*, Odile Jacob, Paris, 1998.

3. Fischler C. « Crise de régime et cacophonie diététique », *Cahier de nutrition et de diététique*, 1991, vol. 26, n°3, pp. 203-206.

4. Évaluation statistique du nombre de malade dans une population.

5. On retrouve dans ce mode d'alimentation une conception de la nourriture proche de celle d'Hippocrate pour qui l'aliment sert autant à se soigner qu'à se nourrir. Cette relation avec la nourriture est marquée par une forte médicalisation des aliments qui tente de répondre aux inquiétudes du mangeur à l'égard de sa santé.

6. Flandrin J.-L., Montanari M. « De la diététique à la gastronomie, la libération de la gourmandise », *In Histoire de l'alimentation*, Fayard, Paris, 1996.

Chapitre 2
Lorsque manger devient un problème

1. Skrabanek P. *Idées folles, idées fausses en médecine*, Odile Jacob, Paris, 1992.

2. Dupin H. *Apports nutritionnels conseillés pour la population française*, 2e édition, 1992.

3. Martin A. *Apports nutritionnels conseillés*. 3e édition, TEC&TOC, 2001.

4. *L'obésité en pratique quotidienne, Médicorama*, 1979, n° 233.

5. Million H. « Rassasiement et satiété », *Revue de nutrition pratique*, numéro spécial février 2000.

6. Auteur d'une monumentale monographie sur les sucres rapides et qui fait aujourd'hui autorité sur le sujet, Gérard Debry, professeur de nutrition humaine à l'université de Nancy conclut : « Les études récentes [...] remettent fortement en cause la responsabilité des glucides dans la genèse de l'obésité. Il n'est plus possible actuellement de soutenir que les glucides contribuent significativement à l'inflation du tissu adipeux », Debry G. Sucres et santé, John Libbey, Eurotext, 1996.

7. Rigal N. *La Naissance du goût,* Noésis-Agnès Viénot, 2000.

8. Flandrin J.-L. « De la diététique à la gastronomie », *in Histoire de l'alimentation*, Flandrin J.-L., Montanari M., Fayard, Paris, 1996.

9. Ascher F. *Le Mangeur hypermoderne*, Odile Jacob, Paris, 2005.

10. Le lecteur du guide du PNNS est invité « à mener une réflexion sur sa façon de manger qui sera, par définition cognitive [faisant appel] aux connaissances scientifiques et à la raison. [...] : la connaissance au service du libre arbitre. *La santé vient en mangeant* – Publication de l'INPS destinée aux professionnels de santé.

11. Levenstein H.A. « Diététique contre gastronomie : traditions culinaires, sainteté et santé dans les modèles de vie américains », *in Histoire de l'alimentation*, Flandrin J.-L., Montanari M., Fayard, Paris, 1996.

12. Levenstein parle de vitaminomanie.

13. *Les Jeunes Seniors et leur alimentation,* Jean-Pierre Poulain, 1998, OCHA.

14. De tes aliments tu feras médecine : Hippocrate revisité, Saadi Lahlou, 39e journée annuelle de Nutrition et de Diététique, 1999.

15. Rapoport D. « Les plaisirs de l'ascèse », *in Le Mangeur. Menus, mots et maux*. Série Mutations/Mangeurs – n° 138 – juin 1993.

16. JMB, IFN.

17. On attend de la « science », posée comme lecture rationnelle du monde, qu'elle dicte une conduite claire, univoque, dit le sociologue Jean-Pierre Poulain. Tout en constatant que la forte demande de réassurance à l'égard des « sciences de la nutrition » se trouve quelque peu déçue. Le seul message clairement perçu par le mangeur serait qu'il existe effectivement une bonne manière de manger et qu'il y aurait grand danger, voire grande inconscience, à ne pas en tenir compte.

18. Fischler C. « Le Bon et le Sain(t) », *Cahier de l'OCHA*, n°1, CIDIL, 1994.

19. Cohen J.-M., Serog P. *Savoir manger, le guide des aliments,* Flammarion, 2004.

20. *Population et sociétés*, publication de l'INED, n° 348.

21. Harrus-Révidi G. *Psychanalyse de la gourmandise*, Payot, 1994.

22. Brousseau A., Gaignier C. « Les pratiques alimentaires des Français : du discours à la réalité », Exploitation de l'enquête INCA. Cahier de recherche, n° 179, CREDOC.

23. *La santé vient en mangeant.* Document d'accompagnement du guide alimentaire pour tous destiné aux professionnels de santé.

24. Rozin P. « La magie sympathique », *in Manger magique. Aliments sorciers croyances comestibles.* Autrement. Série Mutations/Mangeurs – n° 149.

25. Lestradet H., Dartois A.-M., « L'alimentation spontanée de l'enfant », *Cahier de nutrition et de diététique*, XXVII, 1, 1992.

26. Martin A. *Apports nutritionnels conseillés.* 3e édition, TEC&TOC, 2001.

27. Darmon N., Briend A. « Est-il possible de demander aux Français de respecter les apports nutritionnels conseillés ? » *Cahier de nutrition et de diététique*, 1999 ; 34 : 369-377.

28. Ces aliments sont habituellement délaissés par 75 % de la population.

29. Notamment, les apports en zinc, magnésium et vitamine E sont particulièrement difficiles à assurer.

30. « Si l'apport énergétique n'est pas excédentaire par rapport aux dépenses énergétiques, la fourchette de 30 à 35 %, qui apparaît contraignante par rapport à l'offre et aux habitudes alimentaires actuelles, est difficile à valider au vu des seules études cliniques ou épidémiologiques », ou encore : « La répartition précise entre glucides complexes et glucides simples est difficile à argumenter sur le plan scientifique. » Martin A. « Équilibre alimentaire et couverture des besoins », *in Les Apports nutritionnels conseillés pour la population française*. 3e édition, 2001.

31. Pour réaliser la quadrature du cercle, les experts ont été obligés d'admettre des modèles alimentaires pouvant apporter plus de lipides (37 %), moins de sucres complexes (45 %) et plus de sucres simples (12 %) sans considérer que cela présentait un danger d'augmenter l'obésité. « Équilibre alimentaire et couverture des besoins », *in Les Apports nutritionnels conseillés pour la population française*. 3e édition.

32.

Antioxydants	**Apports SUVIMAX**	**ANC**
Bêtacarotène	6 mg	2,1 mg
Vitamine C	120 mg	110 mg
Vitamine E	30 mg	12 mg
Sélénium	100 ug	50 ug
Zinc	20 mg	10 mg

33. La réticence à conseiller des compléments nutritionnels, au mépris de toute vérité scientifique, s'explique sans doute par le fait que, s'il est démontré qu'il existe un moyen de cet ordre de prévenir les cancers, il serait du devoir des pouvoirs publics de mettre ce moyen à la disposition de l'ensemble de la population. Se poserait alors la question de savoir à qui revient la charge de cette nouvelle dépense de santé. En revanche, préconiser l'alimentation équilibrée n'induit pas de surcoût.

34. Postel-Vinay N., Corvol P. *Le Retour du docteur Knock*, Odile Jacob, Paris, 2000.

35. Comme le disent, avec humour, Potel-Vinay et Corvol : « Il faudra une bonne dose de docilité pour que, sans être poussé par une douleur quelconque et dans une situation proche de la normale, chaque patient accepte d'obéir aux 10 commandements de la maîtrise du risque cardio-vasculaire : ne pas fumer, ne pas grossir, préférer les bouillis au cassoulet, refuser une bonne bière, faire de l'exercice, se faire doser assidûment son cholestérol, mesurer sa pression artérielle, avaler ses pilules sans oubli, etc. »

36. Certains nutriments ne font pas l'objet d'une régulation et pourraient faire l'objet de conseils nutritionnels, notamment les acides gras ou certaines vitamines…

Chapitre 3

TOUT SUJET BIEN PORTANT EST UN OBÈSE QUI S'IGNORE

1. L'enquête ObEpi, menée par l'Institut Roche de l'obésité avec la collaboration de l'INSERM, réalisée pour la première fois en 1997 puis répétée en 2000 et 2003, fait apparaître une augmentation progressive de l'obésité au cours de ces six années, passant de 8,2 % à 11,3 %. La progression est d'environ 5 % par an depuis 6 ans. Les personnes les plus touchées sont celles atteintes d'obésité sévère ou massive. D'autres enquêtes montrent aussi, sur le même intervalle de temps, une augmentation de l'obésité chez les jeunes enfants, avec une courbe de progression plus rapide que celle des adultes.

2. Laplace J.-P. Introduction au colloque de l'IFN, 8/9 décembre 2004, « Des aliments et des hommes. Entre science et idéologie, définir ses propres repères ».

3. Masson E. « Le mincir, le grossir, le rester mince ». *In Corps de femmes sous influence*, Sous la direction d'Annie Hubert. *Les Cahiers de l'OCHA* n° 10, 2004.

4. Il est vrai qu'entre 1990 et 2003 l'obésité est passé de 6,5 % à 11 %.

5. Marie-Odile Monneuse, chercheur au CNRS, a étudié la perception du poids chez les jeunes Français de 20 ans. Ces résultats ont été comparés avec ceux de 21 autres pays européens. Leur corpulence figurait parmi les plus faibles de tous les pays. Alors que 1,8 % et 0,3 % étaient respectivement en surpoids ou obèses, 30 % se voyaient trop gros et essayaient de maigrir. Monneuse M.-O., Bellisle F., Koppert G.J.A. « Eating habits, food and health related attitudes and beliefs reported by French students », *Eur. J. Clin. Nutr.*, 1997, 51 : 46-53.

6. Metropolitan Life Insurance Company.

7. A.J. Hill, S. Oliver and P.J. Rogers, « Eating in the Adult World : The Rise of Dieting in Childhood and Adolescence », *British Journal of Clinical Psychology*, 31 (1992) : 95-105.

8. Ledoux S., Choquet M. *Les 11-20 ans et leur santé. Les troubles du comportement alimentaire,* La Documentation française. INSERM 1991.

9. L'enquête *Health Behaviour* in *School-Aged Children* (Hbsc), publiée en 2005 et conduite tous les 4 ans depuis 1982 dans 33 pays dans le monde sur les jeunes de 11 à 15 ans, montre que 12 % des garçons et 9 % des filles sont en surpoids. Mais 25 % des garçons et 42 % des filles se trouvent *un peu trop gros* ou *beaucoup trop gros*. Parmi les filles, 37 % ont déjà fait un régime ou souhaitent en faire à 11 ans. Elles sont 47 % à 13 ans et 55 % à 15 ans.

10. *Health Behaviour in School-Aged Chidren (Hbsc).*

11. Pérusse L., Bouchard C. « Gene-diet interactions in obesity », *Am. J. Clin. Nutr.*, 2000, 72 (suppl.) : 1285S-1290S.

12. En réalité, ce n'est pas le poids qui est l'objet d'une régulation mais les réserves d'énergie, c'est-à-dire la masse grasse. Par facilité de langage, il est fréquent que l'on parle de régulation pondérale au lieu de régulation énergétique.

13. Une augmentation trop importante de l'activité physique ne permet plus de maintenir le poids normal de l'individu. De même qu'une activité physique trop réduite semble empêcher une régulation efficace.

14. Fantino M. « Existe-t-il une régulation pondérale ? » Communication – Congrès du GROS, 2004

15. lMC = indice de masse corporelle. On le calcule en divisant le poids, exprimé en kilos, par la taille, exprimée en centimètres au carré. Ainsi pour la Française moyenne dont le poids est de 63 kg et la taille de 164 cm, son IMC est de $63/1,64^2 = 23,42$. À cet IMC idéal, la plupart des femmes se trouvent trop grosses !

16. Zermati J.-P. « Une approche psychosensorielle de l'obésité et des troubles du comportements alimentaires », *J. Thérapie comportementale et cognitive*, 2000, 10, 4, 124-128.

17. Stunkard A.J., MCLaren-Hume M. « The results of treatment for obesity », *Archives of Internal Medicine*, 1959, 103, 79-85

18. Benett W.I., « Dietary treatments of obesity ». *In* Wurtman R.J. & Wurtman J.J. Eds, *Human Obesity,* The New York Academy of Sciences, NY, 1987, 250-263.

19. Garner D.A., Wooley S.C. « Confronting the failure of Behavioral and Dietary Treatments for Obesity ». *Clin. Psychol. Rew.*, 1991, 11, 729-780

20. Wooley S.C., Garner D.M. « Dietary Treatments for Obesity are Ineffective ». *British medical Journal.* 309, Sept. 1994, 655-656.

21. Wilson G.T. « Behavioral treatment of obesity : Thirty years and counting. Advances », *in Behaviour Research & Therapy*, 1994, Mar. Vol. 16(1) 31-75.

22. Kirschenbaum D. S., Fitzgibbon M.L. « Controversy about the treatment of obesity : Criticisms or challenges ? ». Special Series : Body dissatisfaction, binge eating, and dieting as interlocking issues in eating disorders research. Behavior Therapy, 1995, Win. Vol. 2.

23. Ciliska D. « Is Dieting the Answer ? » *In : Beyond Dieting, Psychoeducational Interventions for Chronically Obese Women : A Non-Dieting Approach.* Brunner/Mazel, NY, 1990, 3-19.

24. Goodrick G.K., Foreyt J.P. « Why treatments for obesity don't last », *J. Am. Diet. Assoc.* 1991, 91(10), 1243-7.

25. Foreyt J.P. « Issues in the assessment and treatment of obesity », *J. Consult. Clin. Psychol.* 1987, 55, 677-684

26. Golay A., Morel Y., Lehmann T., Schutz Y. « Fluctuations pondérales et régimes alimentaires », *Cah. Nutr. Diét.*, XXIX, 2, 1994.

27. Striegel-Moore RH, Silberstein LR, Rodin J. Toward « An understanding of risk factors for bulimia ». Am. Psychol. 1986, 41, 246-263

28. Wooley S.C., Garner D.M. « Obesity treatment : The High Cost of False Hope ». *J. of Am. Dietetic Association.* 1991, 91, 10, 1248-51.

29. Rodin J. *Body Traps*, Morrow, New York, 1992.

30. Wilson G.T. Binge. « Eating and Addictive Disorders », *in Binge Eating, Nature, Assessment and Treatment*. Fairburn C.G., Wilson G.T. Editors. Guilford Press, NY 1993 p. 97-120.

31. Fairburn C.G., Wilson G.T. Eds. Binge. *Eating, Nature, Assessment and Treatment*, Guilford Press, NY, 1993.

32. Hartley P. « Does health education promote eating disorders ? », *Europ. Eating Disorders Rev.* 1996, 4, 3-11.

33. Les recommandations pour le diagnostic, la prévention et le traitement de l'obésité ont été élaborées sous la direction des Prs Basdevant, Laville et Ziegler. Ils ont été mandatés par les trois principales sociétés savantes françaises de nutrition : l'Association française d'études et de recherches sur l'obésité (AFERO), la Société de nutrition et de diététique de langue française (SNDLF) et l'Association de langue française pour l'étude du diabète et des maladies métaboliques (ALFEDIAM).

34. Tous deux professeurs de nutrition à l'université Paris-VI et successivement responsables du service de nutrition de l'Hôtel-Dieu à Paris.

35. Notons que, dans ces ouvrages, on ne trouve aucun bilan concernant les résultats à long terme des traitements diététiques. Mais, compte tenu des résultats que nous rapportons, aurait-ce été possible ?

36. « Methods for voluntary weight loss and control ». NIH Technology Assessment Conference Panel. Ann Intern Med 1992. Jun 1 ; 116 (11) : 942-9.

37. Basdevant A. « Sémiologie et clinique de la restriction alimentaire », *Cah. Nutr. Diét.*, 33, 4, 1998.

38. Romon M. « La restriction cognitive : un nouveau standard alimentaire », *Rev. Prat.*, 2000, 50, 495-497.

39. *Science*, 7 février 2003, p. 856, 853.

40. Basdevant A. « Origine des obésités », *in Médecine de l'obésité*, sous la direction de Basdevant A. et Guy-Grand B., Flammarion, Paris, 2004.

41. Simon C. « Alimentation, gain de poids et obésité », *in Médecine de l'obésité*, sous la direction de Basdevant A. et Guy-Grand B., Flammarion, Paris, 2004.

42. Herman C.P., Polivy J. Anxiety, « Restraint and Eating Behavior », *J. of Abnormal Psychol.* 1975, vol. 84, n° 6, 666-672.

43. Zermati J.-P., Apfeldorfer G. « Clinical description of cognitive restraint and its pratical consequences », in *Trende in Obesity Research, Nova Biomedical Books*, Peter R. Ling (Editor), 2004.

44. Les experts à l'origine des *Recommandations pour le diagnostic, le traitement et la prévention de l'obésité* distinguent des régimes peu restrictifs (entre 1 200 et 2 000 calories par jour) et des régimes restrictifs à bas niveau calorique (entre 800 et 1 200 calories par jour) ou à très bas niveau calorique (moins de 800 calories par jour).

45. Basdevant A. et Guy-Grand B., « La restriction cognitive », *in Médecine de l'obésité*, Flammarion, Paris, 2004.

46. Flament M., Jammet P., Paterniti S. « Diagnostic et type clinique de la boulimie : description de la population d'étude du réseau INSERM », *in La Boulimie, réalités et perspectives*, sous la direction de Flament M. et Jammet P.

47. Michèle Le Barzic est psychologue clinicienne dans l'équipe du Pr Arnaud Basdevant à l'Hôtel-Dieu.

48. Le Barzic M. « Les déterminants psychologiques de l'obésité », *in Médecine de l'obésité*, sous la direction de Basdevant A. et Guy-Grand B., Flammarion, paris, 2004.

49. Wadden T.A., Stunkard A.J. « Social and psychological consequences of obesity », *Ann. Int. Med.*, 1985, 103 : 1062-1076.

50. Les premiers articles sur la restriction cognitive ont été publiés il y a plus de trente ans.

Chapitre 4
Les commandements de la minceur

1. Horton T.J., Drougas H., BracheyA., Reed G.W., Peters J.C., Hill J.O. « Fat and carbohydrate overfeeding in humans : different effects on energy storage », *Am. J. Clin. Nutr.*, 1995, 62, 19-29.

2. Poulain J.P. *Manger aujourd'hui. Attitudes, normes et pratiques*, Privat, 2002.

3. Poulain J.P. « La modernité alimentaire : pathologie ou mutation sociale », *Cah. Nutr. Diet.*, 34 : 351-358, 1999.

4. Flandrin J.-L. « Les heures des repas ». *In Le Temps de manger. Alimentation, emploi du temps et rythme sociaux*, sous la direction de M. Aymard. Ed. de la Maison des sciences de l'homme.

5. Bellisle F., McDevitt R., Prentice A.M. « Meal frequency and energy balance », *Br. J. Nutr.* 77 (suppl.1), S57-S70, 1997.

6. Dupin H. *Les Apports nutritionnels conseillés pour la population française*, 2e édition, 1992.

7. Martin A. *Les Apports nutritionnels conseillés pour la population française*, 3e édition, 2001.

8. L'ancienne édition des Apports nutritionnels conseillés recommandait de consommer 35 à 40 % des apports caloriques quotidiens au déjeuner et 30 % au dîner. Mais les nouvelles recommandations pointent le fait que les enquêtes menées au États-Unis ne permettent pas de trouver de corrélation entre la prise habituelle d'un gros repas le soir (46 % des apports alimentaires de la journée) et l'obésité, et ce sur 10 ans de suivi. Martin A. *Les Apports nutritionnels conseillés pour la population française*, 3e édition, 2001.

9. Lissner L., B.L. Heitmann. « Dietary fat and obesity : evidence from epidemiology », *European Journal of Clinical Nutrition*, 1995 ; 49 : 79-90.

10. Golay A., Allaz A.F., Morel Y., de Tonnac N., Tankovs S., Reaven G. « Similar weight loss with low or high-carbohydrate diets », *Am. J. Clin. Nutr.*, 1996 ; 63 : 174-178.

11. Alford B.B., Blankenship A.C., Hagen R.D. « The effects of variations in carbohydrate, protein and fat content of the diet upon weight loss, blood values and nutrient intake of adult obese women ». *J. Am. Diet. Assoc.*, 1990, 90 : 534-540.

12. *New England of Medecine*. 22 mai 2003, p. 2057, 2074, 2082, 2136.

13. WHO. « Geographical variation in the major risk factors of coronary heart disease in men and women aged 35-64 years ». WHO Health Statistical Quarterly, 1988 ; 41 : 122-123.

14. Les femmes belges, danoises et suisses sont ainsi plus minces que les Polonaises, les Yougoslaves et les Russes. Lissner L. « Dietary fat and obesity : evidence from epidemiology ». *Eur. J. Clin. Nutr.*, 1995 ; 49 : 79-90.

15. Allred J.B. « Too much of a good thing ? An overemphasis on eating low-fat foods may be contributing to the alarming increase in overweight among US adults ». *J. Am. Dietetic. Assoc.*, 95 : 417-8.

16. C'est encore le professeur Simon qui l'affirme : « On ne peut exclure qu'à la faveur des campagnes stigmatisant les lipides, les individus consomment sans restriction des aliments allégés en lipides. » *In* « Alimentation, gain de poids et obésité », in *Médecine de l'obésité* sous la direction de Basdevant A. et Guy-Grand B., Flammarion, Paris, 2004.

C'est aussi l'avis du professeur Andrew Prentice, de l'Université de Cambridge, qui déclarait, en 1997, lors du congrès de l'Association des praticiens pour l'information en nutrition et en diététique (APRID) que « lorsque l'homme consomme des aliments à teneur réduite en lipides, il se permet souvent ensuite une attitude de consommation permissive qui, ainsi, lui fait perdre le bénéfice attendu. Les personnes doivent donc comprendre qu'il est nécessaire de réduire l'apport énergétique ». Messing B. et Billaux M.S. (sous la direction de). *La Masse grasse. Aspects physiopathologiques*. Arnette, 1998.

17. Entre 1970 et 1994, Lisa Harnack, de l'Université du Minnesota, a constaté une augmentation de 15 % de la quantité de calories consommée par habitant. Globalement, les Américains mangent moins gras, utilisent plus de produits allégés mais mangent, en moyenne, 200 calories supplémentaires. Aux États-Unis, les sandwiches ont augmenté de 100 calories, les sodas de 50 calories, les hamburgers de 100 calories, les frites de 70 calories et les plats mexicains de 130 calories.

18. De nombreux travaux remettent en question la relation habituellement faite entre poids et santé. Citons :

Ernsberger P., Koletsky R.J. « Biomedical rationale for a wellness approach to obesity : An alternative to a focus on weight loss ». *J. Soc. Issues.* 1999 ; 55 : 221-260. « Look at the evidence ». *Healthy Weight J.* 2003 ; 17 : 8-11.

Gaesser G. « Thinness and weight loss : Beneficial or detrimental to longevity ». *Med. Sci. Sports Exer.* 1999 ; 31 : 1118-1128.

19. Bacon L. « Tales of mice and leptin : False promises and new hope in weight control ». *Healthy Weight* J. 2003 ; 17 : 24-27.

Cogan J.C., Ernsberger P. « Dieting, weight, and health : Reconceptualizing research and policy ». 7 *J. Soc. Issues.* 1999 ; 55 : 187-205.

Robison J. « Health at every size : Antidote for the "obesity epidemic" ». *Healthy Weight J.* 2003 ; 17 : 4-7.

20. Bacon L., Stern J. S., Van Loan M. D., Keim N. L. « Size Acceptance and Intuitive Eating Improve Health for Obese, Female Chronic Dieters ». *Am. Diet. Ass.* 2005, 105, 6, 929-936.

Miller W.C. « How effective are traditional dietary and exercise interventions for weight loss ? » *Med. Sci. Sports Exer.* 1999 ; 31 : 1129-1134.

Ernsberger P., Koletsky R.J. « Biomedical rationale for a wellness approach to obesity : An alternative to a focus on weight loss ». *J. Soc. Issues.* 1999 ; 55 : 221-260.

Gaesser G. « Thinness and weight loss : Beneficial or detrimental to longevity ». *Med. Sci. Sports Exer.* 1999 ; 31 : 1118-1128.

Miller W.C. « Fitness and fatness in relation to health : Implications for a paradigm shift ». *J. Soc. Issues.* 1999 ; 55 : 207-219.

Chapitre 5
Le business de l'amaigrissement

1. Émile Borel. *Traité du calcul de probabilité et ses applications* (1924-34). Ce même concept a surtout été développé dans la théorie des Jeux. Voir : Don Ross, « Game Theory », The Stanford Encyclopedia of Philosophy (Winter 2004 Edition), Edward N. Zalta (ed.), URL = <http://plato.stanford.edu/archives/win2004/entries/game-theory/>.

2. Cette vision héroïque de l'amaigrissement, assez répandue, a un précurseur en la personne de Luigi Cornaro, un Vénitien du XVIe siècle, qui avait transformé sa cure amaigrissante en quête initiatique, en épopée. La bataille de l'amaigrissement est une épreuve de volonté. Le vainqueur y gagne la rejuvénation, la longévité, la santé, la gloire et la richesse. *Cf.* Apfeldorfer G. *Maigrir, c'est fou !* Odile Jacob Paris, 2000.

3. Santorio Santorio, médecin à Padoue au XVIe siècle, pourrait représenter le prototype de cette façon de voir. Pour Santorio, maigrir n'a rien de romantique. Il s'agit de comprendre le mécanisme secret de l'obésité, puis d'appliquer scrupuleusement la méthode « scientifique » que l'on aura découverte. Il convient de ne pas montrer d'impatience, d'en faire un rituel immuable, semaine après semaine. La plupart des méthodes amaigrissantes du marché répondent à ce modèle. *Cf.* Apfeldorfer G. *Op. cit.*

4. Apfeldorfer G. *Op. cit.*

5. Voir l'histoire du Dr Herman Tarnower, qui mit au point la méthode Scarsdale. *Cf.* Apfeldorfer G. *Op. cit.*

6. Le dinotrophénol est un produit toxique, parfois mortel, dérivé du benzène, normalement utilisé comme herbicide et insecticide. L'éphédrine, dite encore *ma huang*, est un alcaloïde extrait des éphédras, ou bien produit par synthèse, qui, entre autres effets, est dopant, excitant, vasoconstricteur, hypertenseur, et qui diminue l'appétit. La phénylpropanolamine a des effets analogues.

7. Fraser L. *Losing It : False Hopes and Fat Profits in the Diet Industry*, Plume Books, New York, 1998.

8. Tel est le cas de certains des auteurs qui ont défini la position du NIH en 1993. Voir : « Very low-calorie diets. National Task Force on the Prevention and Treatment of Obesity », National Institutes of Health. JAMA 1993, Aug. 25 ; 270 (8) : 967-74.

Les mêmes auteurs auront aussi écrit l'article suivant : Wadden T.A., Van Itallie T.B., Blackburn G.L. « Responsible and irresponsible use of very-low-calorie diets », in *The Treatment of Obesity*. JAMA 1990, Jan. 5 ; 263 (1) : 83-5.

9. En l'occurrence, il s'agit de Richard Wurtman qui, tout en étant chercheur au MIT, avait la licence de la dexenfluramine, commercialisée par Interneuron Pharmaceuticals. *The Obesity Myth.* Campos P. Gotham Books, NY, 2004, p 43. Rappelons

que la dexenfluramine, commercialisée en France sous le nom d'Isoméride, a été retirée du marché en 1997. Mais c'est dès l'année 1985 que la molécule fut soupçonnée d'entraîner des complications pulmonaires graves, en particulier de l'hypertension artérielle pulmonaire, souvent mortelle. La prescription du médicament a donc été poursuivie durant une décennie malgré les doutes importants sur son innocuité. Mais il est vrai qu'à cette époque on ne parlait pas encore du « principe de précaution ».

10. Il s'agit de George Bray, de la Louisiana State University. *The Obesity Myth*, Campos P. Gotham Books, NY, 2004, p 43.

11. C'est le sociologue Jean-Pierre Poulain qui évoque ce rôle de « grand stigmatisateur » tenu par le corps médical. Basdevant A. Guy-Grand B. *Médecine de l'obésité*, Flammarion, Paris, 2004, p. 17-25.

12. En France, la dramatisation de l'obésité, la mise en œuvre de campagnes médiatiques, ont débuté dès les années 1980, sans doute suivant en cela le modèle américain. Or la prévalence de l'obésité est restée inférieure à 6 % jusqu'en 1990.

Chapitre 6
Consumérisme et puritanisme alimentaires

1. Pour le lecteur distrait qui ne l'aurait pas remarqué, signalons que nous disons ici l'inverse de la nutrition officielle, qui affirme que, « en cas de faim, mieux vaut manger un fruit plutôt qu'une viennoiserie qui ne rassasie pas ». *Cf. Médecine de l'obésité*, chapitre « Alimentation », *op. cit.*

2. Ainsi que le fait remarquer Claude Fischler, sociologue de l'alimentation, l'industrie agroalimentaire dispose de deux stratégies possibles : elle peut, à l'américaine, chercher à vendre de plus grosses quantités d'aliments, et donc tenter de faire manger la population davantage, ou bien, à la française, chercher à augmenter la valeur ajoutée, proposer aux mangeurs des aliments plus sophistiqués et donc comportant une marge bénéficiaire plus élevée.

3. On retrouve ces arguments de vente tout particulièrement pour les aliments allégés en sucre et comportant des ersatz tels l'Aspartame ou Canderel®.

4. Les interdits sexuels ont avant tout une finalité fonctionnaliste. La fellation, le cunnilingus, la sodomie, l'homosexualité, les rapports sexuels avec préservatifs, voire simplement des rapports sexuels en dehors de la période de fécondité de la femme, continuent à faire l'objet de prohibitions plus ou moins étendues par les religions judéo-chrétiennes et musulmanes.

5. Cette position, on l'a vu précédemment, procède d'une erreur conceptuelle : physiologiquement, c'est parce qu'on a eu son content, qu'on a été contenté par la nourriture qu'on s'arrête de consommer. Le plaisir alimentaire n'est donc pas une sorte de bonus, mais est au cœur de la régulation des prises alimentaires.

6. Cette expression savoureuse est de Claude Fischler. *Cf. L'Homnivore*, Odile Jacob, Paris, 1990.

7. À des présupposés moraux s'ajoutent aussi sans doute des présupposés économiques. L'étude SUVIMAX, qui prouve scientifiquement les effets positifs d'une association de vitamines et de minéraux sur le cancers des personnes de sexe masculin, pourrait déboucher aussi, si on n'y prend garde, sur une revendication populaire : celle que les organismes sociaux remboursent de tels médicaments. On

peut à l'opposé conseiller de consommer des fruits et des légumes, car la revendication d'une fourniture des ces produits par l'État n'a pas encore fait son chemin. Mais peut-être n'est-ce qu'une question de temps…

8. L'anthropologue était Mme Annie Hubert, directeur de recherche au CNRS. C'est d'elle que nous tenons cette anecdote, et nous l'en remercions.

9. Ce principe a été tourné en dérision par les promoteurs du « régime soupe mange-graisse » qui, appliquant la même logique, conseillèrent de consommer le plus de soupe de légumes possible afin d'acquérir le plus de minceur possible. Le régime dit de la soupe mange-graisse est à l'origine un régime amaigrissant diffusé par liste sous le manteau, prétendument mis au point par un « hôpital américain » pour les malades cardiaques obèses qui doivent maigrir impérativement avant une opération chirurgicale. Il a été porté à l'écran en 2001 dans le film *J'ai faim*, de Florence Quentin, avec Catherine Jacob et Michèle Laroque.

10. En l'occurrence, l'APRIFEL, l'Agence pour la recherche et l'information en fruits et légumes frais.

11. Données fournies par la société MacDonald's. http://www.mcdonalds.fr/

12. Données fournies par la société MacDonald's, *op. cit.*

13. Jeanine Louis-Sylvestre, Les Causeries du GROS, 14/2/2005, Paris ; D. Chapelot, J. Louis-Sylvestre. *Les Comportements alimentaires*. Éditions Tec & Doc, Paris, 2004.

14. Silverstein B., Perdue L., Peterson B., Kelly E. « The role of the Mass Media », *in Promoting a Thin Standard of Bodily Attractiveness for Women.* Sex Roles, 1986, 14, 9/10, 519-32.

15. Blackburn I. M. Cottraux J., *Thérapie cognitive de la dépression*, Masson, Paris, 1988.

Chapitre 7
De la société boulimique à la société postindustrielle

1. M. Houellebecq. *Extension du domaine de la lutte*, J'ai lu, 1997.

2. Voir : Bruchon-Schweitzer M. « Ce qui est beau est bon : l'efficacité d'un stérotype social », *Ethnologie française*, XIX, 2, 1989, 111-117 ; Amadieu.J.-F. *Le poids des apparences, beauté amour et gloire,* Odile Jacob, Paris, 2002 ; Apfeldorfer G. *Les Relations durables*, Odile Jacob, Paris, 2004 .

3. Amadieu. J.-F. *op. cit.*

4. Wolfe Tom. *The Bonfire of the Vanities*, Dial Press, 2001. Ou en français *Le Bûcher des vanités*, Robert Laffont, Paris, 1999.

5. Forrester Viviane, *L'Horreur économique*, Fayard, Paris, 1998.

6. Michel Onfray, *La Sculpture de soi,* Grasset et Fasquelle, Paris, 1997.

7. « Avec leur corps surchargé, les "obèses" expriment obscurément la vérité du comportement de tous, en montrant accessoirement les conséquences pathologiques », nous dit ainsi Jean-Jacques Delfour. « L'obèse comme cache-misère », *Libération*, 07/10/2005.

8. La stigmatisation consiste, selon Erwing Goffman, en un processus de discréditation qui touche un individu considéré comme « anormal », « déviant ». Il devient alors réduit à cette caractéristique dans le regard des autres. La stigmatisation

des obèses est profondément inscrite dans la culture actuelle. Elle débute dès le jeune âge, puisque dès trois ans, les enfants portent des jugements péjoratifs sur les personnes en surpoids, adultes et enfants. Les personnes stigmatisées sont discriminées dans les études, dans la vie professionnelle, dans la vie affective. Comme elles se construisent en fonction de ces rejets, qu'elles intériorisent les jugements négatifs, elles sont conduites à se déprécier elles-mêmes et à perdre leur propre estime. Elles se sentent coupables et honteuses. Si la culpabilité peut être expiée, par exemple en faisant des régimes punitifs, la honte ne peut qu'être niée ou dissimulée. Cette honte induit un sentiment d'illégitimité, d'infériorité, de déchéance. Elle restreint les capacités de symbolisation, conduit à l'inhibition. La honte persiste le plus souvent même lorsque l'humiliation a cessé, par exemple même en cas d'amaigrissement. Elle peut être réactivée à chaque nouvelle situation de rejet. Le lecteur intéressé pourra se reporter utilement à : http://www.gros.org/pagesgros/stigmatisation.html
Nous citerons aussi quelques références :
On lira sur ces sujets :
Amadieu J.-F., *op. cit.*
de Gaulejac V. *Les Sources de la honte,* Desclée de Brouwer, Paris, 1996.
Goffman E., Sylvie Schvartz. « Étude exploratoire de la demande de chirurgie gastrique dans l'obésité morbide, le cadre ethnopsychiatrique, un autre regard », Mémoire de maîtrise de psychologie clinique, université de Saint-Denis Paris-8, 2004.
Serge Tisseron, *La Honte, psychanalyse d'un lien social*, Dunod, Paris, 1992.

9. Le titre original du film est *Shallow Hal*, de Bobby et Peter Farrelly avec Gwyneth Paltrow, Jack Black, 2001. Nous reprenons ici l'exemple choisi par Paul Campos. *The Obesity Myth*, Gotham Books, NY, 2004, p 84.

10. Feuilleton de téléréalité *Mon incroyable fiancé* présentée par TF1 en juillet 2005, et adapté d'un programme américain, *My Big Fat Obnoxious Fiancé*. L'acteur courageux qui prend 20 kilos pour le rôle est Laurent Ournac.

Chapitre 8
La société sous tutelle

1. Ce chapitre est une reprise du travail précédent de l'un d'entre nous. *Cf.* Apfeldorfer G. *Les Relations durables*, *Op. cit.* Nous remercions aussi tout particulièrement Mme Annie Hubert pour ses conseils éclairés.

2. Beardworth A. Communication à la journée de l'OCHA, 25/9/2002, Paris.

3. Notre propos n'est pas ici une étude exhaustive des différentes sociétés patriarcales et matriarcales, existantes ou ayant existé. Certes, il existe ou il a existé des sociétés où les hommes commandent et qui ne font pas de la dette, du lignage et du patrimoine des valeurs centrales. On a décrit aussi des sociétés où les femmes ont le pouvoir et qui sont dynamiques, peu conservatrices, dans lesquelles les individus sont avides d'accumuler des biens matériels. En fait, toutes les sociétés se transforment et, à chaque génération, les traditions sont réinventées et revécues.

Notre but est plutôt ici de définir et d'opposer deux modes de fonctionnement sociétaux, repérables dans les convulsions de la société actuelle, qui semble hésiter entre deux systèmes de valeurs.

4. On a longtemps pensé, dans les sociétés patriarcales, par exemple avec Aristote, que c'est le mâle qui engendre, que l'enfant se fait à son image, alors que la femelle n'est qu'un réceptacle où se développe le fœtus. Dans les sociétés matriarcales, on avait plutôt tendance à croire l'inverse. C'est par exemple ce que rapporte Bronislaw Malinowski : pour les habitants des îles Trobriand, en Papouasie, la mère serait le seul et unique auteur du corps de l'enfant, le père ne contribuant en rien à sa formation. Malinowski B. *Les Argonautes du Pacifique occidental*, Gallimard, Paris, 1989.

5. Cai Hua. *Une société sans père ni mari : les Na de Chine*, PUF ethnologies, 1997.

6. Les hommes et femmes politiques élus, dont on pourrait attendre qu'ils fassent évoluer les administrations réglementaires, dérivent vers des rôles de plus en plus maternels. Ils accordent à la plainte un espace de plus en plus grand, jouent de la compassion, de la consolation ; ou bien, parfois, ils grondent et sévissent. Dans les deux cas, ils déresponsabilisent un citoyen de moins en moins autonome.

7. C'est la « Big Mother » décrite par Michel Schneider dans son ouvrage, *Big Mother, psychopathologie de la vie politique*, Odile Jacob, Paris, 2002.

8. Pleux D. *De l'enfant roi à l'enfant tyran*. Odile Jacob, Paris, 2003.

9. François Ewald, intervention au colloque de l'AFCAP, Association française des conseils en affaires publiques. « Face aux risques, faut-il responsabiliser ou contraindre ? » 28/9/2005, Paris. Les Cahiers de l'AFCAP, n° 1, 25/11/05. Afcap, 37, rue Saint-Georges – 75009 Paris.

10. Carlo Collodi. *Les Aventures de Pinocchio, histoire d'une marionnette*, Traduction de Claude Sartirano, texte original de 1883. http://www.ebooksgratuits.com/

11. *L'Obésité, le nouveau mal français*, Les Rendez-vous Vidéo-Chat, L'Hémicycle, Jean-Marie Le Guen, Député de Paris, 23 Juin 2005. http://hemicycle.videolivemeeting.com/ondemand/jeanmarieleguen/

12. Le député Jean-Marie Le Guen a obtenu, pour la rentrée scolaire 2005, au nom de la guerre déclarée à l'obésité, la suppression des distributeurs de boissons et produits sucrés dans tous les établissements scolaires. À ce jour pourtant, aucune étude n'a permis d'évaluer l'impact de ces produits sucrés sur le poids des enfants.

13. Quatre messages sanitaires sont imposés par la loi et doivent être diffusés à parts égales, en même temps que les publicités : « Pour votre santé, mangez au moins cinq fruits et légumes par jour » ; « Pour votre santé, pratiquez une activité physique régulière » ; « Pour votre santé, ne mangez pas trop gras, pas trop sucré, pas trop salé » ; « Pour votre santé, évitez de grignoter entre les repas ». Les annonceurs qui souhaitent s'affranchir de ces obligations devront payer une taxe d'un montant de 1,5 % de leurs dépenses publicitaires ou promotionnelles versée à l'Inpes, l'Institut national de prévention et d'éducation de la santé. On met donc clairement les aliments gras et sucrés dans la même catégorie que le tabac ou l'alcool, celui des poisons tolérés.

14. Le Guen Jean-Marie. *L'Obésité, le nouveau mal français*, Armand Colin, 2005.

15. « Haro sur les calories au pays des *fish and chips* ». *Le Monde*, 20/01/2006.

16. Cette suggestion, de même que certaines mesures précédentes, figure dans la « proposition de loi concernant la lutte contre l'obésité », de Jean-Marie Le Guen. *op. cit.*

17. Les alicaments sont des produits à mi-chemin entre l'aliment et le médicament. C'est par exemple le cas des laitages de la gamme Actimel de Danone, qui contiennent un ferment lactique particulier, L. Casei Defensis, qui renforcerait les défenses de l'organisme.

18. Les biscuits sont tout d'abord décrits en tant que « céréales ». À propos des biscuits de la marque Lu, Danone évoque ensuite, pêle-mêle, des études scientifiques qui démontrent que les consommateurs de biscuits ne sont pas plus gros que ceux qui n'en mangent pas, que leur consommation ne déséquilibre aucunement l'alimentation, que l'IMC des adultes et des enfants consommateurs de biscuits a même tendance à être légèrement inférieur à celui de ceux qui n'en consomment pas (enquête INCA 1999).

Mais alors, si les mangeurs de biscuits n'ont pas de problèmes pondéraux, comment justifier les biscuits et autres produits allégés, proposés aussi par la marque ?

http://www.danone.com/wps/portal/jump/DanoneConseils.VieDesMarques.MarquesEtProduits.MarquesDanoneBiscuits.LU.MieuxConnaitre.QuestionsReponses

19. Le programme Épode est financé par les villes et les régions participantes, mais aussi par des partenaires privés dont le groupe Nestlé et le groupe APS (Assureurs Prévention Santé, Groupement des assureurs santé français). Le programme Fleurbaix Laventie Ville Santé est financé, outre Nestlé France, par le Cedus (Centre d'études et de documentation du sucre), Lesieur, les laboratoires pharmaceutiques Fournier Pharma et Roche, ainsi que Go Sport.

20. *Le Monde*, 1/12/2005.

21. Esserman J. « Viewing of commercials and Chilren's Understanding of the Rules of Nutrition ». *In Télévision Advertising and Children*, 1981, J. Esserman ed., New-York : Child Research Service, p.174-193.

Chapitre 9
Pour une alimentation et une vie sensées

1. Nous songeons tout particulièrement à la « proposition de loi concernant la lutte contre l'obésité », du 3 mars 2005, n° 2191, présentée M. Jean-Marie Le Guen, député et président du groupe d'études sur l'obésité à l'Assemblée nationale. Voir : http://www.assemblee-nationale.fr/. Mais les mesures envisagées dans ce projet de loi ne font que refléter les actions envisagées au niveau européen, ou bien encore dans les pays américains.

2. Bertrand Vergely, lors d'une Causerie du GROS (6/6/2005, à Paris, texte non public), disait que le fond du problème, c'est que les gens ne croient pas qu'ils existent. Sans doute les vies imaginaires qu'on donne à voir à la télévision ou ailleurs y sont-elles pour quelque chose. Après tout, sa vie n'est qu'une vie de plus dans l'océan des vies imaginaires qu'on est amené à contempler. Sans doute finit-on par croire qu'on pourra zapper comme à son habitude.

3. Les psys parlent alors d'alexithymie, c'est-à-dire d'incapacité à nommer les émotions et les sentiments. L'alexithymie est fréquemment retrouvée chez les personnes ayant tendance aux maladies psychosomatiques, sujettes aux troubles du comportement alimentaire, aux passages à l'acte de toute nature.

4. L'un de nous a développé ce point de vue, d'une nécessité de s'accepter tel que l'on est, qu'on maigrisse ou pas, dans un livre précédent : Zermati J.-P. *Maigrir sans régime,* Odile Jacob, Paris, 2002.

5. Cette mécanique n'est pas destinée à la justice, mais à fonder les sociétés et à les faire fonctionner. *Cf.* Girard R. « Des choses cachées depuis la fondation du monde ». *Recherches* avec J.-M. Oughourlian et G. Lefort. Grasset, Paris, 1978.

6. Dans les pays anglo-saxons, dévisager et regarder les corps des autres est davantage considéré comme une intrusion. Dans les pays musulmans, il revient aux femmes de ne pas se laisser contempler.

7. Une personne ne peut être écartée d'une procédure de recrutement en raison de son origine, de son sexe, de ses mœurs, de son orientation sexuelle, de son âge, de sa situation de famille, de ses caractéristiques génétiques, de son appartenance ou non-appartenance, vraie ou supposée, à une ethnie, une nation ou une race, de ses opinions politiques, de ses activités syndicales ou mutualistes, de ses convictions religieuses, de son apparence physique, de son patronyme ou, sauf inaptitude constatée par le médecin du travail, en raison de son état de santé ou de son handicap.

Les peines encourues par l'employeur sont au maximum de 45 000 euros d'amende et de 4 ans de prison.

Voir : http://vosdroits.service-public.fr/particuliers/F1642.xhtml

8. Groucho Marx aurait dit un jour quelque chose comme : « Jamais je n'accepterais de faire partie d'un club qui voudrait d'un individu tel que moi pour membre », Gérard Apfeldorfer. *Maigrir, c'est dans la tête*, Odile Jacob, Paris, 1997, et *Les Relations durables*, Odile Jacob, Paris, 2004.

9. Dans la mesure où cette distinction a un sens, bien entendu, car mieux vaudrait envisager le vocable de « qualité » non comme s'opposant à « défaut », mais dans son acception ancienne, une des catégories fondamentales de l'être. Les défauts, alors, deviennent des qualités.

10. Sans prétendre être exhaustif, citons, pour les pays francophones : rondeetjolie.com, rondeetjolie.be, rondeursenplus, xxelles.net, vivelesrondes.com, rondinet.com, quebec-plus.com. Citons aussi certains sites qui ne permettent pas de mettre des annonces, mais défendent la beauté des personnes de forte corpulence ou la mettent en valeur en images : allegrofortissimo.com, pulpeclub.com, tracesdelumiere.com, ted93.free.fr, stylxl.com, corpsaccord.com. Toutes nos excuses aux sites qui nous auraient échappé.

11. Citons à titre d'exemples Allegro fortissimo ou le Pulpe club. Nous renvoyons le lecteur aux sites Internet cités plus haut.

12. En l'occurrence les viandes, surtout rouges, et à un moindre degré les poissons, les fruits de mer, les céréales et les légumes secs.

13. En fait, le rassasiement est complexe. Il est pour une part le produit d'une anticipation, d'une computation cognitive et émotionnelle en majeure partie inconsciente : un individu adulte, qui n'est pas travaillé par l'angoisse de grossir et la culpabilité de manger, sait organiser son repas de telle sorte qu'il puisse consommer ce qu'il aura prévu de manger. Il saura par exemple ne pas abuser de l'entrée ou du plat principal pour « se garder une place pour le dessert ». Ensuite, pour chaque aliment, il ajustera les quantités mangées en complétant ces données par ses sensations alimentaires. Pour percevoir ces sensations, il lui faudra prendre des bouchées de taille raisonnable, faire travailler les dents et la langue, conserver les bouchées en bouche un temps suffi-

sant pour s'imprégner de leur goût. L'arrière-goût, qu'on perçoit après avoir avalé, n'est pas non plus à négliger et il convient pour cela de ne pas enchaîner trop vite les bouchées. En fin de repas, le mangeur sera récompensé par une sensation de rassasiement global qui lui signalera qu'il s'est nourri de façon adéquate en qualité et quantité. Comme ce rassasiement global met du temps à apparaître, il aura pris son temps pour son repas, afin de ne pas trop manger avant même de s'en être rendu compte. La satisfaction de manger suit le mangeur tout au long de son repas. Lorsqu'elle faiblit, il change d'aliment ; lorsqu'il est totalement satisfait, il cesse de manger.

14. Cette belle machine peut bien entendu se dérégler : c'est par exemple le cas lorsque l'individu est pris dans le cercle vicieux de la restriction cognitive. C'est aussi le cas lorsqu'il a besoin, de façon fréquente, voire permanente, de contrecarrer des émotions négatives en mangeant des aliments énergétiques. Dès lors, la régulation sur les prises alimentaires suivantes ne peut plus se faire. Mais on est là dans le domaine de la pathologie. Les personnes dans cette situation ont besoin de l'aide de professionnels compétents.

15. Identifier intuitivement les valeurs nutritionnelles et énergétiques des aliments, manger sur un mode socialisé et avoir faim ensemble, tout cela s'apprend. Mais il faut pour cela être capable de reconnaître sa propre faim, de jouer avec, de la faire venir à la bonne heure. Pour certains, cela suppose de refaire les apprentissages du nourrisson. C'est ainsi que l'on procède pour le traitement de la restriction cognitive, dans le cadre de thérapies cognitivo-comportementales.

16. La dépense calorique induite par l'exercice physique est aussi souvent présentée comme un moyen de faire fondre sa graisse. Mais en fait, comme l'organisme cherche à maintenir la stabilité des réserves, la dépense énergétique entraîne une augmentation proportionnelle de la prise alimentaire. Normalement, on mange pour compenser ses pertes, et on ne dépense pas pour dissiper ses excès alimentaires. On met de l'essence parce qu'on a roulé ; on ne roule pas parce qu'on a mis de l'essence.

17. Et ne lésinez pas : les recommandations officielles préconisent trente minutes d'activités physiques quotidiennes, mais les spécialistes estiment que c'est insuffisant et qu'il conviendrait plutôt de faire une heure par jour d'exercice pour prévenir l'obésité !

18. Mais comment se fait-il, d'ailleurs, qu'on tolère ces machines du diable, qui poussent à la fainéantise ? Pourquoi n'interdit-on pas l'usage des ascenseurs, des escalators, des transports en commun et des voitures individuelles, tout simplement ? Que dites-vous ? Certains y pensent ? Nous y reviendrons, à propos de santé publique, un peu plus loin.

19. Pour le dire plus sobrement, l'exercice physique est tout à la fois un bon régulateur émotionnel, un bon intégrateur social, un bon amplificateur des sensations alimentaires et de la régulation.

20. Paul Sidoun, *Guérir… Mais de quoi ? Les psys face au doute*, Autrement, Paris, 2004.

21. Nous reprendrons notre comparaison avec le racisme et l'antisémitisme. Des enfants noirs ou maghrébins évoluant dans un milieu raciste, ou bien juifs dans un milieu antisémite, ont besoin de savoir, pour pouvoir se construire, qu'ils sont victimes d'injustices.

22. Cela ne signifie pas qu'il faille rester passif devant tant d'injustice ! Mais l'action à mener n'est sûrement pas à un niveau individuel, où il n'y a que des coups à prendre, mais plutôt à l'échelle de la société. Voilà bien la raison de ce livre !

23. *Cf.* texte de présentation de « La dent de lait ». Association pour l'éducation, la promotion de la santé et l'éveil culturel de la petite enfance. 26100 Romans.

Chapitre 10
Une politique de santé publique en matière d'obésité est-elle possible ?

1. Voir note 7, chapitre 9, p. 327.

Conclusion

1. Fischler C. « Pour une éco-analyse des comportements alimentaires : l'exemple de l'obésité. Des aliments et des hommes. Entre science et idéologie, définir ses propres repères ». Colloque de l'IFN des 8 et 9 décembre 2004.

2. Greeno C.G., Wing R.R. « Stress-Induced Eating ». *Psychol. Bulletin*, 1994, 115, 3, 444-464 ; Rutledge T ; Linden W. « To eat or not to eat : affective and physiological mechanisms in the stress-eating relationship ». *J. Behav. Med.* 1998 Jun. ; 21(3): 221-40.

Remerciements

Nous somme redevables à nos épouses, Colette et Myriam, qui durant quelques mois ont supporté que nous leur soyons infidèles et ont accepté tant bien que vaille notre pacsage. Gérard : « Merci, Myriam, d'avoir accepté de partager Jean-Philippe ». Jean-Philippe : « Merci Colette, d'avoir accepté de partager Gérard ». Gérard et Jean-Philippe s'engagent à ne pas récidiver… trop rapidement. Et, en attendant, ils promettent de prendre leur part des tâches familiales, de ne plus emporter d'ordinateur sur leur lieu de vacances, de se lever ou de se coucher à des heures décentes, de ne plus obliger leurs épouses à lire ce qu'ils écrivent et de leur consacrer la plus grande attention car elles leur sont plus précieuses que tous les livres du monde.

Nous remercions chaleureusement Mme Annie Hubert, qui nous a encouragés et a éclairé de ses lumières nos tâtonnements anthropologiques.

Nous remercions tout aussi chaleureusement les membres du Groupe de réflexion sur l'obésité et le surpoids qui, au sein du groupe dédié à la réflexion sur la politique de santé, ont apporté des idées, critiqué, aidé à la rédaction d'un projet alternatif de politique de santé publique.

Merci tout particulièrement à Sylvie Benkemoun, Christine Berodier-Perdrix, Dominique-Adèle Cassuto, Frédérique Chiva, Anne-Marie Dalix, Séverine Davy, Frédéric Derat-Carrière, Françoise Fraioli, Daniel Joubert, Mme Katherine Kureta-Vanoli, Isabelle Labbé, Catherine Lemoine, Ulla Menneteau-Nielsen, Paule Neyrat, Roseline Pegnas, Marie-Claire Segonnes, Magali Volery, Bernard Waysfeld.

Table

Chapitre 2
LORSQUE MANGER DEVIENT UN PROBLÈME

Chapitre 3
TOUT SUJET BIEN PORTANT EST UN OBÈSE QUI S'IGNORE

Chapitre 5
LE BUSINESS DE L'AMAIGRISSEMENT

Chapitre 6
CONSUMÉRISME ET PURITANISME ALIMENTAIRES

Chapitre 7
DE LA SOCIÉTÉ BOULIMIQUE À LA SOCIÉTÉ POSTINDUSTRIELLE

Chapitre 8
La société sous tutelle

Chapitre 9
Pour une alimentation et une vie sensées

Chapitre 10
Une politique de santé publique en matière d'obésité est-elle possible ?

Dans la collection « Poches Pratique »

N° 1 : Dr Henri-Jean Aubin, Dr Patrick Dupont, Pr Gilbert Lagrue, *Comment arrêter de fumer ?*
N° 2 : Dr Serge Renaud, *Le Régime crétois : incroyable protecteur de notre santé*
N° 3 : Dr Dominique Petithory, *La Diététique de la longévité*
N° 4 : Dr Anne de Kervasdoué, *Les Troubles des règles*
N° 5 : Dr Philippe Brenot, Dr Suzanne Képes, *Relaxation et Sexualité*
N° 6 : Dr Jean-Philippe Zermati, *Maigrir sans régime*
N° 7 : Dominique Laty, Dr Jean-Bernard Mallet, *Le Régime des pâtes*
N° 8 : Dr Martine Ohresser, *Bourdonnements et sifflements d'oreille*
N° 9 : Dr Bernard Fleury, Dr Chantal Hausser-Hauw, Marie-Frédérique Bacqué, *Comment ne plus ronfler*
N° 10 : Dr Denis Vincent, Dr Lucile Bensignor-Clavel, *Rhume des foins et allergies*
N° 11 : Dr Vincent Boggio, *Que faire ? Mon enfant est trop gros*
N° 12 : Dr Gérard Apfeldorfer, *Maigrir, c'est fou !*
N° 13 : Dr Thierry Vincent, *L'Anorexie*
N° 14 : Pr Pierre Duroux, Pr Michel de Boucaud, Marie-Dominique Le Borgne, *Mieux vivre avec l'asthme*
N° 15 : Dr Éric Albert, *Comment devenir un bon stressé*
N° 16 : Dr Bernard Duplan, Dr Marc Marty, *Bien soigner le mal de dos*
N° 17 : Pr Gérard Slama, *Mieux vivre avec un diabète*
N° 18 : Didier Pleux, *Manuel d'éducation à l'usage des parents d'aujourd'hui*
N° 19 : Stephen et Marianne Garber, Robyn Spizman, *Les Peurs de votre enfant*
N° 20 : Dr Patrick Gepner, *L'Ostéoporose*
N° 21 : Dr Dominique Barbier, *La Dépression*
N° 22 : Dr Henri Rozenbaum, *La Ménopause heureuse*
N° 23 : Dr Jacques Fricker, *Maigrir vite et bien*
N° 24 : Dr Claude Hamonet, *Prévenir et guérir le mal de dos*
N° 25 : Dr Frédéric Fanget, *Affirmez-vous, pour mieux vivre avec les autres*
N° 26 : Dr Sylvie Royant-Parola, *Comment retrouver le sommeil par soi-même*
N° 27 : Didier Pleux, *Peut mieux faire. Remotiver son enfant à l'école*
N° 28 : Dr Dominique Servant, *Soigner le stress et l'anxiété par soi-même*
N° 29 : Dr Frédéric Fanget, *Toujours mieux ! Psychologie du perfectionnisme*
N° 30 : Dr Bruno Koeltz, *Comment ne pas tout remettre au lendemain*
N° 31 : Dr Jean-Luc Émery, *Surmontez vos peurs. Vaincre le trouble panique et l'agoraphobie*
N° 32 : Dr Frédéric Chapelle, Benoît Monié, *Bon stress, mauvais stress : mode d'emploi*

N° 33 : Christian Zaczyk, *Comment avoir de bonnes relations avec les autres*
N° 34 : Dr Stéphanie Hahusseau, *Comment ne pas se gâcher la vie*
N° 35 : Robert Ladouceur, Lynda Bélanger, Éliane Léger, *Arrêter de vous faire du souci pour tout et pour rien*
N° 36 : Jeanne Siaud-Facchin, *L'Enfant surdoué*
N° 37 : Dr Gisèle George, *Mon enfant s'oppose. Que dire ? Que faire ?*
N° 38 : Dr Gérard Apfeldorfer, Dr Jean-Philippe Zermati, *Dictature des régimes. Attention !*
N° 39 : Dr Christine Mirabel-Sarron, *La dépression. Comment s'en sortir*
N° 40 : Dr Stéphane Cascua, *Le sport est-il bon pour la santé ?*

Cet ouvrage a été mis en pages
par Nord Compo à Villeneuve-d'Ascq

Impression réalisée par

CPI

Brodard & Taupin

La Flèche (Sarthe), le 02-02-2009

N° d'impression : 51090

N° d'édition : 7381-2163-1

Dépôt légal : octobre 2008

Imprimé en France